천년의 내공

한 그루의 나무가 모여 푸른 숲을 이루듯이
청림의 책들은 삶을 풍요롭게 합니다.

내가 단단해지는 새벽 공부

천년의 내공

조윤제 지음

청림출판

왜 새벽을
어른의 시간이라고
하는 걸까?

새벽이란
어제와 결별하고
새로운 하루를
가늠하는 시간이다.

어른이란
스스로에 대한 확신이 들었고,
그 확신에 책임을 지는
내공을 갖춘 사람이다.

새벽 공부는
천 년을 이어온 깊은 성찰과 마주하며,
재주로는 결코 흉내 낼 수 없는
내공을 차곡차곡 쌓아 단단해지는 과정이다.

세월을 버티며 얻은 주름과
그 안에 스며든 시공의 더께들이 쌓인 삶의 무게,

내공 内功

이제
어른이 될
시간이다.

내공이 필요한 시간,
어른이 되어야 하는 시간

"산 속의 작은길도 많이 다녀야 큰길이 되고, 잠시만 다니지 않으면 금방 풀이 우거져버린다."

2009년 워싱턴서 열린 첫 '미·중 전략경제대화'에서 오바마 미국 대통령이 인용했던《맹자》의 한 구절이다. 중국과의 경제협력 회의를 처음 개최하면서 '앞으로 크고 새로운 길을 만들듯 자주 교류하고 협조하자'는 뜻을 중국인들이 잘 아는 구절을 통해 피력했다. 물론 오바마가 특별히 맹자를 공부했거나 그 의미를 깊이 알고 있었던 것은 아닐지도 모른다. 아마 참모들의 제안으로 연설문에서 인용했겠지만, 이 말에는 중국에 대한 깊은 존중과 이해가 담겨 있다. 이것이 '격格'이다. 말에는 이처럼 상대를 배려하고 존중하는 마음을 담아야 한다. 스스로 높이는 것이 아니라 상대를 높임으로써 함께 높아지는 품격이 있어야 한다.

"곤궁에는 운명이 있음을 알고, 형통에는 때가 있음을 알고, 큰 어려움에 처해도 두려워하지 않는 것이 성인의 용기다."

공자가 위나라에서 진陳나라로 가는 도중에 광匡 땅에서 위험에 빠졌다. 공자와 겉모습이 닮은 노나라의 실권자 양호로 오인해, 그에게 원한을 가진 사람들이 공자 일행을 공격했던 것이다. 공자가 극도의 위기 속에서도 태연히 거문고를 타고 있는 모습을 보고 제자 자로가 물었다. "스승께서는 어떻게 이 와중에도 즐거울 수가 있습니까?" 그때 공자가 대답했던 말이 바로 이것이다. 공자는 이 말을 통해 군자가 왜 고난을 겪는지, 그리고 그 상황에서 군자의 자세는 어떠해야 하는지를 제자들에게 가르쳤다. 이것이 바로 '치治'다. 리더는 현재 겪고 있는 일의 의미를 정확하게 읽어 이를 통해 상황을 다스리고 부하들을 가르칠 수 있어야 한다.

"반드시 산 정상에 올라 뭇 산들의 작음을 굽어보리라."

지난 2006년 미국을 공식 방문했던 후진타오 전 중국 주석이 부시 미국 대통령 공식오찬의 답사에서 인용했던 말로, 두보의 시 〈망악〉의 한 구절이다. 그 당시 상당한 논란이 있었지만 당사자가 말해주지 않는 이상 그 정확한 의도는 알 수 없다. 하지만 중국의 국빈방문 요청을 미국이 공식방문으로 격하했고, 중국의 인권 유린을 비난했으며, 만찬장에 대만국가가 연주되는 등 결례가 거듭되자 후진타오 전 주석이 미국의 오만을 꾸짖기 위해 이 말을 했다고 추측할 수 있다. 지금은 미국이 세계의 중심으로 교만하게 행동하지만, 언젠가 미국을 압도하고 말겠다는 뜻을 담아 이 말을 했던 것이다. 이

것이 바로 '기氣'다. 상대의 오만을 단 한 마디로 제압하는 기세가 말에는 있어야 한다.

오늘날은 커뮤니케이션의 시대라고 할 만큼 사람을 설득하는 능력이 가장 중요한 성공의 요인이 되었다. 직장에서는 물론 협상에서도 나의 의견을 관철시키기 위해 상대를 설득할 수 있어야 한다. 사회생활도 설득의 연속이라고 할 수 있는데, 특히 사람을 이끄는 자리에 올랐거나 높은 지위에 있는 사람이라면 반드시 그에 합당한 말의 능력이 있어야 한다. 사회생활을 하면서 지위가 높아질수록 오히려 상대의 말을 듣고 판단하고 결정해야 하는 일이 더 많아진다. 말을 하기보다는 경청하는 일이 더 많아지는 것이다. 하지만 그만큼 말의 무게는 무거워진다. 더 중요한 자리에서, 더 중요한 사람을 대상으로 말을 하기 때문이다. 한마디의 말로 인해 큰 사업의 기회를 얻을 수도 있고, 한 번의 실수로 절호의 기회를 날려버리기도 하는 것이 바로 리더의 말이다. 《대학》에 있는 "한 마디의 말이 큰일을 그르치고, 한 사람의 힘이 나라를 바로 세운다(일언분사일인정국一言僨事一人定國)"는 말이 그것을 잘 말해주고 있다.

이때 필요한 세 가지가 바로 격과 치와 기이다. 나와 상대를 함께 높이는 품격, 상황을 다스리고 사람을 가르치는 치도, 상대를 제압하는 기세가 반드시 필요하다. 이것이 갖추어질 때 그에 합당한 무게, 일언천금一言千金의 가치가 그 말에 담겨질 수 있다.

말의 힘은 내면의 힘이다

"말은 곧 그 사람 자신이다"라는 말이 있다. 한 사람의 말이 그 사람 자신을 말해준다는 것이다. 사람을 이끄는 리더, 지도자의 위치에 오른 사람에게는 인격과 함께 말의 품격도 반드시 갖추어져 있어야 한다. 오늘날은 말도 화장을 하고 성형을 하는 시대다. 멋지게 외양을 꾸미고 달콤하게 유혹하지만 그 말에 진실함은 없다. 하지만 거짓된 말은 곧 드러나고 사람을 파멸로 이끈다. 막말과 허언 때문에 추락하는 사회지도층들의 모습이 이것을 잘 말해주고 있다. 말을 기교와 테크닉으로 배웠기 때문에 화려한 겉치레의 말은 잘하지만 그 말에 진실함은 없는 것이다.

말은 자신의 내면을 채우고 있는 충실함과 사람에 대한 이해를 기반으로 흘러나오는 것이다. 내면의 충실함이 말의 품격을 이루고, 사람에 대한 이해가 상황에 적절한 말의 능력으로 나타나게 된다. 그리고 굳건한 기개를 통해 어떤 상황에서도 당당하게 상대를 제압하는 말을 할 수 있게 된다. 공자가 《논어》의 맨 마지막 문장에서 말했던 '3부지三不知'가 이것을 잘 말해주고 있다.

"천명을 알지 못하면 군자가 될 수 없고, 예를 알지 못하면 세상에 당당히 설 수 없고, 말을 알지 못하면 사람을 알 수 없다."

먼저 스스로를 바로 세우고 다른 사람을 배려하는 내적 충실함을 갖춘 사람이 말과 사람에 대한 통찰을 얻을 수 있다는 것이다. 이러한 내적 충실함을 갖춘 사람을 옛날에는 군자라고 불렀고, 오늘날에는 지도자라고 부른다. 그 수가 많든 적든 사람을 이끄는 지도자는 자신의 집단에 미래에 대한 비전을 보여주고 나아갈 방향을 제시하는 사람이다. 중요한 결단을 내리고 그것에 온전히 책임을 지는 외로운 자리이기도 하다. 따라서 지도자들은 남다른 무엇이 필요하다. 전공지식이나 일반적인 교양상식을 뛰어넘는 특별한 능력이 있어야 한다. 바로 세상과 사람을 읽는 통찰력과 오랜 경험과 수련으로 쌓아온 호연지기가 그것이다. 우리는 이것을 '내공內功'이라고 부른다.

인문고전의 지혜에서 얻는 내공

내공이란 원래 중국의 권법에서 비롯된 말로 외적인 힘에 반한 내적인 힘을 말하는 용어다. 외공이 육체적인 능력이나 강인한 근력을 뜻한다면 내공은 용기, 절제, 신념 등의 정신적인 힘을 말한다. 한때 유행했던 무협지에서는 인간의 한계를 뛰어넘는 기공氣功을 뜻하는 말로 쓰이기도 했다. 오늘날에는 탁월한 전문성을 갖춘 프로페셔널이라고 하기도 하고, 우리나라의 포털 사이트 네이버에서는 지식 검색의 실적에 내공이라고 이름을 붙이기도 했다. 하지만 진정한 내공이란 이런 것들과는 다르다. 오늘날 진정한 지도자나 지도자를 꿈꾸는 사람들이 갖추어야 할 내공은 바로 품격과 리더십, 그리고 호연지기라고 할 수 있다. 바로 앞서 말했던 격, 치, 기를 말한다.

그러면 내공은 어떻게 쌓아야 하는가? 잘 알다시피 내공은 동양에서 비롯된 개념으로 서양에서는 상응하는 적절한 개념을 찾을 수 없다. 전공 공부를 통해 얻는 전문지식 역시 기술적인 지식에 불과할 뿐 내공이라고 할 수 없다. 하물며 무협소설에 나오듯이 운기조식으로 초인적인 능력을 얻는다는 설명은 더더욱 비현실적이다. 게다가 내공이란 단기적인 공부나 일시적인 노력으로는 얻을 수 없다. 오랜 기간 쌓아온 내적 수련과 경험에서 빚어진 지혜가 뒷받침되어야 내공을 얻을 수 있기 때문이다. 그래서 맹자도 호연지기를 말하면서 '그 실체를 한마디로 말하기는 어렵지만 의로움과 도를 꾸준히 축적함으로써 얻을 수 있다'고 했던 것이다.

오늘날 가장 현실적이면서 효율적으로 내공을 쌓는 방법은 바로 수천 년을 이어온 동양고전을 통해서라고 생각된다. 동양의 인문고전으로 불리는 책들은 제왕학을 전제로 쓰인 가장 실용적이고 실천적인 지혜라고 할 수 있다. 성현들의 지혜를 집대성해 수천 년 동안 검증되고 숙성된 이 성현들의 지혜는 삶의 모든 영역에서 발현될 수 있는 진정한 내적인 힘이다. 하지만 수많은 고전을 모두 읽고 그 지혜를 내 것으로 만드는 것은 결코 만만한 일이 아니다. 거의 불가능한 일이라고 해도 과언이 아니다. 고전의 전문가가 아닌 이상 어렵고 난해한 고전에서 나에게 필요한 지혜를 찾기도 쉽지 않고, 그만한 시간을 낼 수 없는 것이 바로 현대인의 삶이다. 이 때 필요한 것이 바로 이러한 지혜들을 단 한마디로 농축한 고전의 명구절들이다. 이 구절들의 도움을 얻어 우리는 내공을 쌓아나갈 수 있다. 그중에서 가장 깊이 마음을 두드리는 글이 있다면, 그 원전을 찾아서 깊은 고전 공부를 시작하는 계기로 삼을 수도 있다.

지셴린이 전하는 중국 천 년의 내공이 담긴 말

이 책에 담겨 있는 명구는, 중국의 국학대사國學大師 고故 지셴린 선생이 선정했던 148구절에 있는 글들이다. 지셴린 선생은 베이징대학교 부총장으로 있으면서 시진핑 주석 등 현 중국 지도부의 멘토 역할을 했던 나라의 스승이라고 할 수 있다. 특히 원자바오 전 총리는 수시로 그를 방문하면서 가르침을 받기도 했다. 그가 《논어》·《맹자》 등의 철학서, 《사기》·《좌전》 등의 역사서, 《시경》·《당시》 등의 문학서 등 100여 권의 고전에서 뽑아 명구절로 선정했던 이 글들은 많은 중국인들이 삶의 지침으로 삼고 암기하고 있는 문장들이다. 한마디로 이야기하면 중국 고전을 이해하고 그 가치를 드러내는 가장 중요한 정신적 자산이라고 할 수 있다. 특히 시진핑 주석을 비롯한 중국의 고위 지도층들은 대내외 활동에서 이를 인용하며 자신의 뜻을 의미 있고 품격 있게 전하는 데 활용하고 있다. 지셴린 선생은 "이를 다 외우면 경계가 한 단계 올라간다. 문학 방면에 그치지 않는다"라고 말하기도 했다.

중국 인문고전의 정수精髓라고 할 수 있는 이 구절들에서 우리 문화와 정서에 맞는 90여 개를 뽑아 해설을 붙였다. 나 역시 책을 쓰면서 느꼈지만 그 자체만으로도 아름답고 의미 있는 좋은 글들이다. 독자들은 중국 최고의 석학이 최고의 고전들에서 뽑은 이 소중한 글들을 통해 고전의 짙은 향기를 만끽함은 물론 세상을 살아가는 데 큰 도움이 되는 통찰을 얻을 수 있다. 그리고 날마다 이를 쌓아감으로써 격, 치, 기를 지닌 깊은 내공의 어른으로 성장할 수 있을 것으로 확신한다. 중요한 자리에서 적절하게 인용함으로써 자신의 뜻을 더욱 품격 있고 효율적으로 드러낼 수 있는 소중한 자원을 덤으로 얻게 될 것이다.

새벽, 내공을 쌓기 좋은 어른의 시간

마지막으로 이 글들을 읽을 때는 가능하면 새벽 시간을 활용하면 좋겠다. 《명심보감》에는 "일생의 계획은 어릴 때 있고, 일 년의 계획은 봄에 있고, 하루의 계획은 새벽에 있다(일생지계재어유, 일년지계재어춘, 일일지계재어인一生之計在於幼, 一年之計在於春, 一日之計在於寅)"고 실려 있다. 새벽 시간의 힘에 대해서는 이미 수많은 성현들이 우리에게 깨우침을 주고 있다. 그들은 새벽의 공부를 통해 자신을 성장시켰고, 새벽 시간의 성찰로 수양했으며, 새벽의 계획으로 하루를 충실하게 만들었다.

평범한 우리들 역시 마찬가지다. 어떤 일이든 새롭게 시작하는 시점이 가장 중요하다. 처음 시작할 때의 각오와 의지는 그 어느 때보다 나에게 큰 힘을 주기 때문이다. 물론 많은 시간을 들여서 한 번에 책을 읽는 것도 의미가 있지만, 이 책에 실린 지혜들을 온전히 나의 것으로 만들려면 새벽 시간에 단 한 구절이라도 읽고 깊이 성찰하는 시간이 반드시 필요하다. 지식이 아닌 지혜, 내 삶과 일에 활용할 수 있는 소중한 도구를 얻는 첩경이 될 것이다.

《논어》〈자장〉에는 군자가 보여주는 세 가지 모습을 말하고 있다.

"멀리서 바라보면 위엄이 있고, 가까이서 대해보면 온화하며, 그의 말을 들어보면 엄정하다."

겉으로 드러나는 위엄과 사람을 사랑하는 따뜻한 배려, 그리고 내면의 충실함에서 빚어 나오는 엄정한 말의 능력을 갖춘 사람, 바로 깊은 내공이 있는 어른의 모습이다.

조윤제

치治 : 주변을 장악하고 길을 제시해주는 깊이

기氣: 단 한마디로 가로질러
제압하는 단단한 힘

召 :
格

자연스럽게
드러나는
어른의 경지

1

스스로
돌이켜
바로세우다

반구저기 反求諸己

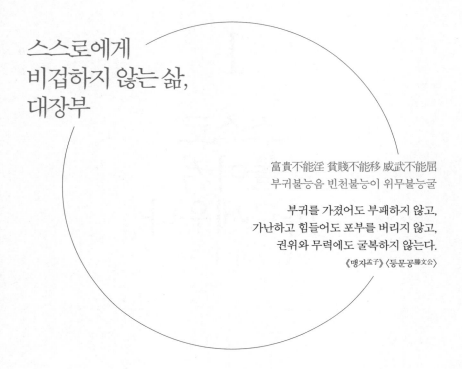

스스로에게
비겁하지 않는 삶,
대장부

富貴不能淫 貧賤不能移 威武不能屈
부귀불능음 빈천불능이 위무불능굴

부귀를 가졌어도 부패하지 않고,
가난하고 힘들어도 포부를 버리지 않고,
권위와 무력에도 굴복하지 않는다.
《맹자孟子》〈등문공滕文公〉

맹자는 대장부大丈夫의 자격에 대해 이렇게 말했다. 이 문장이 실려 있는 단락의 전문을 살펴본다.

"천하의 넓은 곳에 거하고, 바른 자리에 서며, 큰 도를 행한다.

뜻을 얻으면 사람들과 함께하고, 얻지 못하면 홀로 그 도를 행하리라.

부귀를 가졌어도 부패하지 않고, 가난하고 힘들어도 포부를 버리지 않고, 권위와 무력에 굴복하지 않는다. 이런 사람이라야 대장부라 부를 만하다."

대장부에 관한 앞의 두 문장은 맹자가 추구했던 '인의예지仁義禮智', 사람으로서 갖추어야 할 덕목을 위해 자신을 가다듬는 자세를 말하고 있다. 천하의 넓은 곳, 바른 자리에 선다는 것은 자신의 몸을 두는 것, 처신處身을 바르게 하는 것이다. 이익이나 욕심만을 위해 옳지 못한 곳에 있거나 바르지 못한 행

30

실을 하지 않고 큰 도에 따라 행하는 것이다. 그리고 성공만을 추구할 것이 아니라 더불어 사는 세상을 만들기 위해 노력하고, 비록 성공을 얻지 못하더라도 흔들리지 않는 꿋꿋한 삶을 살겠다고 다짐하는 것이다.

뒤의 문장은 어떠한 상황에서도 유혹이나 위력에 굴복하지 않는 자세, 대장부로서 취해야 할 구체적인 실천 강령이다. 맹자에게 대장부란 상황에 따라 쉽게 흔들리지 않으며 스스로를 든든히 지키는 사람이다. 대장부라면 욕심과 방탕의 유혹에서 절제하고, 가난과 권위 앞에서도 비굴하지 않아야 한다. 그 흔들리지 않는 내공은 스스로에게 당당한 공명정대함에서 나온다. 《맹자》에서는 큰 용기를 말하면서 "스스로 돌이켜보아 옳지 않으면 비록 하찮다고 해도 두렵고, 옳다면 비록 천만 대군이라도 두렵지 않다"고 했다. 용기란 상대의 권력이나 무력에 무턱대고 저항하는 것이 아니다. 진정한 용기는 스스로에게 비겁하지 않은 올바름, 공명정대한 삶을 일관되게 살면서 꾸준하게 축적하는 힘에서 나온다. 그 힘을 바로 내공이라고 한다.

맹자는 대장부라면 어떤 상황에서도 스스로 절제할 수 있고, 어떤 유혹에도 흔들리지 않는 부동심不動心을 가져야 한다고 했다. 제자 공손추가 "선생님께서 제나라의 재상이 되면 반드시 제나라를 천하의 패권국으로 만들 수 있을 텐데, 그러면 선생님의 마음은 흔들릴까요?"라고 묻자, "나는 마흔이 되면서 부동심을 가졌다"고 답했다. 공자도 "나는 마흔이 되어서 미혹되지 않았다"고 했다. 동아시아 문화권에서 마흔이라는 나이는 세상의 유혹과 어려움에 흔들리지 않는 시기다. 하지만 오늘날 마흔들에게는 세상이 결코 만만치 않다. 회사나 조직에서는 따르는 자리에서 이끄는 자리로 올라서는 시기다. 지금까지는 잘 좇기만 해도 충분했지만 이제부터는 사람을 이끌어가고 누군가를 책임지는 자리에 서야 한다.

무엇인가를 짊어지다 보면 갖가지 어려움과 맞닥뜨리게 된다. 때로는 그 어려움 앞에서 타협이라는 유혹에 굴복하고 싶을 때도 있을 것이다. 리더에게는 그러한 유혹을 이겨내야 할 의무가 있다. 중요한 갈림길에서 결단을 내리는 것 또한 리더의 몫이다. 당연히 그 결과도 고스란히 혼자 짊어져야 한다. 고비마다 힘겹고 무거워 손을 놓고 싶을 수도 있다. 그러나 함께하는 수많은 사람들이 당신을 바라보고 있는 한 도망칠 수도, 숨을 수도 없다. 유혹에 흔들리지 않아 어른인 것이 아니라 흔들려서는 안 되기에 어른이다.

"부귀를 가졌어도 부패하지 않고, 가난하고 힘들어도 포부를 버리지
않고, 권위와 무력에도 굴복하지 않는다."

우리는 어른으로 인정받았을 때 규모에 상관없이 누군가를 이끌고 방향을 제시하는 책임 또한 함께 받게 된다. 그 자리가 외롭고 힘들다고 느껴질 때 스스로에게 선물할 수 있는 말이다. 말은 세상을 향해 선포하는 것이지만, 스스로에게 다짐하는 힘도 있다. 소리 내어 말하지 않고 겉으로 드러내지 않으며 다만 꿋꿋하게 대장부의 길을 갈 것. 그렇게 묵묵히 길을 걷다 보면 뒤따라오는 이들이 그 발자국을 좇아 배우고 따를 것이다.

자신을 객관적으로
볼 줄 알아야
어른이다

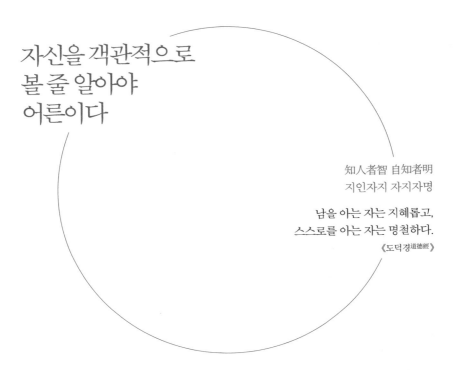

知人者智 自知者明
지인자지 자지자명

남을 아는 자는 지혜롭고,
스스로를 아는 자는 명철하다.

《도덕경道德經》

《도덕경》 33장에 실려 있는 글귀다. 그다음에는 "다른 사람을 이기는 자는 힘이 있고, 스스로를 이기는 자는 진정으로 강한 자다(승인자유력 자승자강勝人者有力 自勝者强)"라는 구절이 나온다.

여기서 명明은 지智보다, 강强은 유력有力보다 더 높은 차원이다. 다른 사람을 아는 것은 지혜롭지만 스스로를 아는 것은 그 차원을 넘은 명철함, 통찰이 있는 사람이다. 다른 사람을 이기는 것도 대단하지만, 정말 어려운 것은 스스로를 이기는 것이다. 그만큼 스스로를 알고, 스스로를 이기는 것은 어른으로서 최고의 경지라고 할 수 있다.

공자도 제자들과 이에 관해 대화를 했던 적이 있다. 공자는 이러한 차원을 명군자明君子, '명철한 군자'라고 했다. 수제자 안회는 '지혜로운 자는 어떠하고, 어진 자는 어떠한가?'라는 공자의 물음에 "지혜로운 자는 자신을 알고, 어진 자는 자신을 사랑합니다"라고 대답했다. 이에 공자는 그를 명군자라고 칭찬했다. 군자는 사람으로서 지향해야 할 최고의 경지로, 명군자는 그 중에서도 최상의 인물이다.

그리스의 철학자 소크라테스는 '무지無知의 지知'로 유명하다. 그는 델포이 신전에서의 신탁을 통해 '세상에서 가장 현명한 사람'이라는 메시지를 받고는 현명하지 못한 자신이 어떻게 그런 칭호를 받을 수 있었는지에 의문을 품게 된다. 결국 소크라테스는 자신이 '아는 것이 없다'는 것을 '알고 있기'에 그런 칭호를 받았다는 것을 깨닫고, 아는 것이 많다고 자만하는 세상 사람들에게 "너 자신을 알라"고 외치며 다녔다. 그리고 '산파술'이라는 대화법을 통해 현명하다고 자부하는 사람들의 무지를 깨우쳐줬다. 소크라테스보다 약 100년 전에 활동했던 공자 역시 마찬가지였다. 공자는 당대 최고의 지식인으로 인정을 받았지만 배움이 좋아서 열심히 공부했던 것일 뿐 날 때부터 알았던 사람이 아니라고 스스로를 낮추고 있다. 《논어》〈자한〉에서 공자는 "나는 아무것도 아는 것이 없다"고까지 말하고 있다.

동서고금을 통틀어 가장 현명하다고 인정받는 두 사람은 자신의 무지를 깨달음으로써 지혜를 찾는 출발점에 섰다. 이들은 부족함을 깨닫고, 날마다 스스로를 성찰했기에 끊임없이 공부에 매진할 수 있었다. 더불어 인생의 진정한 목적과 본질에 대한 통찰을 얻을 수 있었다. 오늘날 세계 역사상 가장 현명했던 두 사람으로 인정받게 된 까닭이다.

우리의 삶이란 사람과의 관계로 이루어지는 것인 만큼 우리는 인간을 알고 싶어 한다. 특히 사람을 이끄는 자리에 있다면 더욱 그렇다. 그래서 다른 사람을 알기 위해 심리학을 공부하기도 하고, 인문고전을 통해 사람에 대한 통찰을 얻으려고 노력한다. 하지만 사람을 아는 일은 바로 스스로부터 아는 데에서 시작되어야 한다. 그리고 자신을 바로 세우는 일이 가장 우선되어야 한다. 자신이 바른 곳에 서 있지 않다면 다른 사람을 바르게 볼 수 없기 때문이다. 자신이 비탈진 곳에 서 있으면 상대도 비뚤어지게 보이는 법이고, 자신이 진흙탕에 서 있다면 상대 역시 흙투성이로 보일 수밖에 없다. 그래서 세상의 현자들이 자신을 아는 것에 더 큰 가치를 주며, 다른 사람을 아는 것보다 자신을 아는 것을 더 소중히 하라고 말하고 있는 것이다.

"남을 아는 자는 지혜롭고, 스스로를 아는 자는 명철하다."

자신의 부족함을 성찰하고 날마다 노력을 게을리 하지 않으려는 이들은 이 말을 새기면 좋겠다. 스스로 부족하다고 느낄 때 더 노력하게 되고, 어제의 나보다 더 강한 내공을 갖춘 진정한 강자가 될 수 있다.

고난은
소년을 어른으로
만들어주는 힘이다

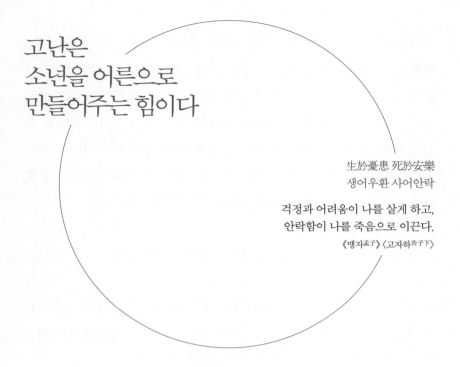

生於憂患 死於安樂
생어우환 사어안락

걱정과 어려움이 나를 살게 하고,
안락함이 나를 죽음으로 이끈다.

《맹자孟子》〈고자하告子下〉

고난을 기뻐하고 안락함을 싫어하는 사람은 없을 것이다. 많은 위인들이 고난을 통해 성장했고 위대한 일을 이룩할 수 있었다고 해도 그들이 특별했기에 가능했을 뿐이라고 생각하는 사람도 많다. 그러나 역사학자 아놀드 토인비Arnold Toynbee는 다르게 생각했다. 토인비는《역사의 연구A Study of History》에서 '도전과 응전'을 핵심 모티브로 삼아, 인류가 발전할 수 있었던 동인을 거친 환경과 가혹한 고난에서 찾았다. 예를 들어 청어를 머나먼 북해에서 그냥 운반했을 때는 거의 다 죽어버렸지만, 천적인 물메기 몇 마리를 수조에 넣은 다음 운반했을 때는 대부분이 싱싱한 상태로 건너올 수 있었다. 적당한 긴장과 위협이 청어를 더욱 활기차게 만든 것이다.

맹자는 일찍이 이러한 인간의 속성을 꿰뚫고 있었다. 그는 위의 구절에서

천년의 내공

'걱정과 어려움을 통해 사람은 성장하고 발전하지만, 당장의 안락에 젖어 있을 때 사람은 이미 패망의 길로 가고 있는 것'이라고 말하고 있다. 고난에도 좌절하지 말고, 안락할 때 방탕하지 말라는 경계의 말이다.《근사록》에도 역경의 의미에 대해 깊은 통찰을 주는 말이 실려 있다.

"가난과 고난과 근심걱정은 그대를 옥처럼 완성시킨다."

아름다운 옥이 훌륭한 옥공의 손에 의해 갈고 닦여야 빛이 나듯이 인간 역시 고난에 의해 완성된다. 이 말을 보면 우리는 역사적으로 위대한 일을 이룩했던 사람들이 왜 그리 엄청난 고난을 겪었는지에 대한 이유를 찾을 수 있다. 역경을 통해 얻을 수 있는 인내와 자제력, 그리고 고난 극복능력이 위대한 일을 해낼 수 있는 자질과 능력이 된다는 데에도 충분히 공감할 수 있다. 역경과 고난을 통해 얻은 경험이 삶에서 그 무엇보다도 소중한 자산이 될 것임을 부인할 사람 또한 없을 것이다.

'젊어서 고생은 사서도 한다'는 말이 있다. '고난은 역경이 아니라 축복이다'라고도 한다. 독일의 철학자 니콜라이 하르트만은 '고난은 가치다'라고 이야기했다. 모두들 고난이 충분한 가치가 있고, 얼마든지 인생에 유익한 것이라고 말하고 있다. 그러나 '사서도 한다'고 해서 하지 않아도 될 고난을 일부러 사는 사람은 없을 것이다.

우리는 이 말을 어떻게 해석해야 할까? 인생에서는 고난이나 평안을 내가 결정할 수 없다. 삶이란 내 것이지만 내가 통제할 수 없는 영역이다. 다만 그러한 삶을 대할 때 이 말을 자세를 바로잡는 경계석으로 삼을 뿐이다. 고난도, 평안도 그 자체보다는 그것을 대하는 태도에 따라 삶에서 갖는 중요함이 달라진다. 살아가며 반드시 겪게 되는 고난에서 의미를 찾는 사람에게 고난은 더 이상 고난일 수 없다. 인생의 소중한 것들을 얻을 수 있는 기회로 삼기 때문이다. 고난 앞에서 절망하는 것으로 끝나지 않고 그럼에도 더 큰일을 이루기 위한 발판으로 삼을 때, 고난은 희망이 될 수도 있다.

"걱정과 어려움이 나를 살게 하고, 안락함이 나를 죽음으로 이끈다."

작은 성공에 만족하며 타성에 젖어 있거나, 닥쳐온 고난에 힘들어 하고 있는 사람에게 꼭 들려줘야 할 말이다. 만약 조직이 무사안일에 젖어 하루하루를 헛되이 보내는 조짐이 있다면 이 말을 통해 강력하게 경각심을 불러일으켜야 한다. 시진핑習近平 중국 국가 주석이 2013년 마오쩌둥毛澤東 탄생 120주년 기념 좌담회에서 이 구절을 인용했다. 우리나라에서는 2015년 맥킨지코리아 주최 포럼에서 주형환 기획재정부 차관이 "저성장의 시대에 미래 성장 동력을 발굴하고 새 비즈니스 기회를 창출하여 혁신하면 큰 성공을 거둘 수 있다"고 강조하며 이 명구를 인용했다.

천년의 내공

더디더라도
확실하고 단단한
걸음을 옮겨라

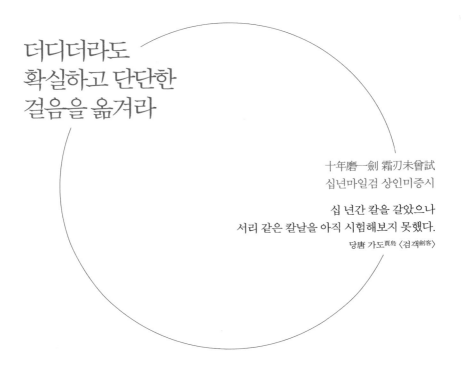

十年磨一劍 霜刃未曾試
십년마일검 상인미증시

**십 년간 칼을 갈았으나
서리 같은 칼날을 아직 시험해보지 못했다.**

당唐 가도賈島 〈검객劍客〉

중국 당시대 시인 가도가 〈이응의 시골집에 쓰다(제이응유거題李凝幽居)〉라는 제목의 시를 짓다가 고민에 빠졌다. '중은 달 아래 문을 두드린다(승고월하문僧敲月下門)'라는 시의 구절에서 '두드린다(고敲)'가 좋을지 '민다(퇴推)'가 좋을지를 결정하기가 어려웠던 것이다. 가도는 이 생각에 빠져 정신없이 길을 가다가 당시 고관이자 대문장가였던 한유韓愈의 행차와 부딪치고 말았다. 한유 앞으로 끌려간 그는 자초지종을 말했고, 한유는 그 자리에서 '두드린다'가 좋겠다는 의견을 전했다. 이후 두 사람은 의기투합해 절친한 글 친구가 되었다. 글을 지을 때 '다시 읽어가며 문장을 다듬고 고친다'라는 뜻으로 쓰이는 '퇴고推敲'의 유래다.

위의 명문장은 이 고사의 주인공인 가도가 쓴 시 〈검객劍客〉의 한 구절이다. 가도는 시를 쓰는 문장가이지 검을 쓰는 사람은 아니었다. 〈검객〉이라는 시 또한 무武를 이야기하는 시가 아니다. 가도는 '10여 년간 닦고 연마한 학문과 재능을 천하를 바로잡는 공평무사한 일에 쓰겠다'는 포부를 검으로 세상을 바로잡는 협객에 비유해 읊은 것이다. 이 구절의 다음을 보면 한결 뜻이 분명해진다.

"오늘 이 칼을 그대에게 주노니 그 누가 공평치 못한 일을 하리오(금일파사군 수유불평사今日把似君 誰有不平事)."

가도는 수차례 과거에 낙방한 끝에 불문에 귀의해 승려가 되기도 했다. 후에 환속해 작은 벼슬자리를 얻었으나 큰 곳에서 나라를 다스려보고 싶었던 꿈은 이루지 못했다. 하지만 한 글자 한 글자에 혼신의 힘을 다해 정교한 시를 지으려고 노력했던 시인의 꿈은 이루었다. '퇴고'라는 성어는 물론, '여러 해 동안 각고의 노력을 기울여 연마하는 것'을 비유하는 '십년마검十年磨劍'도 그의 시에서 비롯된 것이다. 이러한 성어들을 통해 그의 이름은 지금까지 귀하게 남아 있다.

빠른 결과만을 원한다면 단기적인 성과를 거둘 수 있을지는 몰라도 큰일을 이루기는 어렵다. 물론 숨 가쁘게 변화하는 세태에서 빠른 판단과 과감한 결단은 반드시 필요하다. 하지만 자신이 이루고자 하는 꿈이 있다면, 크고 멀리 보는 시야도 함께 겸비해야 한다. 작은 일에 급급하면 조급해지고, 멀리 내다보고 크게 생각하는 여유를 잃게 된다. 당장은 좀 늦더라도 멀리 내다보고 담대하게 이루겠다는 생각이 큰 결과를 만들어낸다.《근사록》에는 "보는 것과 바라는 것은 멀고 크지 않으면 안 된다"라고 실려 있다.《춘추좌전》에는 "군주는 원대한 일을 알기에 힘쓰고 소인은 눈앞의 작은 일을 알고자 한다"라고 나와 있다. 얼마나 멀리, 크게 바라보는가가 결과를 좌우한다.

멀리 내다보고, 오랜 시간을 두고 실력을 쌓아온 사람은 반드시 그 능력을 떨칠 기회가 온다. 우리가 익히 알고 있는 '십 년의 법칙', '일만 시간의 법칙' 또한 같은 이야기를 하고 있다. 삶에서 이루고 싶은 일이 있다면 묵묵히 칼을 가는 시간이 있어야 한다. 고기를 다듬는 작은 일에 오래토록 칼을 갈 필요는 없다. 하지만 원대한 꿈을 이루기 위해서는 그 꿈에 부끄럽지 않을 만큼 오랜 시간 담금질을 감내해야 한다. 그렇게 축적한 시간의 결을 일컬어 내공이라고 한다.

"십 년간 칼을 갈았으나 서리 같은 칼날을 아직 시험해보지 못했다."

큰일을 앞에 두고 있을 때 이 문장으로 스스로를 가다듬을 수 있다. 리더로서 믿음과 신뢰를 표하고 싶을 때도 적격이다. 예부터 군주가 장군에게 칼을 내린다는 것은 확고한 믿음으로 모든 권한을 일임한다는 뜻이다. 시의 다음 구절 "오늘 이 칼을 그대에게 주노니 그 누가 공평치 못한 일을 하리오"와 함께 이 말을 해준다면 사람의 마음을 크게 움직일 수 있을 것이다.

마오쩌둥은 1954년 3월 항저우^{杭州}에 있는 모간산^{莫干山}의 경치를 구경하면서 이 구절을 읊었다. 그리고 승자가 되었다.

리더란
선택의 순간에서
주저하지 않는 존재다

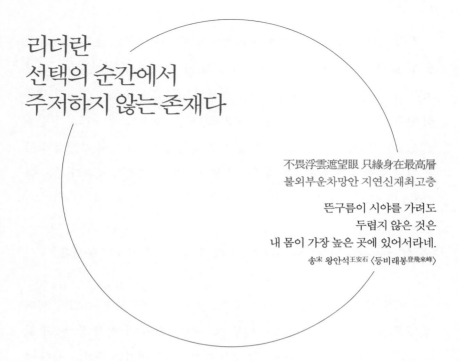

不畏浮雲遮望眼 只緣身在最高層
불외부운차망안 지연신재최고층

뜬구름이 시야를 가려도
두렵지 않은 것은
내 몸이 가장 높은 곳에 있어서라네.

송宋 왕안석王安石 〈등비래봉登飛來峰〉

왕안석은 개혁 성향의 정치가이자 뛰어난 문장가다. 북송北宋의 젊은 군주 신
종神宗과 함께 개혁법인 '신법'을 시행해 나라의 부국쇄신을 꾀했으나 끝내
실패하고 말았다. 신법은 경제, 군사, 교육을 비롯한 국정 전반에 걸친 쇄신
책으로 그 의도는 적절했다. 하지만 보수적인 사대부와의 갈등과 폭넓은 인
재등용에 실패하는 등 사람 운용에 한계를 보여 결국 성공을 거두지는 못했
다. 왕안석은 비록 정치에서 자신의 뜻을 펼치는 데는 실패했지만, 탁월한
문장으로 당송시대 뛰어난 여덟 문장가를 가리키는 '당송팔대가' 가운데 하
나로 꼽힌다. 특히 현실에서 겪는 흥망성쇠의 덧없음을 무릉도원의 옛일을
빌어서 노래한 〈도원행〉과 정치적 목적으로 흉노에게 시집갔던 궁녀의 한
을 노래한 〈명비곡〉이 유명하다. 위의 명구는 왕안석의 시 〈비래봉에 올라

천년의 내공

〈등비래봉登飛來峰〉〉에 실려 있는 구절이다.

왕안석은 개혁정책을 펴면서 보수파와의 갈등에 끊임없이 시달려야 했다. 비록 황제의 지원을 받았다고는 하나, 그의 정책을 반대하는 보수파들은 일부 하찮은 인물들이 아니라 사마광, 한기, 구양수 등 당대의 명망가이자 학자들이었다. 하지만 왕안석은 현실의 어려움에 타협하지 않았고, 자신이 하고자 하는 개혁이 국가를 위해 시급하고 가장 필요한 일이라는 확신이 있었기에 끝까지 밀고 나갔다. 이러한 그의 각오와 포부가 젊은 시절에 썼던 이 시 구절에 담겨 있다. 가장 높은 곳에 서서 높은 기상과 안목으로 어떤 뜬구름도 시야를 가리지 못하도록 헤쳐 나가겠다는 의지를 보여준 것이다.

개혁을 추진하다 보면 반드시 큰 어려움에 봉착하게 된다. 먼저 최고통치자와 뜻을 함께해야 하고, 그다음으로 기득권을 지키려는 보수파의 반대를 이겨내야 한다. 이 두 가지를 해결하지 못하면 개혁에서 성공을 장담하기 어렵다. 조직 구성원들의 신뢰 또한 반드시 필요하다. 역사상 수많은 개혁가들이 자신의 뜻을 펴지 못하고 비참한 최후를 맞았던 까닭은 자신의 확신과 신념에만 의존한 채 대중의 신뢰를 얻지 못했기 때문이다.

개혁의 성공을 위해서는 개혁가 자신은 물론 함께 개혁을 추진하는 사람들 모두가 공명정대함에 기반을 두어야 한다. 그리고 반드시 깨끗한 처신으로 솔선수범해야 한다. 말로는 개혁을 외칠 뿐 행동이 깨끗하지 못한 사람은 결코 좋은 결과를 거둘 수 없다.

스스로 깨끗하고 공명정대함을 갖췄다면 그다음으로 어떤 방해나 어려움도 뚫고 나가겠다는 각오가 필요하다. 가장 높은 곳에 올라 세상을 내려다 볼 수 있는 자신감과 담대함을 갖춰야 하는 것이다. 중턱에 구름이 가려 있는 산을 오를 때, 정상에 오르기 전에는 구름 때문에 한 치 앞도 제대로 볼 수 없다. 어렵게 산 정상에 오르면 푸른 하늘은 물론 내 앞을 가리던 구름의 장관도 밑으로 내려다보게 된다. 어렵고 힘든 과정을 거쳐 정상에 올랐을 때 얻을 수 있는 쾌감이다.

"뜬구름이 시야를 가려도 두렵지 않은 것은 내 몸이 가장 높은 곳에 있어서라네."

사람들이 두려움을 느끼고 근심하는 이유는 자신이 하는 일의 결과를 알수 없기 때문이다. 안개가 낀 것처럼 한 치 앞을 볼 수 없다면 앞을 상상하게 되고, 상상하는 만큼 두려움은 강력해진다. 이런 때 필요한 것이 스스로 하는 일이 올바르다는 확신과, 어떤 어려움도 헤쳐나갈 수 있다는 자신감이다. 흔들릴 수밖에 없는 상황에서 중심을 가지고 방향을 단호하게 제시해주는 행동, 불확실함에서 확신을 심어주는 것이 바로 어른이 할 일이다. 이 구절은 능력은 있으나 잠시 고난에 처한 사람들에게 용기와 의욕을 북돋아줄 때도 활용할 수 있다.

1997년 백악관 만찬에서 장쩌민江澤民 전 국가주석이 인용했다. 2005년 중국을 방문한 조지 W. 부시 미국 대통령에게 원자바오溫家寶 총리가, 2012년 한중일 국제 포럼에서는 루수민 중국인문외교학회 부회장이 인용하는 등 많은 중국의 지도자들이 이 문장을 자주 인용하고 있다. 각종 회담에서 높고 드넓은 기상으로 서로 힘을 합쳐 앞날을 개척해가자는 뜻을 이야기할 때 유용하다.

상황에 얽매이지 말고
상황을 장악하는 힘

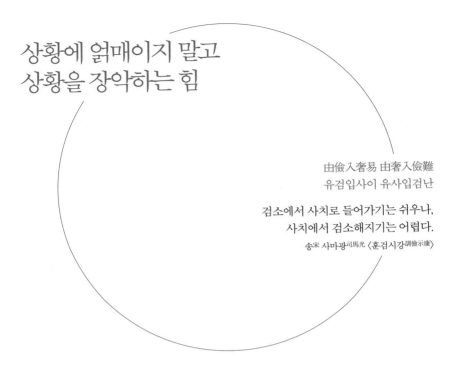

由儉入奢易 由奢入儉難
유검입사이 유사입검난

검소에서 사치로 들어가기는 쉬우나,
사치에서 검소해지기는 어렵다.

송宋 사마광司馬光 〈훈검시강訓儉示康〉

《자치통감》의 저자로 유명한 사마광이 아들 사마강司馬康에게 근검절약을 훈계하기 위해 쓴 〈훈검시강訓儉示康〉에 실려 있는 구절이다. 사마광이 〈훈검시강〉에서 말하고자 한 바는 다음과 같다.

"덕이 있는 사람은 모두 검소함에서 유래한다. 무릇 검소하면 욕심이 적은 법이다. 군자가 욕심이 적으면 외물外物에 부림을 당하지 않기 때문에 바른 도로 행할 수 있다. 소인이 욕심이 적다면 근신하고 절약할 수 있어 죄를 짓지 않으며 집안을 번창시킬 수 있다. 반대로 사치하면 욕심이 많아진다. 군자가 욕심이 많으면 부귀를 탐하여 도에서 어긋나게 되고 재앙을 부른다. 소인이 욕심이 많으면 많은 것을 구하여 함부로 낭비하기에 패가망신하기 쉽다."

군자든 소인이든 사람됨에 관계없이 누구나 검소함을 통해 스스로를 지켜나갈 수 있다. 생활의 검소함은 자신은 물론 집안을 잘 다스리게 하고, 나아가 나라와 천하를 잘 다스리는 근본이 된다. 사마광의 특별한 교육을 어릴 때부터 받았던 사마강이 청렴결백하면서도 뛰어난 인재가 되었던 역사가 이를 증명한다.

경제적으로 넉넉한 삶을 싫어하는 사람은 없다. 그러나 가난할 때는 '먹고살 정도만 되었으면 좋겠다'고 생각하지만, 정작 부자가 되어도 처지에 만족하지 못한다. 욕심에는 한계가 없기 때문이다. 그래서 사람들은 끊임없이 부를 좇게 되고, 이런 욕심은 죽을 때까지 계속된다. 오늘날은 부만 있으면 어떤 일도 할 수 있는 물질만능주의의 시대다. '극단의 경제학'이라고도 불리는 이러한 시대에 스스로를 지켜나가기는 참 어렵다. 오직 부자가 되기 위해 수단을 가리지 않고, 그 부를 대물림하기 위해 온갖 편법과 탈법을 거리낌 없이 행하는 사람들도 많다. 부자들은 더욱 부유해지고 가난한 사람들은 생존에 필요한 기본적인 물질을 구하는 데도 어려움을 겪는, 극단적인 부의 양극화, 부익부빈익빈의 악순환이 계속되는 것이다.

《채근담》에는 "하늘이 한 사람을 부요케 하여 사람들의 가난을 구제할 의무를 주었으나, 세상은 제 부요함에 의지하여 가난한 사람을 능멸한다"고 실려 있다. 하늘이 큰 부를 내리면서 세상을 구제할 의무도 함께 주었으나 부자들은 스스로 부를 자랑하고 누리기에 바쁘다는 것이다. 그리고 이 말의 결론으로 "이런 사람은 천벌을 받는다"고 한다. 부에 대한 올바른 철학이 없으면 스스로 절제하지 못하고 사치와 방종의 삶에 빠질 수밖에 없다.

검소에서 사치로 들어간다는 것은 사치와 쾌락이 주는 즐거움에 굴복함을 의미한다. 스스로 자제하지 못하는 '쾌락'에 빠지게 되면 굳은 심지가 있어도 헤어 나오기가 정말 힘들다. 사치함이 주는 쾌감은 집요할 뿐더러 치명적으로 강력하다. 따라서 '큰돈을 벌어 부자가 되겠다'는 우리가 흔히 세우는 목표는 바람직하지 않다. 부는 자신의 목표를 이루기 위한 수단일 뿐이다. 대신 '부자가 되어 어려운 사람을 돕겠다'와 같이 부에 대한 책임을 다하는 목표를 설정해야 한다. 철학 없이 그저 부자가 되는 것 자체를 목표로 한다면 한계가 없는 부의 추구에 빠질 수밖에 없다.

《격언련벽》에는 "곤욕이 근심이 아니라 곤욕을 괴로워하는 것이 근심이다. 영화가 즐거운 것이 아니라 그 영화를 잊어버리는 것이 진정한 즐거움이다"라고 실려 있다. 가난할 때나 부를 누릴 때나 상황에 지배받지 않고 그 상황을 누리며 사는 삶이 지혜롭다. 특히 어른들은 부와 가난의 올바른 가치관을 사람들에게 심어주어야 할 책임이 있다. 그 첫째가 바로 절제와 검소함을 스스로 실천함으로써 보여주는 것이다. 《논어》에는 "자신이 말하는 것을 부끄러워하지 않으면 그것을 실천하기는 어렵다"라고 실려 있다. 부의 가치관이 정립되어 있지 않을 때 언행일치言行一致, 지행합일知行合一은 지키기 어렵다. 검소에서 사치로 들어가기는 쉽고, 사치에서 검소해지기는 어렵다. 항상 이 구절을 마음에 새기면서 스스로를 성찰해야 하는 이유다. 그래야 부에 대한 철학이 있는 어른이 될 수 있다.

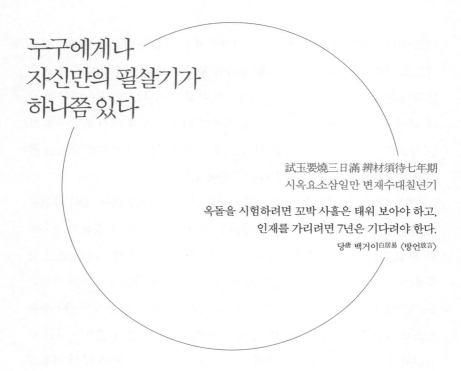

누구에게나
자신만의 필살기가
하나쯤 있다

試玉要燒三日滿 辨材須待七年期
시옥요소삼일만 변재수대칠년기

옥돌을 시험하려면 꼬박 사흘은 태워 보아야 하고,
인재를 가리려면 7년은 기다려야 한다.

당唐 백거이白居易 〈방언放言〉

백거이가 조정에 미움을 사 강주로 좌천을 가는 도중에 친구 원진이 〈방언
放言〉이라는 율시를 보내왔다. 그 시를 받고 백거이는 같은 제목으로 답시를
썼다. 7언율시七言律詩로 다섯 수를 지었는데 그 세 번째에 실린 구절이다. 방
언은 '거리낌 없이 말하다'라는 뜻으로, 심중에 있는 말을 숨기지 않고 모두
말하겠다는 의지의 표현이다.

　고전에서는 흔히 뛰어난 인물을 옥에 비유한다. 아무리 귀한 옥이라고 해
도 잘 갈고 다듬어야 그 진가를 알 수 있다. 위의 명구절 역시 마찬가지 의미
를 담고 있다. 귀한 옥돌의 진가를 알기 위해서는 사흘이라는 시험기간이 필
요하고, 진정한 인재를 찾기 위해서는 7년이라는 시간이 필요하다.

　백거이는 정치적 사건에 대해 직언을 하다가 황제의 미움을 사 좌천을 가

천년의 내공

면서 그 원망과 억울함을 이 구절에 담았다. 인재를 알아보려면 시간을 두고 다양한 측면에서 시험을 해봐야 그 진가를 알 수 있는데, 주위 신하들의 참언에 의해 쉽게 자신을 내친 군주에 대한 아쉬움을 토로했던 것이다. 옛날 훌륭한 군주였던 주공周公은 유언비어를 멀리 했고, 왕위를 찬탈했던 왕망王莽도 그전에는 공정하고 겸손한 사람이었다는 고사를 들며 사람을 쉽게 판단해 내치는 것은 잘못임을 거침없이 말하고 있다. 제목 '방언'처럼 거리낌 없이 심중의 말을 하고 있다는 뜻이다.

이 명구절에는 크게 두 가지의 가르침이 숨어 있다. 먼저 '대기만성大器晚成'이다. 《도덕경》에 있는 성어로 '크고 위대한 인물이 되기 위해서는 많은 시간과 끊임없는 노력이 필요하다'는 뜻이다. 요즘은 이른 출세, 빠르게 얻은 명성이 각광받는 세태다. 남들보다 앞서기 위해 조급해하고 빨리 높은 자리를 차지하고 싶어서 초조해 한다. 하지만 송시대 학자 정이는 '인생삼불행人生三不幸'을 말했다. 젊을 때 출세하는 것, 권세 좋은 부모형제를 만나는 것, 탁월한 재능을 타고나는 것, 이 세 가지는 행운이 아니라 불행의 근원이 될 수도 있는 것이다. 지름길보다는 시간의 힘을 믿고 빠르지는 않지만 꾸준하게, 포기하지 않고 자신의 내공을 쌓는 정도를 걸어야 진정한 강자가 될 수 있다.

또 한 가지 가르침은 '사람을 쉽게 판단하지 말고, 쉽게 버리지 말라'는 것이다. 《명심보감》에 있는 "사람을 의심하거든 쓰지 말고, 사람을 썼으면 의심하지 마라"는 말과도 일맥상통한다. 리더가 사람을 쉽게 쓴다면 올바른 사람을 얻기가 힘들다. 또한 미덥지 못한 사람에게 일을 맡기게 되면 불안하고 의심스러운 마음에 눈길을 거두기가 어렵다. 의심을 받으며 일하는 사람 역시 의욕을 잃게 된다. 결국 일도 잃고 사람도 잃고 만다.

사람을 이끄는 사람이라면 사람을 뽑는 일에 신중해야 한다. 다양한 시험과 엄격한 방법을 통해 사람을 찾아야 하고, 뽑은 다음에는 귀하게 써야 한다. 떠도는 말과 참언에 쉽게 사람을 버려서는 안 된다. 쉽게 사람을 뽑고 함부로 사람을 버린다면 진실한 사람, 능력 있는 사람은 얻기 힘들다. "현명한 사람에게 일을 맡기되 맡겼으면 두 마음을 품지 마라(《서경》)"는 금언이 정곡을 찌른다.

"옥돌을 시험하려면 꼬박 사흘은 태워 보아야 하고, 인재를 가리려면
7년은 기다려야 한다."

눈앞의 결과가 아니라 먼 미래를 보는 안목으로 인재를 판별하려고 할 때 떠올리면 좋은 말이다. 협상이 지지부진할 때 인내로써 좋은 결과를 거두자고 권유할 때에도 유용하다. 특히 사람을 뽑고 판단하는 일을 할 때 명심해야 할 소중한 글이다.

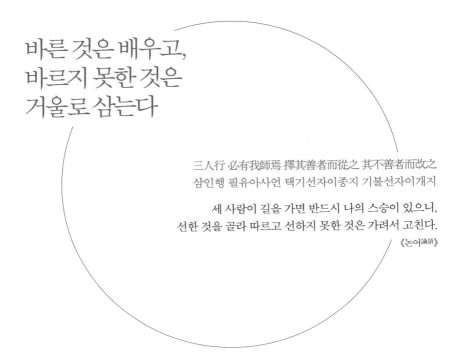

바른 것은 배우고, 바르지 못한 것은 거울로 삼는다

三人行 必有我師焉 擇其善者而從之 其不善者而改之
삼인행 필유아사언 택기선자이종지 기불선자이개지

세 사람이 길을 가면 반드시 나의 스승이 있으니,
선한 것을 골라 따르고 선하지 못한 것은 가려서 고친다.

《논어論語》

《논어》〈학이〉에는 "자기보다 못한 자를 벗으로 사귀지 말라(무우불여기자無
友不如己者)"고 실려 있다. 불편부당하고 배움에 차별을 두지 않는 '유교무류有
教無類'의 교육철학을 가진 공자가 했던 말로는 의외인데, 다행히 공자는 같은
책에서 이 말의 진정한 뜻을 알려주고 있다. 바로 이 명구절이다. 공자는 이
말을 통해 우리가 취해야 할 올바른 배움의 자세를 들려준다.

여기서 공자가 말하고자 하는 핵심은 만나는 모든 사람에게는 배울 점이
있다는 것이다. 나보다 더 뛰어난 사람을 만날 때는 그들의 좋은 점을 따라
서 배우고, 나보다 못한 이를 만나면 그들의 부족함을 거울로 삼아 나의 잘
못된 점을 바로잡을 수 있다. 《도덕경》에 실려 있는 "선한 사람은 선하지 않
은 사람의 스승이요, 선하지 않은 사람은 선한 사람의 거울이다(선인자 불선

인지사, 불선인자 선인지자善人者 不善人之師, 不善人者 善人之資)"와도 같은 뜻이다. 세상 사람들은 모두 배움을 줄 수 있는 사람이며, 다만 그것을 받아들이고 받아들이지 않는 것은 모두 나에게 달려 있다.

공자는 제자를 가르치면서 사람과 때와 장소와 상황을 가리지 않았다. 매미 잡는 장인과 새 사냥꾼에게서도 가르침을 구했고, 제자들도 함께 배우도록 권했다. 매미 잡는 노인과의 만남을 한 번 보기로 하자.

제자들과 함께 나들이를 하다가 매미 잡는 노인과 우연히 만나게 된 공자는 그의 모습을 유심히 보다가 노인에게 물었다.

"어르신, 매미 잡는 기술이 가히 신의 경지라고 할 만한데, 어떤 비결이 있으신지요?"

노인은 이렇게 대답했다.

"처음에는 매미를 손으로 잡는 일이 어려웠지만, 대나무에 구슬을 올리는 연습을 통해 땅에 떨어진 물건을 줍는 것보다 더 쉽게 매미를 잡을 수 있게 되었습니다. 하늘과 땅이 이토록 넓고 크고, 만물이 이토록 많다고 하지만 저는 오직 매미의 날개에만 집중합니다. 온 정신을 쏟고 마음을 하나로 모으면 어찌 매미를 잡지 못하겠습니까?"

여기서 공자는 '전심을 다해 공부하면 어떤 일이라도 반드시 이룰 수 있게 된다'는 '몰입'과 '정성'의 배움을 얻었고, 제자들에게도 이를 말해줄 수 있었다. 제자들은 매미 잡는 노인에게서도 배우는 스승 공자의 모습에서, 배움의 가장 기본적인 전제가 바로 겸손한 자세라는 사실도 함께 배웠다. 나보다 지위가 낮은 사람, 수입이 못한 사람, 학식이 모자란 사람에게는 배울 점이 없다고 생각하는 것은 스스로의 발전을 막는 교만일 뿐이다.

자존감과 의욕이 넘치는 젊은 직장인 가운데에는 자신의 상사에게서 배울 점이 없다고 불평하는 경우가 많다. 이 역시 교만이다. 올바른 배움이란 뛰어난 사람뿐 아니라 그렇지 않은 사람에게도 배울 점을 배우는 것이다. 설사 잘못된 점만 발견했다고 해도 그것을 거울로 삼아 내 행동을 돌아볼 수 있어야 한다. 흔히 다른 사람의 잘못을 비난하는 사람들을 보면 자신에게도 비슷한 허물이 있는 경우가 많다. 《채근담》에 실려 있는 '이단공단以短攻短'이라는 말처럼 자신의 단점으로 다른 사람의 같은 단점을 공격하기 쉬운 것이다.

"세 사람이 길을 가면 반드시 나의 스승이 있으니, 선한 것을 골라 따르고 선하지 못한 것은 가려서 고친다."

내부는 물론 외부에서도 배울 점을 배우겠다는 의욕이 넘치는 조직은 놀라운 일을 해낼 수 있다. 폭넓은 배움, 올바른 배움의 자세에 대해 고민할 때 떠올릴 수 있는 말이다. 중국 중앙당교 왕지에王杰 교수가 2015년 한 인터뷰에서 중국 고대의 관리들을 언급하면서 이 구절을 인용했다.

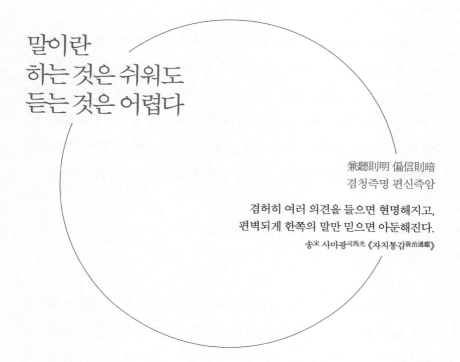

말이란
하는 것은 쉬워도
듣는 것은 어렵다

兼聽則明 偏信則暗
겸청즉명 편신즉암

겸허히 여러 의견을 들으면 현명해지고,
편벽되게 한쪽의 말만 믿으면 아둔해진다.

송宋 사마광司馬光 《자치통감資治通鑑》

당 태종 때 간의대부를 지냈던 위징魏徵은 황제에게 끊임없이 간언을 했던 것
으로 유명했다. 당 태종 재위 기간 가운데 수백 번에 걸쳐서 간언을 했고, 심
지어 황제가 이미 결정했던 사안까지 옳지 않으면 반대를 함으로써 황제의
분노를 사기도 했다. 하지만 그의 간언은 모두 충심에서 비롯되었다. 태종 또
한 사심 없는 그의 간언을 중하게 받아들여 정사를 펼침으로써 중국 최고의
번성기를 이룩할 수 있었다. 지금도 그 당시를 '정관의 치貞觀之治'라고 부르는
까닭은, 간언을 서슴지 않는 신하와 그 간언을 대범하게 받아들였던 군주가
어우러져 이룩한 위대한 업적을 정치의 모범으로 삼고자 하기 때문이다.

이 명구절은 당 태종이 군주의 처신에 대해 묻자 위징이 대답했던 간언
가운데 나온다. 다음의 고사를 보자.

천년의 내공

당 태종이 위징에게 물었다.

"군주가 어떻게 해야 현명해지고 어떻게 하면 어리석어지는가?"

그러자 위징이 대답했다.

"군주가 현명해지는 것은 여러 방면의 의견을 두루 듣기 때문이며, 아둔해지는 것은 한쪽으로 치우쳐 몇 사람의 말만 듣기 때문입니다. 옛날 요임금은 백성들의 상황을 밝게 이해했으므로 유묘의 난을 적시에 장악할 수 있었습니다. 순임금은 널리 듣고 보았기 때문에 역적들을 내칠 수 있었습니다. 진나라 이세황제는 환관 조고의 말만을 믿었기 때문에 조고에게 살해되었고, 양 무제는 주이의 말만을 믿었기 때문에 굶어죽는 치욕을 당했습니다. 수 양제는 우세기의 말만을 믿었기 때문에 반란으로 인해 죽었습니다. 군주가 널리 의견을 들으면 귀족과 신하들이 감히 속이지 못하게 되며 아래의 상황이 위까지 전달되옵니다."

군주가 여러 방면의 의견을 널리 듣는다는 말은 듣기 싫은 소리까지 듣는다는 것을 의미한다. 한쪽으로만 치우쳐 듣는 태도는 달콤한 의견만 듣는 것이다. 이런 군주에게는 충신이라고 해도 직언을 할 수 없다. 목숨을 걸어야 하기 때문이다. 위징의 간언에도 나오지만 귀를 열고 널리 들었던 임금들은 천하를 잘 다스리고 역적들을 내칠 수 있었지만, 몇몇 잘못된 신하들만 믿었던 군주는 자신도 죽고 나라도 망하고 말았다. 그래서 《여씨춘추》에서는 "망국의 군주에게는 직언을 할 수 없다(망국군주, 불가이직언亡國之主, 不可以直言)"고 경고했다.

무소불위의 권력을 가진 군주가 듣기 싫은 소리에 귀를 기울이는 것은 쉽지 않은 일이다. 스스로를 낮출 수 있는 겸손과 스스로를 절제하는 자제력이 필요하기 때문이다. 간신들의 달콤한 말을 무시하기도 쉬운 일이 아니다. 그들은 군주의 마음을 간질이는 데 타고난 재능이 있기 때문이다. 그들은 타고난 입담과 사람의 본성을 건드리는 술책으로 군주를 설득해 자기 의도대로 이끌어간다. 또한 자신의 입신에 방해가 되는 강직한 인물을 모함해 제거해 버리기도 한다. 따라서 사람을 이끄는 자리에 있는 이들은 사람의 말을 가려 들을 수 있어야 한다. 《채근담》에서 "나쁜 말을 들어도 금방 미워하지 마라. 참소하는 사람의 분풀이일까 두렵다"고 경계하는 까닭은 바로 이 때문이다.

"겸허히 여러 의견을 들으면 현명해지고, 편벽되게 한쪽의 말만 믿으면 아둔해진다."

상대방의 말을 유심히 들으면 그 사람을 알 수 있게 된다. '말은 그 사람 자신이다'라는 말이 있듯이, 사람들은 말을 통해 자신을 표현하기 때문이다. 올바르게 듣는 법을 알아 세상과 사람의 정보에 능통한 사람이 비즈니스는 물론 인생에서도 성공할 수 있다. 지금 사람을 이끄는 자리에 있거나, 장차 리더를 꿈꾸는 사람이라면 '듣는 것을 통해 사람과 세상을 읽는 통찰력'을 갖춰야 할 것이다.

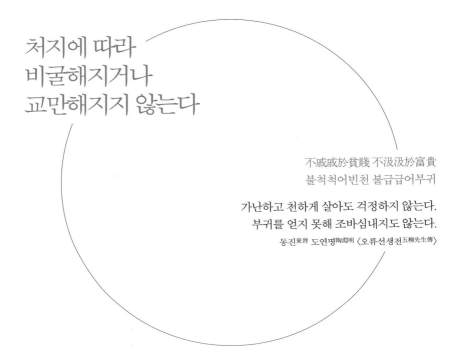

처지에 따라 비굴해지거나 교만해지지 않는다

不戚戚於貧賤 不汲汲於富貴
불척척어빈천 불급급어부귀

가난하고 천하게 살아도 걱정하지 않는다.
부귀를 얻지 못해 조바심내지도 않는다.

동·진東晉 도연명陶淵明 〈오류선생전五柳先生傳〉

중국 전한시대 학자인 유향劉向이 쓴 《열녀전》에는 노나라의 청렴한 선비 검루黔婁의 이야기가 나온다. 검루가 죽자 증자가 문상을 가서 그의 아내에게 시호를 어떻게 지을지 물었다. 검루의 아내가 '강康(편안함)'이라고 짓기를 원하자 증자가 궁금해서 물었다.

"선생께서는 평생을 빈곤하게 살며 영화를 누리지 못했는데 어찌 강으로 지으시려 합니까?"

그의 아내가 이렇게 말했다.

"남편은 평생 벼슬을 하지 않았고, 임금이 내린 곡식도 마다했습니다. 가난하고 천하게 살아도 근심하지 않았고, 부귀를 얻지 못해도 조바심내지 않았습니다. 평생 인仁과 의義를 구하며 살았는데, '강'이라고 짓는 게 마땅하지 않겠습니까?"

이 말을 듣고 증자는 '과연 그 남편에 그 부인'이라고 탄복했다고 한다.

중국 동진시대 시인 도연명은 검루의 인품에 감동해 자신의 시 〈오류선생전五柳先生傳〉에서 이를 인용했다. "검루가 평생 빈천함을 근심하지 않고 부귀에 급급하지 않았다고 하니 오류선생이 바로 그 사람의 짝이다"라며 그의 삶을 닮고 싶다고 한 것이다. 오류선생은 바로 도연명 자신이다.

부는 이미 오래 전부터 사람들이 추구했던 욕구 가운데 하나다. 사람들은 '부'를 가지면 자신이 행복해질 것이라고 여기며 열심히 부를 추구하고 있다. 세계적인 대부호 록펠러에게 한 기자가 "지금도 엄청난 부자인데 계속 일을 하시니 얼마나 더 부자가 되고 싶으냐?"고 묻자, 록펠러는 "조금만, 조금만 더!"라고 말했다고 한다. 채워지지 않는 탐욕을 잘 표현해주는 일화다. 지금도 주체하지 못할 정도로 부를 쌓았음에도 더 많은 돈을 얻고자 하는 욕심을 자제하지 못하는 사람들을 쉽게 볼 수 있다.

이처럼 끝없이 부를 추구하는 마음으로는 결코 행복한 삶을 살 수 없다. 아무리 채워도 채워지지 않는 우물을 끊임없이 채워야 하는 처지인데 어떻게 행복할 수 있을까? 가난 역시 마찬가지다. 물론 가난하면 삶이 불편하다. 심할 경우 끼니 자체를 걱정해야 할 수도 있다. 하지만 가난은 그것을 대하는 사람의 의지에 따라서 그 의미가 달라진다. 검루나 도연명처럼 부에 연연하지 않고, 가난을 초월한 삶을 살 수 있으면 가난 때문에 힘들어하고 조바심내지 않게 된다.

도가의 대표적인 철학자 장자에게 위왕이 "선생은 어찌 그리 고달파 보입니까?"라고 묻자, 장자는 "나는 가난한 것이지 고달픈 것은 아닙니다(빈야비비야貧也 非憊也)"라고 답했다. 단지 때를 만나지 못해 가난한 것일 뿐 힘들어

천년의 내공

하지는 않는다는 것이다. 장자는 가난이 부끄러운 것이 아니라, 가난으로 인해 찌들고 구차해지는 마음이 부끄러운 것임을 우리에게 가르쳐주고 있다.

"가난하고 천하게 살아도 걱정하지 않는다. 부귀를 얻지 못해 조바심
내지도 않는다."

부도 가난도 모두 마음가짐에 달려 있다. 부가 결코 행복의 조건은 아니고, 가난이 불행의 이유도 아니다. 부자라고 해서 훌륭한 사람인 것도 아니고, 가난한 사람이라고 해서 무능하거나 인격이 모자란 것이 아니다. 단지 부를 기준으로 인간의 격을 판단하는 사람들의 마음가짐이 문제인 것이다.

안빈낙도安貧樂道의 삶을 살기에는 우리 평범한 사람들은 모자람이 많다. 따라서 부와 가난에 대한 뚜렷한 의식과 철학을 심어주기 위해 어른들이 노력해야 한다. 하지만 무엇보다도 스스로가 올바른 부의 철학, 부에 대한 내공을 쌓을 수 있어야 한다. 아리스토텔레스도 "부란 국가나 가정에서 필요한 만큼을 채우는 것이 한계인데, 오직 돈을 버는 것을 목적으로 하는 사람들의 탐욕 때문에 한계가 없다"라고 개탄했다. 그 시절에도 부를 쌓는 데 목숨을 거는 사람들의 욕심이 사회의 걱정거리였다. 오늘날 더 심각해진 세태에서 어른들이 이를 바로잡아야 한다.

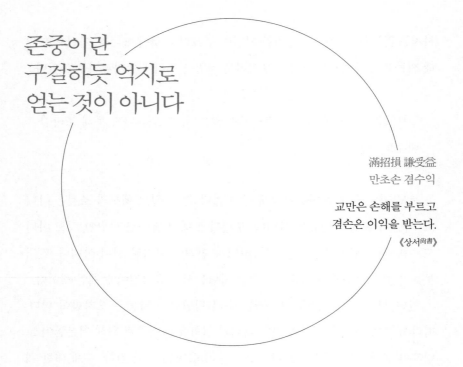

존중이란
구걸하듯 억지로
얻는 것이 아니다

滿招損 謙受益
만초손 겸수익

교만은 손해를 부르고
겸손은 이익을 받는다.
《상서尙書》

《명심보감》〈안분〉에는 이렇게 실려 있다.

"만족함을 아는 사람은 가난하고 천해도 즐겁고, 만족함을 모르면 부하고 귀해도 근심한다. 만족할 줄 알아 늘 만족하면 종신토록 욕되지 않고, 그칠 줄 알아 늘 그치면 종신토록 부끄러움이 없다."

이 말에 이어 《서경》에 있는 위의 구절을 인용하며 결론으로 삼는다.

"서경에 이르기를 교만은 손해를 부르고 겸손은 이익을 받는다(서왈 만초손 겸수익書曰 滿招損 謙受益)."

이것이 바로 겸손과 교만의 실천적인 원리다. 겸손함은 스스로 만족함을 알아 절제하는 것이고, 교만함은 스스로 만족하지 못해 탐욕을 부리는 것이다. 스스로 만족하는 사람은 인생이 즐거울 뿐 아니라 치욕을 당할 일이 없고, 스스로 만족하지 못해 항상 더 많은 것을 구하려는 사람은 늘 근심 속에 살아야 한다. 주어진 상황에 만족하지 못하고 계속 무언가를 더 욕구하는 사람에게 마음의 평안과 진정한 행복은 없다.

《여씨춘추》에는 "망국의 군주는 반드시 스스로 교만하고, 스스로 지혜롭다고 여기고, 스스로 사물을 경시한다"라고 실려 있다. 교만한 지도자는 부하들을 소홀히 하고, 백성을 업신여기며, 경쟁자를 얕본다. 스스로 지혜롭다고 생각하는 사람은 주위의 의견에 귀 기울이지 않고 매사를 독단적으로 처리한다. 사물을 가볍게 여기면 작은 징조에 무관심하게 되고 어떠한 위험에도 대비하지 않는다. 그리고 이런 성향을 가진 군주는 반드시 나라를 잃고 패망하게 된다.

한편 《한비자》에서는 "군주가 마음을 비우고 기다려주면 신하들 스스로가 능력을 발휘한다"고 했다. 왕이 스스로를 높이지 않고 겸손하면 신하들이 능력을 발휘하게 되고, 나라가 부흥할 수 있다는 뜻이다. 맹자는 "왕이 인자한 정치를 베풀면 백성들이 윗사람을 존경하고 그를 위해 목숨을 바친다"라고 했다.

겸손으로 얻는 것도 사람이고, 교만으로 잃는 것도 사람이다. 그리고 그 결과로 나라가 망하거나 흥하게 된다. 나라를 세우는 것도, 망하게 하는 것도 모두 사람에게 달려 있기 때문이다. 이 고전들은 나라와 군주에 대해 말했지만 어느 누구도 이 진리에서 자유로울 수는 없다. 스스로를 높이려고 하면 사람을 잃고 무너지게 되고, 스스로를 낮추면 사람을 얻을 수 있다.

모두가 자기를 높이려고 하고, 또 높아야만 알아주는 오늘날의 세태에서 스스로를 낮추기란 결코 쉬운 일이 아니다. 시대를 거꾸로 가는 행동이라고 생각될 수도 있다. 심지어 품격과 예의를 지키면 자존심이 없다고 비웃음을 당하는 경우도 많다. 높은 지위에 오르고, 많은 부를 누리게 된 사람일수록 자신을 절제하고 겸손하기란 결코 쉬운 일이 아니다. 하지만 존경이란 스스로를 높이는 것이 아니라 낮춤으로써 얻을 수 있는 것이다. 지위 여하를 떠나 스스로를 낮추는 사람에게 사람이 모이고, 그렇게 그는 자연스럽게 소통의 중심인물로 서게 된다.

"교만은 손해를 부르고 겸손은 이익을 받는다."

사람을 이끄는 자리에는 비굴이 아닌 진정한 겸손의 자세, 교만이 아닌 바른 자존감의 정립이 반드시 필요하다. 스스로의 가치를 높이기 위해 노력하고, 자신이 소중한 만큼 다른 사람을 인정하고, 품격 있는 말과 행동으로 스스로는 물론 남도 높여주는 '역지사지易地思之'의 자세를 갖출 수 있어야 한다. 이것이 바로 지켜야 할 진정한 자존감이고, 사람을 얻는 비결이다. 지위가 높아질수록 실력보다도 사람들과의 인화가 진정한 능력이 된다.

"삶의 모든 순간에서
초연한 어른이 되는 것은 요원합니다.
다만 오늘을 차곡차곡 쌓아 가면
어제보단 나아지겠지요."

지셴린, 《다 지나간다》 중에서.

2

세상사는
승패로 구분되지
않는다

인자무적仁者無敵

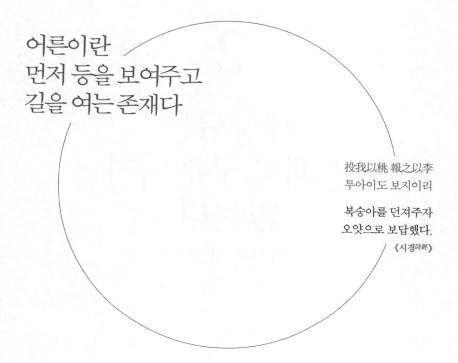

어른이란
먼저 등을 보여주고
길을 여는 존재다

投我以桃 報之以李
투아이도 보지이리

복숭아를 던져주자
오얏으로 보답했다.
《시경詩經》

《시경》〈억抑〉에 실려 있는 명구절로 '투도보리投桃報李'로 줄여 쓰기도 한다. 여기서 도桃는 복숭아, 이李는 오얏(자두)으로, '윗사람이 먼저 베풀면 아랫사람이 보답한다'는 뜻의 솔선수범을 강조하는 말이다. 《시경》의 권위 있는 해설서인 《모시서毛詩書》에 따르면 〈억抑〉은 위나라 무공이 항상 들으며 스스로 경계하기 위해 지었던 시다. 시에서는 군주와 신하의 관계를 말하고 있지만 모든 인간관계에서 이 이치를 적용할 수 있다. 상사와 부하는 물론 친구나 가족과 같은 사이에도 가능하다. 혹은 거래 상대라도 마찬가지다. 먼저 덕을 베풀면서 상대가 보답하기를 기다려야 하며, 은혜를 입는 사람은 반드시 보답하는 자세를 가져야 한다.

이 시에는 이런 구절도 실려 있다.

천년의 내공

"흰 옥구슬의 흠은 갈아 없앨 수 있지만, 말의 흠은 없앨 수 없다. 가볍게 말하지 말고 함부로 지껄이지 마라. 내 혀는 아무도 잡아주지 못하니 해버린 말 쫓아가 잡을 수 없도다."

군주가 스스로를 경계하는 데 있어, 특히 말을 삼가라는 경고다. 그만큼 사람을 이끄는 자리에는 말의 신중함이 요구된다. 그래서 공자는 "말은 뜻을 전달하면 그만이다(사달이이의辭達而已矣)"라고 했고, 《명심보감》에서는 "입과 혀는 재앙과 근심의 문이요, 몸을 죽게 하는 도끼다"라고까지 했다.

이 시는 '말의 절제'와 '행동의 솔선수범'이 군주가 지켜야 할 가장 소중한 두 가지 덕목임을 밝히고 있다. 이러한 통찰은 오늘날에도 그대로 적용된다.

지도자가 사람들을 이끄는 방법에는 여러 가지가 있다. 이른바 카리스마가 있는 리더는 강압적으로 부하를 이끌려고 하고, 감성적인 리더는 공감하는 능력으로 부하를 이끈다. 노자와 같은 경우는 '무위無爲의 리더십', 리더가 아무 일도 하지 않을 때 부하들은 능력을 발휘할 수 있다고까지 말한다. 리더가 믿고 맡길 때 스스로 책임감을 갖고 일을 해낸다는 것이다. 바로 마음에서 우러나오는 강력한 동기라고 할 수 있다.

회사를 비롯해 어떤 조직에나 위계질서가 있기 마련이다. 부하들은 상사의 명령에 따라야 하고, 그 지시를 이행해야 한다. 하지만 계급에 의해 명령을 수행하는 것과 마음으로 따르는 것은 전혀 다른 문제다. 당연히 결과도 달라진다. 일방적인 명령에 의해 움직이는 조직도 유지되고 발전할 수는 있다. 하지만 마음으로 하나가 된 조직, 모든 직원들이 조직의 목적과 방향에 공감하고 자발적으로 노력하는 조직과는 비교할 수 없다. 이러한 조직원들의 내적동기內的動機를 이끌어내는 것은 리더에게 달려 있다. 진실함과 사랑으로 솔선수범하며 사람들을 이끌 때 함께 일하는 이들 또한 진심으로 따르게 된다. 리더라면 먼저 복숭아를 던져줄 수 있어야 하는 것이다.

"복숭아를 던져주자 오얏으로 보답했다."

부하들에게 먼저 마음을 열고 신뢰를 보이며 할 수 있는 말이다. 거래 상
대방과의 관계도 마찬가지다. 하나를 먼저 내밀어 마음을 얻을 수 있다면 반
드시 둘, 셋으로 보답할 것이다. 2015년 류 샤오밍劉曉明 영국 주재대사가《인
민일보》에 게재한 글에서 영국과의 빠른 관계 발전을 언급하며 이 명구절을
인용했다. 나라 간에는 물론 사람들 사이에도 좋은 관계를 형성하면 반드시
좋은 결과를 만들어낸다. 하지만 어떤 상황에서든 분명한 전제조건이 있다.
내가 먼저 줄 수 있어야 한다.
"내가 아낌없이 복숭아를 던질 테니, 그대들은 오얏으로 보답하기 바란
다!"

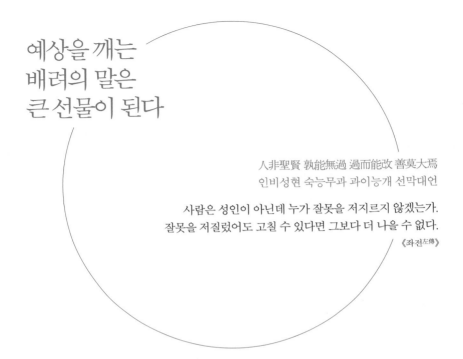

예상을 깨는 배려의 말은 큰 선물이 된다

人非聖賢 孰能無過 過而能改 善莫大焉
인비성현 숙능무과 과이능개 선막대언

사람은 성인이 아닌데 누가 잘못을 저지르지 않겠는가.
잘못을 저질렀어도 고칠 수 있다면 그보다 더 나을 수 없다.

《좌전左傳》

공자는 《논어》 〈술이〉에서 이렇게 말했다.

"인격을 수양하지 못하는 것, 배운 것을 익히지 못하는 것, 옳은 일을 듣고 실천하지 못하는 것, 잘못을 고치지 못하는 것, 이것이 나의 걱정거리다."

공자와 같은 대철학자의 말치고는 참 평범하다. 사실 우리도 날마다 이 정도의 걱정을 하고 살고 있지 않은가. 그러나 평범해 뵈는 이 네 가지는 우리가 일상에서 스스로를 가꾸어간다는 것이 결코 만만한 일이 아님을 알려준다. 평생을 두고 인격을 수양했고, 배움을 좋아해 공부를 쉬지 않았고, 정의로운 세상을 만들기 위해 천하를 주유했던 공자마저 자신의 부족함을 인정하고, 걱정했다. 특히 공자는 잘못을 고치지 못하는 것이 자신의 걱정거리 가운데 하나라고 했다. 공자뿐 아니라 수많은 고전에서도 이를 강조하고 있다. 《좌전》에 실려 있는 이 명구절도 마찬가지이다.

　이 말의 전제는 어떤 사람이라도 성인처럼 완벽할 수 없고, 잘못을 저지를 수 있다는 것이다. 만약 아예 잘못이 없다면 고치지 못함을 걱정할 필요가 없다. 나아가 잘못을 저질렀을 때 스스로 돌이켜 반성하는 일이 결코 쉽지 않다는 고백이기도 하다. 잘못을 인정한다는 것은 스스로의 부족함을 똑바로 바라볼 줄 아는 용기다. 자신의 모자람이 다른 사람에게 알려진다면 자존감에 손상을 입게 된다. 그래서 공자는 '잘못을 저지르지 마라'는 말 못지않게 '잘못을 반성하여 고치기를 게을리 하지 마라'고 강조하고 있다. 《논어》〈자한〉에서는 "잘못하거든 고치기를 꺼려하지 마라(과즉물탄개過則勿憚改)"고 했고, 〈위령공〉에서는 "잘못을 알면서도 고치지 않는 것, 그것이 바로 잘못이다(과이불개 시위과의過而不改 是謂過矣)"라고까지 말하고 있다.

　개개인도 그렇지만 조직 안에서도 마찬가지다. 일을 하다 보면 크고 작은 실수를 저지르기 마련이다. 특히 현실에 안주하지 않고 과감한 도전정신으로 일할 때 실패와 실책은 그림자처럼 따라올 수밖에 없다. 이때 작은 실책에도 용서가 없고, 고의성이 없는 잘못을 지나치게 엄중하게 문책한다면 조직의 역동성은 사라지게 된다. 도전적이고 진취적인 도전의식은 오간 데 없게 되고, 마냥 하던 일을 문제없이 수행하는 것을 최우선에 두는 복지부동의 조직이 되는 것이다.

　잘못은 당연히 문책하고 경고해야 한다. 하지만 같은 잘못이 반복되지 않도록 스스로 깨우침을 주는 형식이 되어야 한다. 그럼에도 똑같은 잘못이 반복된다면 당연히 엄중한 문책이 따라야 할 것이다. 같은 실수가 반복된다는 것은 종전의 잘못에 대해 통렬한 자기반성이 없었음을 의미한다. 하지만 과감하게 새로운 일에 도전하다가 실패한 사람에게는 따뜻한 격려와 함께 다시 도전할 수 있는 힘을 불어넣어줘야 한다. 사람들은 누구나 실패를 경험하면 위축되기 마련이다. 닥쳐올 비난과 질책이 두렵기 때문이다. 만약 이때 상사가 가까이 다가와서 어깨를 툭 건드리며 격려의 말을 해준다면 그 직원의 마음은 어떨까. 아마 다음번에는 큰 성공으로 보답할 것이고, 조직의 미래를 결정할 인재로 성장하게 될 것이다.

"사람은 성인이 아닌데 누가 잘못을 저지르지 않겠는가. 잘못을 저질렀어도 고칠 수 있다면 그보다 더 나을 수 없다."

교정기관 출소자들의 사회복귀를 돕는 기관인 한국법무보호복지공단 구본민 신임 이사장이 2015년 취임사에서 이를 인용했다. 기관에 종사하는 사람들의 올바른 자세를 고취하고 신임 이사장으로서의 각오를 적절하게 표현해주는 좋은 말이다. 중국의 대부호인 타이핑양太平洋 건설 그룹의 옌제허嚴介和 회장도 '사람은 누구나 실수를 하기 때문에 자신과 다른 의견을 제시하는 사람들의 의견을 무시해서는 안 된다'고 강조하며 이 말을 인용했다.

어려울 때
그 사람의 품격과
힘이 드러난다

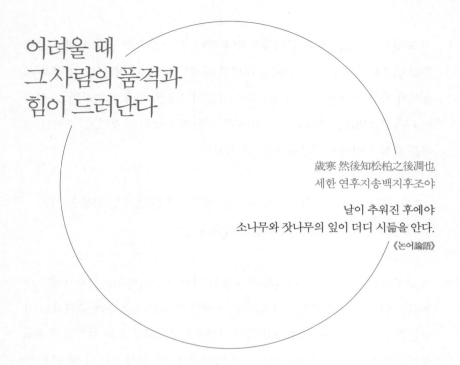

歲寒 然後知松柏之後凋也
세한 연후지송백지후조야

날이 추워진 후에야
소나무와 잣나무의 잎이 더디 시듦을 안다.

《논어論語》

소나무와 잣나무는 잎이 길고 가늘어 그다지 볼품이 있어 보이지는 않는다. 한여름 무성한 잎을 자랑하는 나무나 가을철 아름다운 단풍나무와 나란히 있을 때면 오히려 초라하게 보일 정도다. 하지만 추운 겨울이 되어 세상이 삭막해진 다음에는 변함없이 푸른 잎을 보여주는 소나무와 잣나무의 소중함을 알게 된다. 다른 나뭇잎들은 모두 떨어져 앙상하지만 두 나무는 여름과 변함이 없다. 그래서 송백松柏(소나무와 잣나무)은 선비들의 지조와 의리를 상징한다. 세상 인심과 세태는 자기 이익을 좇아 쉽게 변하지만, 선비는 어떤 상황에서도 변함없는 모습이 송백의 푸르름을 닮았기 때문이다.

공자는 어렵고 힘든 시기가 오면 사람의 진정한 가치가 드러난다는 뜻으로 이 말을 했다. 공자의 칠십 평생은 수많은 고난의 연속이었다. 뛰어난 학

천년의 내공

식과 탁월한 인품으로 세인의 존경은 받았지만 위정자들로부터 제대로 쓰임을 받지는 못했다. 56세의 늦은 나이에 꿈을 펼칠 나라를 찾아 14년간의 천하 주유를 떠났지만, 그 시기야말로 공자에게 닥친 최악의 고난기였다. 수없이 죽을 고비를 넘겼고, 밥을 굶었던 일도 비일비재했다. 그래서 그 당시 공자를 본 어떤 사람은 '상갓집 개'라는 가장 비천한 이름으로 부르기도 했다. 이렇게 인생의 고해를 감내하며 공자가 붙잡고 있던 인생철학이 바로 《논어》에 실려 있는 이 명구절이다.

이 구절은 추사秋史 김정희의 〈세한도歲寒圖〉를 통해 우리에게도 익숙하다. 추사는 《논어》에 실려 있는 이 말을 따서 자신의 작품에 '세한도'라는 이름을 붙였다. 제주도에서 유배당하던 시절, 제자 이상적의 의리와 우의에 감사하며 직접 그려 선물로 보냈던 작품이다. 역관이었던 이상적은 추사가 권세를 잃고 유배 중이었음에도 잊지 않고 중국에서 구한 귀한 책을 보내주며 교류를 계속했다. 추사는 권력만을 좇는 각박한 세태에서 변함없는 이상적의 의리에 크게 감동했는데, 〈세한도〉에 적어놓은 추사의 글에서 그의 감격을 엿볼 수 있다. 그 일부를 옮겨 적는다.

"권세와 이익만을 좇아 따르는 것이 거부할 수 없는 시대의 풍조다. 어찌 비싼 값을 주고 산 이 귀한 책을 권세가에게 보내지 않고 먼 바닷가 초라한 처지의 나에게 보냈는가? 사마천이 말하기를 '권력과 이익을 좇아 모인 사람은 그것이 사라지면 멀어진다'고 했는데, 그대도 세간의 한 사람일진대 어찌 그리 초연한가. 그대는 나를 권력과 이익의 대상으로 보지 않는가, 아니면 사마천이 틀렸다는 말인가? 공자가 '날이 추워진 후에야 소나무와 잣나무 잎이 더디 시듦을 안다'고 했듯이, 송백은 사시사철 시들지 않는다. 추운 겨울이 오기 전에도 송백이요, 추운 겨울이 온 후에도 마찬가지로 송백인데 성인聖人은 특별히 한겨울 이후의 변함없음을 칭찬하였도다."

공자의 시절에도, 추사의 시대에도 사람들은 권력과 이익을 좇았지만, 오늘날에는 더욱 절실히 이런 세태를 느끼게 된다. 팽배한 물질주의와 성공주의는 가장 아름다워야 할 사람들 간의 관계 역시 그렇게 만들고 말았다. 사람들은 부와 권력을 좇아 모여들지만 그 속에 진정한 사귐은 없다. 하지만 어떤 상황에서도 내가 이루고 싶은 '삶의 진정한 가치'를 꽉 붙잡고 놓지 않는 사람들이 있다. 이런 소중한 가치를 지켜나가는 사람은 눈앞의 이익과 세태의 변화에 쉽게 동요하지 않는다. 그리고 어떤 상황에서도 사람에 대한 의리를 저버리지 않는다. 바로 공자가 말했던 '송백'과 같은 사람이고, 위의 말을 받기에 합당한 사람이다.

사람도 마찬가지지만 조직에도 품격이 있다. 눈앞의 이익에 급급하고, 작은 위기에도 흔들려 쉽게 변한다면 그 조직은 품격과는 거리가 멀다. 조직의 품격은 구성원에게 달려 있다. 그리고 구성원들은 리더를 닮는다. 결국 리더의 품격이 조직의 품격을 말해준다.

"날이 추워진 후에야 소나무와 잣나무의 잎이 더디 시듦을 안다."

어려운 시절 헌신적으로 분투했던 사람에게 칭찬의 말로, 혹은 협상 상대와 갈등이 있을 때 어려울 때일수록 신의를 더 돈독히 하자며 이를 인용해도 좋겠다.

천년의 내공

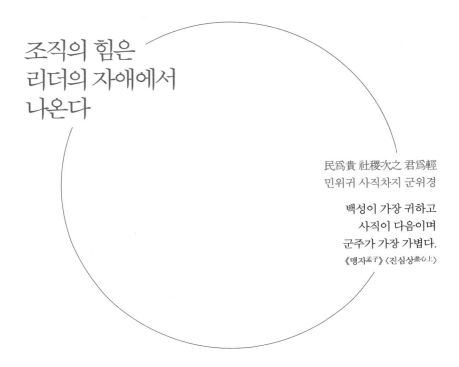

조직의 힘은
리더의 자애에서
나온다

民爲貴 社稷次之 君爲輕
민위귀 사직차지 군위경

백성이 가장 귀하고
사직이 다음이며
군주가 가장 가볍다.
《맹자孟子》〈진심상盡心上〉

맹자는 공자의 뒤를 이어 유교의 정통성을 이어갔지만, 나라를 다스리는 치
도治道에 있어서는 공자와 맥을 달리했다. 공자는 군주의 도리를 엄격하게 요
구했으나 군주의 권위 자체는 인정했다. 하지만 맹자는 나라의 근본은 백성
이므로 군주가 백성을 위한 정치를 제대로 하지 못할 때는 아무리 군주라도
갈아치울 수도 있다고 했다. 당시로 봐서는 굉장히 혁명적인 관점을 지닌 사
상가였다.

《맹자》〈진심상〉에 실려 있는 이 명구절의 다음은 이렇게 이어진다.

"그러므로 많은 백성의 마음을 얻으면 천자가 되고, 천자의 마음을 얻으
면 제후가 되고, 제후의 마음을 얻으면 대부가 된다. 제후가 사직을 위태롭
게 한다면 그 제후를 바꾸어 세운다. 살진 짐승과 깨끗한 곡식으로 때맞추어

제사를 지내도 가뭄이 들고 홍수가 넘치면 사직을 바꾸어 세운다."

사직은 국가의 안녕을 위해 제사를 지내던 제도나 장소로, 국가를 비유적으로 상징하는 말이기도 했다. 맹자는 이 명구절에서 임금보다 나라가 더 중하고 나라보다 백성이 더 소중한 존재라고 말하고 있다. 나라도 임금도 수없이 바뀌지만 결코 백성이 바뀌는 법은 없다는 세상의 이치를 꿰뚫는 깊은 통찰이다. 이러한 관점에서 맹자는 백성을 위해 최선을 다하지 않은 군주는 쫓겨나야 한다고 설파하고 있다. 심지어 재해나 환경의 영향으로 나라가 위험에 빠져도 하찮은 군주로 보았다. 백성이 군주를 위해 있는 것이 아니라 군주가 백성을 위해 존재하기 때문에 당연하다는 게 맹자의 생각이었다.

우리나라에도 이런 '민본주의民本主義'의 사상이 없었던 것은 아니다. 이성계를 옹립하고 조선 건국의 이념적 기초를 세운 정도전은 바로 이런 맹자의 사상을 기반으로 조선 초기에 중심 역할을 했다. 그가 쓴《조선경국전》에는 이런 글이 실려 있다.

"백성은 지극히 약하지만 힘으로 겁을 줄 수도 없고, 지극히 어리석지만 지모로써 속일 수도 없다. 그들의 마음을 얻으면 복종하지만, 마음을 얻지 못하면 곧 떠나가 버린다. 떠나고 따르는 데 털끝만큼도 용납지 않는다."

나라의 근본이 곧 백성이라는 정도전의 정신이 잘 나타난 글이다. 정도전은 비록 자신의 통치철학을 이방원의 정변으로 인해 완성시키지는 못했지만, 이미 그 시대에 백성을 근본으로 삼는 철학을 정립하고 있었다. 방송이나 책을 통해 정도전에 대한 이야기는 많이 소개된 바 있다. 방송극이나 책들은 모두 시대를 반영한다는 점에서 이런 현상은 관심을 기울일 만하다. 지금 시절이 정도전과 같은 도덕적 기반이 확고한 개혁가를 간절히 원하고 있다면 비슷한 현상은 또다시 반복될 것이다. 물론 맹자나 정도전과 같은 혁명적인 생각이 오늘날의 관점에서 그대로 적용되기는 어려울지도 모른다. 이들에게서 배워야 할 것은 바로 리더가 자신이 이끄는 사람들을 어떻게 생각하고 대해야 할지에 대한 지혜다.

《맹자》에는 "군주가 신하를 자신의 수족처럼 중히 여기면 신하는 군주를 자신의 복심腹心으로 여기고, 신하를 개와 말처럼 하찮게 여기면 신하는 군주를 길가는 노인으로 여기며, 신하를 흙 지푸라기처럼 여기면 군주를 철천지원수처럼 여긴다"라고 실려 있다. 복심은 '배와 심장'이다. 즉 자신의 몸처럼 귀중하게 여긴다는 것이고, 진심으로 대한다는 뜻도 있다.

"백성이 가장 귀하고 사직이 다음이며 군주가 가장 가볍다."

신하의 충성을 받는 것은 군주 스스로에게 달려 있다. 신하를 어떻게 대하느냐에 따라서 복심이 될 수도 있고 철천지원수가 될 수도 있는 것이다. 노자는 자신의 세 가지 보물로 자애, 검소, 그리고 겸손을 들었다. 이 세 가지를 갖춘 리더에게 힘이 있고, 그가 다스리는 조직이 놀라운 일을 이룬다.

두 사람이
힘을 합치면
쇠도 끊을 수 있다

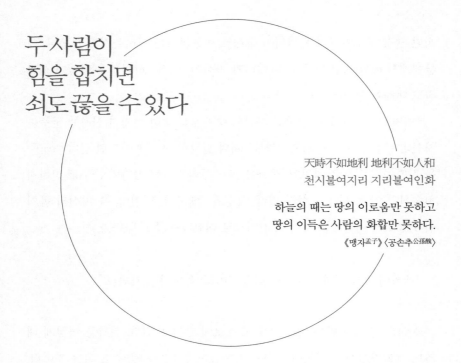

天時不如地利 地利不如人和
천시불여지리 지리불여인화

하늘의 때는 땅의 이로움만 못하고
땅의 이득은 사람의 화합만 못하다.
《맹자孟子》〈공손추公孫醜〉

어렵고 힘든 일이 이루어졌을 때 '하늘이 도왔다'라고 한다. 인간의 관점에서 볼 때는 굉장히 어렵고 힘든 일이라고 해도, 하늘의 도움이 있으면 해낼수 있다는 뜻이기도 하다. 요행을 바라는 사람에게는 위안이 되는 말이지만하늘의 도움을 받으려면 반드시 조건이 있다. 먼저 사람이 할 수 있는 최선의 노력을 다해야 한다. 그래서 '하늘은 스스로 돕는 자를 돕는다'라는 말이있고, 고전에서는 '진인사대천명盡人事待天命', '먼저 사람으로서 할 수 있는 모든 노력을 경주한 다음 하늘의 도움을 기다리라'고 말하는 것이다.

《맹자》〈공손추〉에 실려 있는 이 구절에서 맹자는 전쟁을 할 때 하늘의 도움보다는 오히려 지리적 이점이 더 크고, 지리적 이점보다는 사람들의 화합이 더 강력하다고 말하고 있다. 맹자의 흔치 않은 전쟁론이라고 할 수 있는

천년의 내공

데, 평화주의자인 만큼 그 해석도 인본주의적이다.

"전쟁을 할 때 아무리 하늘이 준 좋은 기회를 가지고 공격을 해도 지리적으로 탄탄히 지키는 성을 함락할 수 없다. 바로 하늘의 때가 지리적인 이점만 못하기 때문이다. 하지만 아무리 성이 튼튼하고 막강한 군대를 가지고 있어도 패배해 도망하는 경우도 있다. 그 이유는 사람들 간의 화합이 이루어지지 않았기 때문이다. 지리적 이점은 화합에 미치지 못한다."

맹자가 내린 부국강병의 해답은 사람들 간의 화합이다. 군주는 백성을 사랑하고 백성은 군주를 존경함으로써 서로 신뢰관계가 형성되어야 한다. 집권층 내부에서도 서로 힘을 합쳐 화합을 이룰 때 그 어떤 강한 적의 위협에도 나라를 지킬 수 있다. 아무리 막강한 군대를 보유하고 좋은 기회를 잡아 전쟁을 해도 인화人和가 없는 군대나 나라는 승리를 거두기 힘든 법이다.

오늘날에도 큰일을 시작하기 전에 하늘의 도움을 얻고자 점을 치기도 하고, 이른바 '굿'을 하기도 한다. 모두 하늘의 때를 구하려는 노력들이다. 하지만 예로부터 자신의 잘못은 돌아보지 않고 하늘 탓만 한 사람이나 조직은 큰일을 이루지 못했다. 한 조직이 아무리 좋은 기회를 얻었다고 해도 그 기회는 순식간에 지나쳐버린다. 기회의 신 카이로스의 뒷머리가 대머리인 것처럼, 하늘이 준 기회도 때를 놓치면 잡기가 어려운 법이다. 먼저 힘을 키우고 철저히 대비한 다음 때를 기다려야 한다. 하늘은 스스로를 돌아보지 않고 하늘만 바라보는 사람을 결코 돕지 않는다.

맹자가 말하는 땅의 이득은 조직 내외부의 환경이다. 이를테면 조직의 경쟁력이라고 할 수 있을 것이다. 하지만 아무리 강력한 기술력과 재정능력을 가진 조직이라고 해도 한순간의 잘못된 판단에 의해 무너질 수 있다. 지금은 엄청난 경쟁의 시대다. 세상에는 수많은 강자들이 도사리고 있고, 어느 순간이들은 우리의 존립을 위협할 수 있다. 이러한 때 무엇보다 믿어야 할 것이 바로 사람이고, 인화다.

《주역》에는 '이인동심 기리단금二人同心 其利斷金', '두 사람이 힘을 합치면 그 날카로움은 쇠도 끊을 수 있다'고 실려 있다. 단 두 사람이 힘을 합쳐도 그 힘이 놀라운데 한 조직을 이루는 모든 사람이 한 마음으로 하나의 목표를 위해 나간다면 그 결과는 과연 어떨까?

"하늘의 때는 땅의 이로움만 못하고 땅의 이득은 사람의 화합만 못하다."

각자가 가진 창의력과 개성을 마음껏 발휘하면서, 한편으로는 조직이 이루고자 하는 목표를 위해 하나가 될 때 어떠한 외부의 위협에도 굳건할 수 있고, 놀라운 발전을 이루어낼 수 있다. 바로 이런 조직을 열망하는 리더가 있다면 이 말을 인용해 자신의 진심을 전할 수 있을 것이다. 거래 상대방과 상황에 흔들리지 않는 더욱 긴밀한 관계를 만들고자 할 때 인용해도 좋을 말이다.

지난 2014년 시진핑 중국 국가 주석이 환대를 받으며 한국을 국빈 방문했던 적이 있었다. 그때 중국의 왕이王毅 외교부장이 방한결과를 결산하며 "천시지리인화天時地利人和'를 모으고 평화발전 협력을 도모했다"고 발표했다. 맹자의 말에서 세 가지 핵심을 따서 두 국가 간의 '강력한 친선효과'를 거두었다고 표현한 것이다.

천년의 내공

'격'이란
스스로 드러내지 않아도
사람들이 알아본다

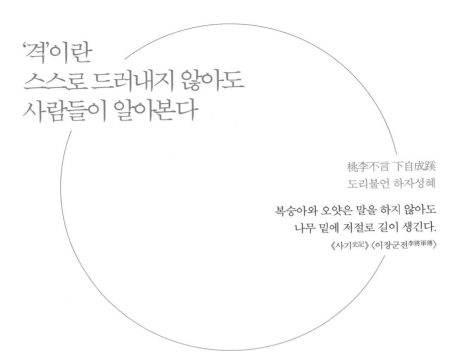

桃李不言 下自成蹊
도리불언 하자성혜

복숭아와 오얏은 말을 하지 않아도
나무 밑에 저절로 길이 생긴다.
《사기史記》〈이장군전李將軍傳〉

한 무제 당시 장군인 이광은 활의 명수로 명성을 떨쳤으며, 그 당시 기세가 등등했던 흉노족에게 공포의 대상이 될 정도로 무공을 자랑했다. 뿐만 아니라 일의 책임은 자신이 지고 공적은 부하들에게 돌리는 사심 없는 사람으로서 부하들의 존경을 한 몸에 받았다. 하지만 그의 말년은 그리 좋지 않았다. 이광 장군은 예순 살이 넘은 나이에 흉노족 토벌에 나서게 되지만 대장군 위청의 오해로 문책을 받게 된다. 그러자 그는 '예순이 넘어 문책을 받는 치욕은 견딜 수 없다'며 자결을 했다. 이광은 삶을 위해 구차하게 변명을 하기보다는 차라리 죽음으로 자신의 품격을 지키려 했다. 그를 아는 사람은 물론 모르는 사람들조차 그의 죽음을 듣고 애도의 뜻을 전했다. 이런 그를 두고 《사기》의 저자 사마천이 평가했던 말이 바로 이 명구절이다.

복숭아와 오얏이 맛있다면 그 나무 밑에 사람들이 모여들게 된다. 열매를 맛보려는 사람들의 발길이 잦아지면 특별히 길을 닦지 않아도 그 밑으로 길이 열리게 된다. 덕이 있는 사람 역시 마찬가지다. 특별히 자신을 내세우지 않아도 말과 행동에서 사람들은 그의 인품을 자연스럽게 알게 된다. 그리고 그의 덕을 사랑하고 존경하는 마음에서 그에게 모여들게 된다. 공자는 《논어》에서 '덕불고필유린德不孤必有隣', '덕이 있는 사람은 외롭지 않다. 반드시 사람들이 따른다'고 했다. 덕이 있는 사람은 세태를 따르지 않고 오직 자신이 바르다고 생각하는 길을 가기에 마치 혼자 길을 가는 것처럼 외롭게 보이기 마련이다. 하지만 세상은 곧 그의 덕과 의로움을 알게 되고 그를 따르는 사람들로 줄을 잇게 되는 것이다.

오늘날을 가리켜 자기PR의 시대라고 한다. 자신을 멋지게 표현할 줄 알아야 주목을 얻고 성공할 확률도 높아진다. 스스로를 높이 드러내기 위해 외모를 꾸미고, 중요한 면접을 앞두고 성형수술을 받기도 한다. 표현력을 키우기 위해 말하기 학원을 다니고, 프레젠테이션 기법을 익히기 위해 열심히 책을 읽고 노력한다. 하지만 이런 노력에 비해 사람들이 소홀히 하는 것이 있다. 바로 내면의 충실함을 쌓는 일이다. "나이 마흔이 되면 자기 얼굴에 책임을 져야 한다"는 링컨의 말을 굳이 내세우지 않더라도, 사람의 인격과 품위는 물론 표현능력도 내면에서부터 흘러나온다. 스티브 잡스나 오바마 대통령의 연설이 빛을 발한 것은 바로 그들의 내공이 뒷받침되기 때문이었다. 오랜 세월에 걸쳐 쌓은 탄탄한 실력, 창의적인 사고, 올바른 인격이 뒷받침하기에 그들은 사람들에게 스스로를 당당하게 드러낼 수 있는 것이다. 내공을 갖추려는 노력은 전혀 없이 고수의 겉모습만 따르다가는 말만 번드르르한 사람으로 인식될 수 있다.

천년의 내공

19세기 미국의 대표적인 사상가인 랠프 월도 에머슨은 "누군가가 이웃보다 더 좋은 쥐덫을 만들 수만 있다면 그가 숲속에 집을 짓더라도 세상은 그의 집 앞으로 길을 내어줄 것이다"라고 했다. 마케팅 이론으로도 많이 인용되는 이 말은 위의 명구절에 대한 서양식 인식이라고 할 수 있다. 쥐덫을 만드는 일과 같은 사소한 재능이라도, 비교할 수 없는 힘을 축적한다면 자연스럽게 사람들의 주목을 받게 된다. 그리고 그 능력에 이끌린 사람들이 주변에 몰릴 것이다. 인격이나 덕이 뛰어나다고 한다면 쥐덫과는 비교할 수도 없을 것이다.

"복숭아와 오얏은 말을 하지 않아도 나무 밑에 저절로 길이 생긴다."

비즈니스나 외교 모임의 만남에서 상대방 조직이나 개인의 인격을 칭찬할 때 쓸 수 있는 말이다. '말을 하지 않아도 나무 밑에 길이 생기는 것처럼, 훌륭한 당신들과 좋은 관계를 맺기 위해 찾아왔다'고 비유한다면 상대의 마음을 움직일 수 있다. 2015년 미국을 국빈 방문한 시진핑 중국 국가 주석이 워싱턴 주 시애틀에서 열린 연회에서 이 구절을 인용했다. 그는 이 말을 하면서 영화 〈시애틀의 잠 못 이루는 밤〉, 헤밍웨이의 소설 《노인과 바다》도 함께 언급하면서 미국 문화에 대한 존중과 배려도 잊지 않았다. 공감대를 만드는 최상의 전략이며, 진정한 대인배의 품격 있는 연출이었다.

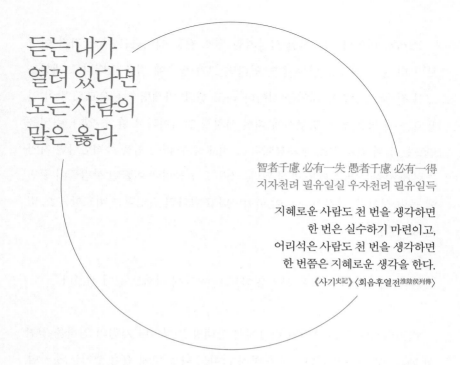

듣는 내가
열려 있다면
모든 사람의
말은 옳다

智者千慮 必有一失 愚者千慮 必有一得
지자천려 필유일실 우자천려 필유일득

지혜로운 사람도 천 번을 생각하면
한 번은 실수하기 마련이고,
어리석은 사람도 천 번을 생각하면
한 번쯤은 지혜로운 생각을 한다.

《사기史記》〈회음후열전淮陰侯列傳〉

한신의 이야기를 다룬 《사기》〈회음후열전〉에 실려 있는 말이다.

한신이 배수진背水陣 전략을 통해 병력에서 압도적이었던 조나라 군대를 대파하고 명장 이좌거를 사로잡았다. 이좌거는 탁월한 전략가로 한신의 군대를 물리칠 계책을 세웠으나, 조나라의 책임자였던 성안군 진여로부터 쓰임을 받지 못해 한신에게 패배하고 말았다.

한신은 사로잡은 이좌거를 스승의 예로 모시면서 앞으로 연나라와 제나라를 공략할 비책을 물었다. 이좌거가 "패장은 큰일을 논할 자격이 없다"며 사양하자 한신은 거듭 부탁하며 이렇게 말했다.

"만약 성안군 진여가 당신의 계책을 들었더라면 사로잡힌 사람은 오히려 저일 것입니다. 그가 당신의 계책을 쓰지 않았기에 제가 당신을 모실 수 있게 되었습니다. 온 맘을 다해 당신의 계책을 따르겠으니 부디 사양하지 마십시오."

이좌거는 이 말을 듣자 다음과 같이 자신의 계책을 이야기했다.

"지혜로운 자라도 천 번을 생각하면 한 번의 실수는 있기 마련이고 아무리 어리석은 자라도 천 번을 생각하면 한 번쯤은 지혜로운 생각을 한다고 합니다. 그래서 '미치광이의 말도 성인은 가려서 듣는다'고 하지요. 신의 계책이 따를 만한 것이 못되지만 그래도 충심을 다해 말씀드리겠습니다."

이 고사에서 한신은 이좌거의 마음을 얻기 위해 먼저 이좌거를 인정하고 높여준다. 비록 승자였지만 앞으로 싸워야 할 연나라와 제나라를 잘 아는 이좌거의 가르침이 절실했던 것이다. 이것이 바로 사람을 설득하는 가장 좋은 방법이다. 사람들은 자신을 알아주는 사람에게 마음을 연다. 하지만 자기를 내세우거나, 자기 주장만 펼치는 사람에게는 마음을 닫고 입도 닫아버린다. 이좌거는 자신을 인정해준 한신에게 중요한 비책을 모두 알려준다.

이 고사는 어른이 가져야 할 두 가지 덕목을 가르쳐준다. 첫째는 겸손이다. 공을 세우고 지위가 높아질수록 자신을 낮출 수 있어야 한다. 노자는《도덕경》에서 "큰 나라는 자신을 낮추어 하류로 흐른다. 그래야 천하 사람이 모여든다(대국자하류, 천하지교大國者下流, 天下之交)"고 말했다. 사람은 지위를 떠나 스스로를 낮추는 사람에게 끌리기 마련이다. 사람들이 모이면 당연히 그들이 가지고 있는 소중한 능력과 세상의 정보도 함께 온다. 한신은 스스로를 낮춤으로써 이좌거라는 탁월한 인물을 얻을 수 있었다. 그리고 초한전쟁의 승패를 좌우할 수도 있는 귀한 정보도 얻었다.

두 번째는 소통하는 자세다.《논어》에는 "군자는 말만 듣고 사람을 등용하지 않으며 사람을 보고 말을 버리지 않는다"고 실려 있다. 사람마다 제각각 장단점이 있기에, 지도자에게는 어떤 사람의 말도 가려서 받아들일 수 있는 열린 마음이 필요하다. 그래야 비로소 사람들은 그 지도자와 교감하게 되고, 공감하게 된다. 자신을 인정하고 높여주는 사람에게 누구나 마음을 열기 때문이다.

"지혜로운 사람도 천 번을 생각하면 한 번은 실수하기 마련이고, 어리석은 사람도 천 번을 생각하면 한 번쯤은 지혜로운 생각을 한다."

누군가에게 배움을 구할 때, 겸손하게 스스로를 낮추며 말을 시작한다면 훨씬 더 큰 신뢰를 얻을 수 있다. 꼭 배움의 순간이 아니더라도 삶의 모든 순간, 자신을 낮출 수 있다면 세상은 그를 자연스럽게 높여줄 것이다. 중국화가 우후판吳湖帆이 "내 눈은 속일 수 없다"고 교만하게 말을 하자 중국 근대미술의 거장 장다첸張大千은 이 명구를 인용해 답했다. 이처럼 지나치게 자만하는 사람이 있다면 그것을 경계하는 가르침으로 삼을 만한 말이다. '마음을 열고 귀를 열어 어떤 말도 소중하게 듣겠다'는 의지를 표명할 때도 좋다.

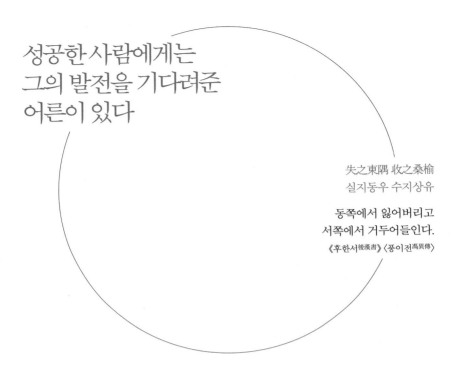

성공한 사람에게는 그의 발전을 기다려준 어른이 있다

失之東隅 收之桑榆
실지동우 수지상유

동쪽에서 잃어버리고
서쪽에서 거두어들인다.
《후한서後漢書》〈풍이전馮異傳〉

광무제 때 장수 풍이馮異는 눈썹을 붉게 물들여 적미군赤眉軍이라고 불리던 농민 반란군을 토벌하라는 명을 받고 출정한다. 그는 처음에는 적미군의 계책에 빠져 대패했지만 좌절하지 않고 정렬을 재정비해 대역전승을 거둔다. 병사들에게 적군의 옷을 갈아입힌 뒤 적의 부대에 잠입시키는 게릴라전을 펴서 큰 승리를 거두었던 것이다. 광무제가 승리를 포상하며 했던 말이 바로 이 명구절이다. 비록 첫 전투에서 패하기는 했으나 다음 전투를 잘 준비해 승리를 거둔 것을 칭찬한 말이다.

위의 구절에서 '동우東隅'는 '해 뜨는 곳', 즉 아침을 가리킨다. 뽕나무와 느릅나무라는 뜻의 '상유桑榆'는 석양이 걸리는 곳, 저녁을 지칭한다. 따라서 이 성어는 '아침에 잃은 것을 저녁에 되찾다', 혹은 '동쪽에서 잃어버리고 서쪽에서 거두어들이다'의 두 가지 뜻으로 생각할 수 있다. 앞의 해석은 시기를 의미하고, 뒤의 해석은 장소를 의미하는 것인데 상황에 따라 적절하게 해석하면 된다.

이 명구절은 우리에게 두 가지 생각해볼 만한 지점을 짚어준다. 먼저 실패에 임하는 풍이의 자세다. 풍이는 적미군의 계책에 빠져 큰 패배를 당했지만 좌절하지 않고 다음을 잘 준비해 최후의 승리를 거둘 수 있었다. '동쪽에서는 패배했지만, 서쪽에서는 승리'했던 것이다. '아침에는 패했지만 저녁에는 승리했다'고 생각해도 마찬가지다. 비록 한 분야에서 실패했다 하더라도 더 잘할 수 있는 다른 분야에서는 성공할 수 있고, 이전에는 패배했지만 더 좋은 때를 기다리면 얼마든지 승리할 수 있다.

인간이란 장단점이 섞여 있는 존재다. 아무리 뛰어난 사람도 모든 분야에서 뛰어날 수는 없다. 아무리 못난 사람도 뛰어난 재주 하나는 반드시 있다. "천리마는 하루에 천 리를 달리지만 쥐를 잡는 것은 살쾡이와 너구리만 못하다"는 《장자》의 말처럼 비록 일의 차이는 있을지라도 자신만의 강점 분야가 반드시 있다. 하지만 사람들은 자신이 진정으로 잘할 수 있는 것이 무엇인지를 잘 모르는 경우가 많다. 이때 필요한 것이 바로 실패의 경험이다. 실패는 스스로를 솔직하게 들여다볼 수 있는 기회다. 인간은 실패를 통해 자신의 능력과 장점을 직시하고 가장 잘하는 분야를 찾을 수 있다.

또 한 가지는 기회를 기다리는 자세다. 어떤 일에 실패하게 되면 누구라도 쉽게 좌절하게 된다. 마치 세상이 끝난 것처럼 자포자기하는 경우도 흔히 볼 수 있다. 물론 실패를 용인하지 않는 세상의 풍토도 문제지만, 스스로 무너지는 약한 의지야말로 근본적인 문제다. 절망적인 순간과 맞닥뜨렸을 때야말로 여유와 긍정의 자세로 차분하게 기회를 기다릴 수 있는 마음가짐이 반드시 필요하다.

덧붙여 한 조직을 이끄는 사람이라면 광무제의 자세에서 배울 점이 있다. 광무제는 풍이의 첫 패배에 흥분하거나 분노하지 않고, 차분하게 그가 실력을 발휘할 수 있도록 기다려줬다. 전쟁은 나라의 존폐를 걸고 싸우는 가장 중대한 일이었으므로 군주들은 그 승패에 민감하지 않을 수 없다. 그래서 작은 패배에도 흥분해 패장을 벌하거나, 전쟁에 사사건건 관여함으로써 오히려 전쟁을 더 망치는 경우도 많았다.

광무제는 이런 점을 잘 지켰을 뿐더러, 부하가 큰 승리를 거두자 멋진 말로 칭찬할 줄 아는 군주였다. "동쪽에서 잃어버리고 서쪽에서 거두어들인다"는 멋진 비유로 치하했던 행동은 스스로가 부하의 실패와 성공을 모두 껴안을 수 있는 리더임을 드러내는 것이다. 광무제는 "동쪽에서 잃어버렸으니 책임져라"고 하지 않고 서쪽에서 만회할 기회를 줬다. 큰 공을 세웠을 때 승진과 포상 등 푸짐한 인센티브는 사람의 의욕을 북돋우는 큰 동력이 된다. 하지만 실패했을 때 따뜻한 위로와 격려를 통해 다시 일어설 힘을 주는 것은 훨씬 더 높은 차원이다. 비록 동쪽에서 실패하더라도 서쪽에서 만회할 수 있는 기회를 주고, 부하가 능력을 발휘하도록 기다려주는 리더에게 부하들은 목숨을 바친다.

"동쪽에서 잃어버리고 서쪽에서 거두어들인다."

한 순간의 실패로 좌절하고 있는 부하들에게 따뜻한 격려와 의욕의 말로 줄 수 있는 명언이다. 한편 파트너와 함께 도모했던 일이 실패했을 때, 다음을 기약하며 이 말을 해도 좋겠다.

사람을 귀하게
여길 줄 모르면
미래란 없다

山不厭高 海不厭深, 周公吐哺 天下歸心
산불염고 해불염심, 주공토포 천하귀심

산은 높아지기를 마다 않고 바다는 깊어지기를 꺼려하지 않는다.
주공이 입안의 음식을 뱉으며 인재를 환영하자 천하가 마음을 열었다.

삼국三國 조조曹操 〈단가행短歌行〉

삼국시대에서 가장 뛰어난 지략가를 꼽는다면 제갈량과 조조를 들 수 있다.
둘 다 사람의 마음을 꿰뚫어 읽는 통찰력 있는 인물들이었지만 사람을 쓰는
데 있어서는 판이한 모습을 보였다. 제갈량은 그 자신이 덕을 숭상하고 청
렴했던 만큼 인재를 선발할 때도 엄격한 기준을 적용했다. 여러 가지 시험을
거쳐 조금이라도 하자가 있는 인물은 기용하지 않았다. 하지만 조조는 능력
만 있으면 인격에 문제가 있어도 기용했다. 심지어 자신의 원수까지도 기용
하는, 사람을 쓰는 데 있어서만큼은 크고 열린 마음을 가진 인물이었다.

조조는 〈단가행〉이란 시에서 인재를 모으고자 하는 열망을 이 구절로 표
현했다. 여기서 '산은 높아지기를 마다하지 않고 바다는 깊어지기를 꺼려하
지 않는다'는 말은 천하의 어떤 인재도 포용할 수 있는 마음을 뜻한다. 큰 산

천년의 내공

이나 깊은 바다가 만물을 품듯이, 천하의 인재들을 품겠다는 말이다. '주공이 입안의 음식을 뱉으며 인재를 환영했다'는 말은 '토포악발吐哺握髮'이라는 고사성어에서 유래된 말이다. 주나라의 주공이 뛰어난 현인賢人이 찾아오면 밥을 먹던 중이라도 음식을 뱉어내었고, 머리를 감던 중이라도 젖은 머리를 움켜쥐고 나가서 만났다는 이야기다. 자신을 찾아온 소중한 인재가 기다리지 않게 하기 위해서였는데, 그만큼 인재를 아끼는 마음이 간절했음을 가리킨다.

이 시를 통해서도 인재를 갈망하는 조조의 열망이 잘 드러나지만 조조가 천하의 인재를 모으기 위해 선포했던 '구현령求賢令'을 보면 조조가 얼마나 간절히 인재를 구했는지를 더욱 잘 알 수 있다. 긴 문장이지만 간단히 줄여서 보자.

"예로부터 천명을 받거나 나라의 중흥을 이룬 군주 중에 현자賢者들의 도움을 받지 않은 사람이 없었다. 하지만 현자들이 세상에 나서지 않으면 만날 길이 없다. 지금은 천하가 평안하지 않으니 시급하게 현자들을 구해야 할 때다. 반드시 청렴한 사람이라야 등용할 수 있다면 제나라 환공이 어떻게 천하를 제패할 수 있었겠는가? 품행이 바르고 좋은 인물이라고 해서 반드시 진취적인 것이 아니고, 진취적인 인물이 반드시 품행이 바른 것도 아니다. 형수와 사통했다는 진평에게 어찌 독실한 품행이 있었으며, 전국시대의 모사 소진이 어찌 신의를 지켰다고 볼 수 있는가? 그러나 진평은 한나라 황제의 사업을 이루는 데 큰 힘이 되었고, 소진은 약소국이었던 연나라를 구했다. 앞으로 한 선비에게 치우침이나 단점이 있다고 해서 버려서는 안 된다. 오직 재능만이 추천의 기준이다. 능력만 있으면 중용하리라!"

인재를 구하는 갈급한 마음을 잘 표현한 명문장이다. 엄청난 혼란의 시기에 조조는 인맥이나 품평에 얽매이지 않고 폭넓게 인재를 구했으므로 뛰어난 인재들이 신분과 제도의 틀을 뛰어넘어 등용될 수 있었다. 그리고 이들이 조조에게 큰 힘이 될 수 있었기에, 제갈량과 유비라는 강적들과의 전쟁에서도 당당히 승리할 수 있었을 것이다.

오늘날은 '인재전쟁'의 시대라고 불릴 만큼 전 세계적으로 우수한 인재를 구하고 있다. 한편에서는 취업난을 겪고 있지만, 또 한편에서는 우수한 인재들을 먼저 차지하기 위해 극심한 경쟁이 벌어지고 있는 것이다. 기업은 물론이고 크게는 국가도 마찬가지다. 작은 조직이라고 해도 그렇다. 뛰어난 인재를 소중히 여기고 확보할 수 있는 조직이 경쟁자를 누르고 승리할 수 있다.

"산은 높아지기를 마다 않고 바다는 깊어지기를 꺼려하지 않는다. 주공이 입안의 음식을 뱉으며 인재를 환영하자 천하가 마음을 열었다."

크든 작든 조직을 이끄는 자라면 우수한 인재를 찾아 발탁할 수 있는 능력이 있어야 한다. 그래야 조직의 미래를 도모할 수 있는 힘을 얻는다. 물이 낮은 곳으로 모이듯 사람들은 자신을 낮추는 겸손한 리더에게 모인다. 조직에서 '인재제일주의'를 표방할 때 인용하기 좋은 말이다. 협상에서도 '환대에 감사하다'는 뜻을 표할 때 유용하다. 시진핑 중국 국가 주석이 2015년 영국을 방문했을 때 이 구절을 인용했다.

하늘과 땅이 다해도
그치지 않는 힘,
사랑

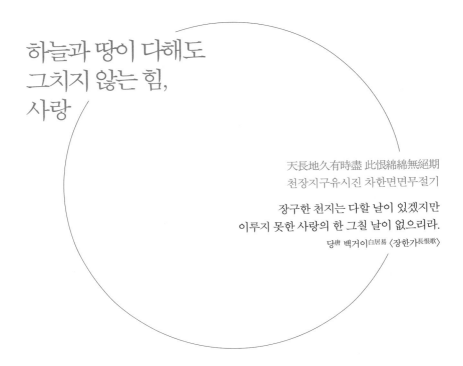

天長地久有時盡 此恨綿綿無絶期
천장지구유시진 차한면면무절기

장구한 천지는 다할 날이 있겠지만
이루지 못한 사랑의 한 그칠 날이 없으리라.

당唐 백거이白居易 〈장한가長恨歌〉

'천장지구天長地久'는 '하늘은 길고 땅은 오래다'라는 뜻이다. 무구한 하늘과 땅조차 다할 날이 있겠지만, 이루어지지 못했던 사랑의 한은 영원히 변함이 없을 거라고 한다. 과연 어떤 사랑이기에 이처럼 애틋한 것일까?

당 현종은 화청지라는 연못에서 며느리 양옥환을 보는 순간 사랑에 빠지게 되었고, 아들로부터 그녀를 뺏어 자신의 비로 삼는다. 현종이 양귀비에 탐닉해 정사를 소홀히 함에 따라 막강한 당도 쇠락의 길을 걷게 되었다. 양귀비가 총애하던 안녹산安祿山이 난을 일으키자 현종과 양귀비는 피난을 가게 되는데, 양귀비는 피난 중에 나라를 망친 원흉이라는 비난을 받으며 자결을 하게 된다. 양귀비를 죽이지 않으면 움직이지 않겠다는 병사들의 요구를 현종이 어쩔 수 없이 들어줬던 것이다. 어떻게 보면 나라를 망친 책임을 한

여자에게 모두 떠넘긴 비겁한 처사라고 할 수도 있다. 하지만 현종은 양귀비가 죽은 후에도 그녀를 잊지 못해 평생을 그리워하며 살았다고 한다.

현종이 죽은 지 약 50년 후 시인 백거이白居易가 이 둘의 사랑을 〈장한가〉라는 시에서 아름답게 그려내었다. 현종이 양귀비를 만나는 순간부터 죽은 후 혼으로 다시 만나는 장면까지 총 4장으로 이루어진 이 시는 그 아름다운 문장과 절절한 표현으로 이름이 높다. 특히 위의 명구절 앞에 있는 '재천원작비익조 재지원위연리지在天願作比翼鳥 在地願爲連理枝(하늘에선 날개를 짝지어 날아가는 비익조가 되고, 땅에선 두 줄기 한 나무로 엉긴 연리지가 되자)'의 구절도 잘 알려져 있다.

아들의 아내를 빼앗은, 천륜을 저버리는 데에서 시작된 두 사람의 사랑이 아름답게 그려질 만한 것인가에 대해서는 이견이 있을 수 있다. 양귀비는 자신이 총애하던 안녹산과 동침을 했을지도 모른다는 말까지 전해지고 있으니 이 사랑은 영원히 현종의 짝사랑일 수도 있다. 현종 역시 자신이 살기 위해 양귀비의 죽음을 허락했으니 그 죽음에 전혀 무관한 것도 아니었다. 하지만 백거이의 시에서 현종의 그 사랑은 보통 절절한 것이 아니다. 시인의 붓 끝에서 놀랍도록 아름다운 사랑으로 승화되었던 것이다.

'천장지구'는 원래 노자의 《도덕경》에 실려 있는 철학적 구절이다. 하늘과 땅이 장구한 것은 사람의 삶과 세상의 원리에 억지로 간섭하려고 하지 않고, 스스로 자랄 수 있도록 도와주는 주체이기 때문이다. 조직을 이끌 때도 마찬가지다. 부하들이 하는 일에 사사건건 관여하지 않고, 자율적으로 능력을 발휘하게 하는 사람이 진정한 리더다.

흔히 '사람을 이끄는 사람'은 모든 면에서 탁월하다고 생각한다. 물론 다양한 경험과 탁월한 경륜을 가진 사람이 지도자가 되어야 하지만 그것이 모든 면에서 훌륭하다는 증거는 될 수 없다. 특히 요즘과 같이 분야가 세분화되어 있고 깊은 전문성이 필요한 시기에는 그 분야의 확실한 전문가를 찾아 일을 맡길 수 있어야 한다. 그래서 진정한 리더라면 그 어떤 능력보다도 사람을 읽고 쓸 줄 아는 능력이 필요하다. 《한비자》에 있는 것처럼 "군주는 슬기롭지 않으면서도 슬기로운 자를 거느리고, 지혜롭지 않으면서도 지혜로운 자의 우두머리가 되어야 한다". 만약 자신이 최고 지도자라고 해서 모든 결정을 자신이 해야 하고, 어떤 사람보다 자신이 뛰어나다고 생각한다면 그는 조직은 물론 스스로도 망치고 있는 것이다.

당 현종과 양귀비가 사랑을 나누었다는 화청지華淸池에는 마오쩌둥이 썼다는 〈장한가〉의 비석이 서 있다. 마오쩌둥이 이 글을 썼던 심경은 정확히 모르겠으나 그 필치는 대단한 명필로 이름이 높다. 거친 전쟁터에서도 시 한 구절 감상에 젖을 수 있는 사람은 멋지다.

3

공존하고 공감하기에 인간이다

혈구지도 絜矩之道

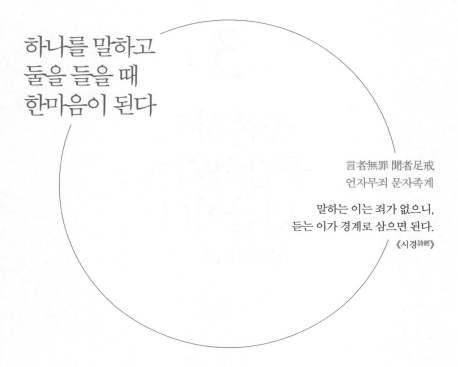

하나를 말하고
둘을 들을 때
한마음이 된다

言者無罪 聞者足戒
언자무죄 문자족계

말하는 이는 죄가 없으니,
듣는 이가 경계로 삼으면 된다.
《시경詩經》

주 초기부터 춘추시대까지 당시 민간을 순회하면서 시가를 채집하던 이들을 '채풍관采風官' 또는 '채시관采詩官'이라고 불렀다. 이들은 시중의 다양한 풍문이나 시가들을 모았는데, 그중에는 위정자들이 듣기에 거북한 것들도 많았다. 그래서 그들이 구호로 삼았던 것이 바로 "언자무죄, 문자족계"이다. 이 말은 《시경》〈관저關雎〉의 서문에도 나온다. "윗사람은 풍風으로 아랫사람을 교화하고, 아랫사람은 풍으로 윗사람을 풍자한다. 완곡하게 간하면 말한 사람은 죄가 없고 듣는 사람은 경계로 삼으면 족하니, 그래서 풍이라고 했다."

사회생활을 오래 하면 자리도 자연스럽게 높아지기 마련이다. 그때 말을 잘하는 것 못지않게 반드시 몸에 익혀야 하는 덕목이 있다. 바로 다른 사람의 말을 듣는 경청의 자세다. 리더가 가져야 할 가장 중요한 덕목인 사람을 올바르게 보는 능력도 주의 깊게 들음으로써 얻게 된다. 높은 자리에 올랐는데도 자신이 말하는 것을 좋아하고 다른 이들보다 더 많은 말을 하고 있다면, 위치한 지위와 격이 어울리지 않는다고 할 수 있다.

사람의 마음이란 말로 설득해서 얻을 수 있는 것이 아니다. 타인이 털어놓는 속내를, 꺼내놓은 의견을 진심으로 들으며 그 말에 공감한다는 작은 표현을 할 수 있어야 상대방의 마음을 열 수 있다. 신뢰는 이러한 경청의 경험이 쌓이면서 형성되는 것이다. 또 한 가지 경청의 이점은 사람을 설득하는 데 가장 효과적이라는 것이다. 《한비자》에는 "설득이 어려운 것은 상대의 마음을 알아내어 거기에 의견을 맞출 수 있어야 하기 때문이다"라고 실려 있다. 그 사람의 말이 곧 그 사람 자신을 온전히 말해준다. 우리는 흔히 상대방을 설득하기 위해 내 생각과 의견을 열심히 피력한다. 하지만 진정한 설득의 능력을 가진 사람은 자신의 입을 열기보다는 귀를 열고 상대의 말을 듣는 데 집중한다.

또한 경청하는 자세는 스스로 높아지려는 교만을 막아주는 역할을 한다. 경청은 기울일 경傾과 들을 청聽으로 이뤄진 글자이다. 따라서 경청을 하려면 먼저 귀를 기울이고 몸을 기울이는 자세를 취하지 않으면 안 된다. 저절로 겸손한 자세를 취하게 되는 것이다. 지위와 관계없이 이런 덕목을 가진 사람들에게는 사람들이 모이게 된다. 누구든지 자신의 말을 잘 듣고 공감하는 사람을 좋아할 수밖에 없기 때문이다. 나를 내세우는 데 급급한 사람은 먼저 내 말을 하려고 하기 때문에 상대의 말을 들을 겨를이 없다. 당연히 사람들은 멀어지게 된다.

"말하는 이는 죄가 없으니, 듣는 이가 경계로 삼으면 된다."

1956년 중국의 백화제방百花齊放이 마오쩌둥의 이 말로 시작되었다. 당초 자유롭게 공산당의 정책을 비판하라는 뜻에서 시행된 이 정책은 결국 비판자에 대한 탄압으로 이어지고 말았다. 자기 마음에 맞는 말만 듣기를 원하는 사람에게는 아무리 좋은 말도 허울 좋은 소리가 되고 만다. 지도자들은 열린 조직을 만들기 위해 하고 싶은 말을 하라고 권하지만 현실을 모르고 건네는 제안이다. 아랫사람들은 솔직한 말을 하는 것 자체가 어렵다. 특히 상사의 뜻에 어긋나는 말은 더더욱 힘들다. 상사가 직접 행동으로 보여주기 전까지는 그 본심을 알지 못하기 때문이다. 이때 "못 알아듣는 책임은 나에게 있으니 마음껏 말하라"고 부하들을 독려할 수 있어야 한다. 열린 마음으로 소통의 장을 열어줘야 부하들이 마음껏 말할 수 있다. 세상의 귀한 정보와 지식들이 그들의 여러 말에 담겨 내게로 온다.

삼성의 창업자 고 이병철 회장은 아들 이건희 회장에게 '경청傾聽'이라는 휘호를 남겨 줬다. 이를 통한 경영으로 오늘날의 글로벌 기업 삼성이 태어날 수 있었다.

천년의 내공

더 크게 보면
그만큼 나의 범위는
넓어진다

他山之石 可以攻玉
타산지석 가이공옥

다른 산의 돌로도
자기의 옥을 갈 수 있다.
《시경詩經》

'타산지석'은 《시경》에 실려 있는 문장을 보면 그 뜻을 정확하게 알 수 있다. 〈학명鶴鳴〉, '학이 운다'라는 제목의 이 시는 '은거하고 있는 현자를 초빙해 나라의 재목으로 삼자'는 내용으로 '타산지석'이 핵심적인 단어다. 시에는 타산지석이 두 번 나온다. 첫 번째는 '타산지석 가이위착他山之石 可以爲錯' 즉, '다른 산의 돌로 숫돌을 삼을 수 있다'이다. 두 번째는 '타산지석 가이공옥他山之石 可以攻玉', '다른 산의 돌로 귀한 옥을 다듬을 수 있다'는 말로 둘 다 같은 의미라고 할 수 있다. 여기서 돌은 '평범한 사람'을 말하고 옥은 '뛰어난 자질을 가진 인재'를 뜻한다.

많은 고전들이 아무리 뛰어난 자질을 가진 옥과 같은 존재라고 해도 갈고 다듬지 않으면 쓸모가 없다고 말한다. 《예기》에 실려 있는 유명한 구절인

"옥은 갈지 않으면 그릇이 될 수 없고, 사람은 배우지 않으면 바른 길을 알지 못한다"가 대표적인 사례다. 배움을 통해 연마하지 않으면 아무리 타고난 자질이 있는 사람이라고 해도 세상에 쓸모가 없어지므로, 배움으로 연마해야만 훌륭한 인재로 성장할 수 있다는 것이다.

이 말들을 바탕으로 '타산지석'이라는 말을 두 가지 의미로 새겨볼 수 있다. 먼저 설사 나보다 못한 사람이라도 배울 점을 찾아 겸손하게 배우라는 뜻이다. 물론 나보다 더 뛰어난 사람, 배울 점이 있는 사람과 교류한다면 그것보다 더 좋은 일은 없을 것이다. 하지만 세상을 살다보면 언제나 나보다 뛰어난 사람만 만날 수는 없다. 조직생활에서 동료나 상사를 내가 선택할 수도 없다. 따라서 나보다 나은 사람의 좋은 점은 본받아 배워야 하고, 그렇지 못한 사람을 만나더라도 그들의 잘못된 점으로 나를 돌아볼 수 있어야 한다. 공자는 "세 사람이 길을 가면 반드시 나의 스승이 있다"고 말했다. '내가 배우려는 자세만 확립되어 있다면 어떤 사람에게서도 배울 수 있다'는 가르침으로 우리가 흔히 쓰는 반면교사反面教師와 같은 뜻이다. 사람마다 능력의 차이는 있으나 모든 면에서 다 뛰어난 사람은 없다. 또한 누구라도 자신만의 뛰어난 능력을 보일 수 있는 전문 분야가 있기 마련이다. 사람을 만날 때에는 그 사람이 가진 훌륭한 점을 찾을 줄 알아야 한다. 누구라도 어떤 면에서는 반드시 나보다 뛰어나기 마련이다.

또 한 가지는 조직의 관점에서 외부 사람에게도 배울 점은 배우자는 의미다. 조직생활을 하다 보면 외부의 사람이나 기술, 문화에 대해 배타적인 경우가 많다. 작게는 팀 단위에서부터 크게는 나라 간에도 흔히 일어나는 일이다. 그러나 같은 사람들끼리만 모여 같은 곳만 바라보면 같은 생각만 하게 된다. 새로운 생각이 들어올 수 없고 변화도 일어날 수 없다. 열린 마음으로 외부의 인재, 외부의 기술, 외부의 의견을 받아들여 우리가 가진 능력에 보탤 수 있어야 창의적인 조직, 도전하는 풍토를 만들 수 있다.

'덴마크의 녹색 발전을 본받아 배우자'는 뜻으로 리우이위李瑞宇 덴마크 주재 중국대사가 《인민일보》에서 '타산지석'을 인용한 뜻은 바로 여기에 있다. 덴마크의 자연친화적인 녹색발전 기술을 열린 마음으로 받아들여 중국의 실정에 적용하자는 주장이었다.

"다른 산의 돌로도 자기의 옥을 갈 수 있다."

치열한 경쟁사회에서 다른 사람보다 잘하고 싶고, 내가 속한 팀이 잘되기를 바라는 것은 인지상정이다. 그러나 종종 이런 의식이 과열되어 서로 단절되기도 한다. 우리가 '부서 이기주의'라고 부르는 병폐다. 리더는 이런 조직의 상황을 조화롭게 잘 이끌 수 있어야 한다. 치열한 경쟁을 하되, 전체의 이익을 위해 서로 배울 줄 아는 조화로운 소통의 정신을 '타산지석'이라는 말 속에 담아주면 좋겠다.

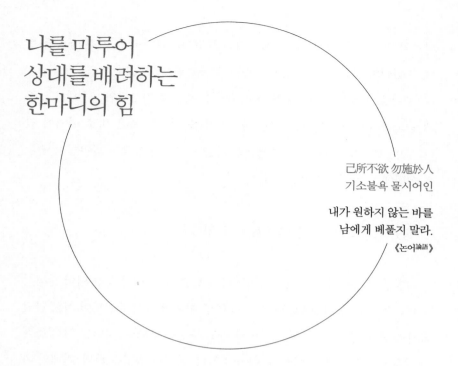

나를 미루어
상대를 배려하는
한마디의 힘

己所不欲 勿施於人
기소불욕 물시어인

**내가 원하지 않는 바를
남에게 베풀지 말라.**

《논어論語》

공자와 같은 철학자가 추구했던 심오한 이치를 평범한 우리가 알기는 어렵다. 하지만 공자는 우리의 이러한 고민을 알고 있다는 듯이, 자신의 철학을 하나로 집약해 말해주고 있다. 《논어》〈위령공〉을 보자.

제자 자공이 공자에게 물었다.

"한마디 말로 평생토록 실천할 만한 것이 있습니까?"

공자가 대답했다.

"그것은 서恕이다. 내가 원하지 않는 바를 남에게 하지 말라는 것이다."

두 사제 간의 대화에서 공자가 추구하는 바가 잘 드러난다. 공자가 평생 실천을 했다는 '서恕'는 '같이'라는 뜻의 여如와 '마음' 심心이 합쳐져서 생긴 말이다. '상대와 같은 마음이 된다'는 뜻으로, 오늘날 우리가 많이 쓰는 '공

천년의 내공

감共感'과도 같은 의미다. 상대와 같이 느끼고 한 마음이 되면 상대의 마음을 헤아리게 되고 당연히 상대방을 배려할 수 있게 된다. 사람들이 이런 마음으로 서로를 대하게 되면 세상에는 다툼이 없어지게 되고, 공자가 원하는 정의로운 세상이 될 수 있다.

공자는 이런 자신의 철학을 계속 강조하고 가르치고 있는데, 제자 증자와의 대화에서도 자신의 도道는 '하나로 집약된다(일이관지一以貫之)'고 이야기했다. 다른 제자들은 그 뜻을 이해하지 못했지만 증자는 그것을 충忠과 서恕라고 이해했다. '충忠'은 '중中'과 '심心'이 합쳐진 글자로 마음의 중심, 즉 자기 마음(心)을 중심(中)에 바로 세운다는 뜻이다. 철저한 자기관리, 자기성찰을 의미한다. 충이 자신을 다스리는 철학이라면, 서는 그것을 사람들과의 관계에서 실천하는 행동철학이다. 내면을 바르게 하고 충실하게 채운 사람이 다른 사람과의 관계도 올바르고 공정하게 정립할 수 있다는 점에서 미루어 보면, 이 둘은 하나로 통하는 원칙인 것이다.

다른 사람과 같은 마음이 되라는 '서恕'의 철학은 《논어》를 비롯해 다른 고전에서도 표현만 다를 뿐 많이 강조하고 있다. '다른 사람의 입장이 된다'는 역지사지易地思之, '내 처지로 미루어 다른 사람을 생각한다'는 추기급인推己及人, '내 마음의 잣대로 다른 사람을 헤아린다'는 혈구지도絜矩之道는 모두 비슷한 뜻을 가진 말들이다. 이 말들은 기독교의 황금률, "남에게 대접을 받고자 하는 대로 너희도 남을 대접하라"와도 일맥상통하는데, 그만큼 타인과 마주본다는 삶의 진리는 동서양을 막론하고 하나로 통하고 있다.

지역과 시대를 거슬러 '상대의 입장이 되어보라'는 가르침이 많은 것은 그만큼 다른 사람의 마음을 읽기가 어렵다는 반증일 것이다. 오늘날 우리 사회는 '자기중심'의 시대라고 해도 과언이 아니다. 공자가 말했던 충의 자기

중심이 아니라, 오직 자신의 이익, 자신의 시각으로만 세상과 다른 사람을 바라보는 '자기중심주의'의 시대인 것이다.

물론 승자가 모든 것을 독점하는 치열한 경쟁사회에서 나보다 남을 먼저 생각하라는 것은 시대착오적인 발상이라고 할 수도 있다. 특히 오늘날 가장 치열한 경쟁의 장이라고 할 수 있는 조직 내에서는 더욱 그렇다. 어떠한 조직에서든 경쟁의 원칙이 적용되지 않는 곳 또한 없다. 하지만 동료는 공정하게 경쟁하는 대상임과 동시에, 하나의 목표를 추구하는 운명공동체이기도 하다. 그 공동체 정신을 만드는 일이 바로 리더의 몫이고, 이는 먼저 사랑과 배려의 정신으로 본을 보임으로써 실천할 수 있다. 스스로 실천하는 리더가 "내가 원하지 않는 바를 남에게 베풀지 말라"는 말을 통해 가르침을 준다면 모두 공감하고 따를 것이다.

시진핑 주석은 베트남에서 있었던 중국·베트남 청년 대표들과의 만남에서, '중국 국민들은 공자의 이 말을 존중하고 실천하고 있다'고 언급했다. 강국이라고 해서 약한 나라를 무조건 억누르는 것이 아니라 서로 존중하는 자세로 함께 발전을 이룩해나가자고 약속했던 것이다. 서로 배려하는 정신은 국가 간에 좋은 관계를 만드는 데도 반드시 필요하다.

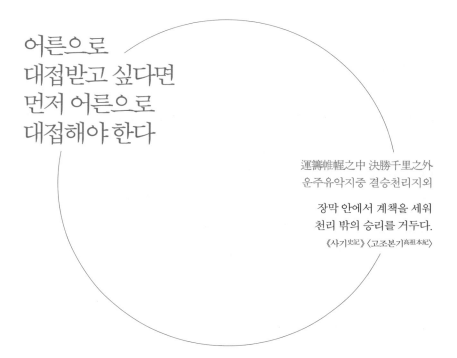

어른으로
대접받고 싶다면
먼저 어른으로
대접해야 한다

運籌帷幄之中 決勝千里之外
운주유악지중 결승천리지외

장막 안에서 계책을 세워
천리 밖의 승리를 거두다.
《사기史記》〈고조본기高祖本紀〉

한 고조(유방)가 천하를 통일한 후 신하들과 자신의 승리요인에 대해 이야기를 나누던 자리에서 했던 말이다. 다음의 고사를 보자.

한 고조가 낙양 남궁에서 연회를 하며 신하들과 이야기를 나누고 있었다.

"내가 항우를 이기고 천하를 얻은 까닭은 무엇인가? 경들은 짐에게 기탄없이 말해 보라."

고기와 왕릉이 대답했다.

"폐하는 사람을 업신여기지만, 항우는 어질어 사람을 아낍니다. 다만 폐하는 성과 땅을 함락시켜 얻으면 공이 있는 자에게 나누어주어 천하와 이익을 함께 했습니다. 항우는 유능한 자를 시기하여 공이 있는 자는 해치고 어진 자를 의심했습니다. 싸움에 이겨도 공을 돌릴 줄 모르고, 땅을 얻어도 이익을 나눌 줄 몰랐으니 이 때문에 천하를 잃었습니다."

유방이 말했다.

"경들은 하나는 알고 둘은 모른다. 군막 안에서 계책을 세워 천리 밖 전쟁에서 이기게 하는 일은 내가 장량만 못하다. 나라를 안정시켜 백성을 위안하고, 전방에 식량을 공급하는 일은 내가 소하만 못하다. 100만 대군을 통솔하여 싸웠다 하면 반드시 승리하는 일은 내가 한신만 못하다. 이 세 사람은 모두 인걸이고, 나는 이들을 쓸 수 있었다. 항우는 범증이라는 뛰어난 재사가 있었지만, 이 한 사람도 제대로 쓰지 못해 나에게 덜미를 잡힌 것이다."

한 고조 유방은 항우와의 치열한 초한 전쟁에서 자신이 승리했던 요인이 자기가 뛰어나서가 아니라, 훌륭한 부하들이 능력을 발휘했기 때문이라고 했다. 유방의 책사인 장량은 초한전쟁의 중요한 순간마다 탁월한 전략을 세워 한이 승리를 거둘 수 있게 했던 인물이다. 항우의 계책으로 열린 홍문지회에서 위험에 빠진 유방을 구해냈던 이도, 아방궁의 재물과 미녀에 도취된 유방을 책망해 그곳에서 벗어나게 했던 이도 바로 장량이었다. 또한 항우와의 전쟁에서도 '사면초가四面楚歌' 전략을 씀으로써 상대방의 심리를 흔들고 스스로 무너지게 만들기도 했다. 강태공이 남긴 태공병법으로 무장했던 장량은 이처럼 전쟁의 승패를 결정하는 위기의 순간마다 탁월한 계책으로 유방을 도왔다.

장량은 이러한 공으로 유방으로부터 인정을 받았던, 중국 역사상 가장 탁월한 책사로 꼽히는 인물이다. 삼국지의 간웅 조조는 훌륭한 인재인 순욱이 자신의 신하가 되자 "나의 장자방張子房이로다!"라고 외치며 기뻐하기도 했다. 자방은 장량의 자다. 우리나라에서도 계책이 깊은 사람을 두고 장자방이라고 부르기도 한다.

조직의 승패는 리더가 어떤 사람인가보다 어떤 인재를 휘하에 두고 있느냐에 따라 결정된다. 능력이 있는 사람들을 적재적소에 활용해 그 능력을 최대한 발휘하게 만드는 것도 승패의 중요한 요인이다. "여러 사람의 지혜를 모으면 천하를 가질 수 있지만, 자기에게만 의존하면 제 몸 하나 보존하기 어렵다"는《회남자》의 말이 정곡을 찌르고 있다. 또 한 가지 유방에게서 배울 점은 천하를 거머쥐고도 자신을 내세우지 않고 부하들에게 공을 돌린 점이다. 이럴 때 부하들은 자신을 알아주는 리더를 위해 충성을 맹세한다. 그래서《사기》에서는 "여인은 자기를 사랑하는 남자를 위해 화장을 하고, 뜻이 있는 자는 자기를 알아주는 사람을 위해 목숨을 바친다"고 했다.

조직이 발전하고 승승장구할 때 가장 큰 공로자는 당연히 그 조직을 이끄는 리더다. 굳이 자랑하고 내세우지 않아도 모두가 인정하는 사실이다. 만약 지도자가 드러내놓고 자신의 공적을 자랑하고 내세운다면 격이 떨어진다. 자신의 공을 감추고 함께한 이들을 칭찬할 때 오히려 그 공적이 더 빛난다. 부하들의 존경과 세상의 칭찬은 스스로 취하는 것이 아니라, 베풂으로써 저절로 얻어진다.

"성인이 천하를 통치할 수 있는 것은 받는 것에 있지 취하는 것에 있는 것이 아니다."《신자愼子》에 나오는 말이다.

밥부터 해결해준 다음에
미래를 이야기할 수 있다

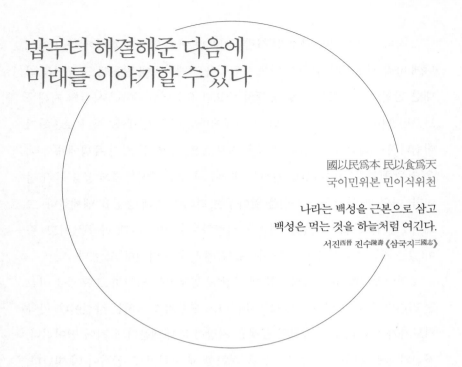

國以民爲本 民以食爲天
국이민위본 민이식위천

나라는 백성을 근본으로 삼고
백성은 먹는 것을 하늘처럼 여긴다.
서진西晉 진수陳壽 《삼국지三國志》

중국 삼국시대 오의 마지막 황제인 손호孫皓에게 명재상 육개陸凱가 올린 상소문에 있는 구절이다. 손호는 손권의 손자로 오의 3대 황제에 올랐지만 폭정을 일삼다가 진에 나라를 넘겨주고 만다. 난세에 나라를 지키는 데 탁월했던 수성의 대가 손권과는 달리 손호는 백성을 수탈하고 나라를 피폐하게 만들어 나라를 망치고 말았다. 명재상 육개는 이러한 황제의 전횡을 막기 위해 강직하게 간언을 했던 충신으로 손호도 함부로 하지 못했던 인물이다. 육개가 살아 있을 때는 그래도 오나라가 유지되었으나, 그가 죽고 난 후 결국 망하고 말았다. 육개가 올린 상소문의 첫머리에는 다음과 같이 실려 있다.

"신이 듣기로 도가 있는 군주는 백성의 즐거움을 자신의 즐거움으로 삼고, 무도한 군주는 자신을 즐겁게 하는 것을 즐거움으로 삼는다고 합니다.

　　　　　　　　　　　　　　　　　천년의 내공

백성을 즐겁게 하는 자는 자신의 즐거움도 영원하지만, 자신을 즐겁게 하는 자는 곧 멸망하고 맙니다. 무릇 백성이란 나라의 근본이므로 진실로 그들의 음식을 중시하고 목숨을 아껴주어야 합니다.”

'백성의 즐거움이 곧 군주와 나라의 근본'이라는 말로, 다른 상소문에 있는 이 명구절에서 뜻하는 바 역시 마찬가지다. 나라는 백성이 없으면 존립할 수 없으므로 백성을 근본으로 하는 것이 옳다. 그 첫 번째 기준은 백성들이 경제적인 걱정 없이 살도록 해주는 것이다. '백성은 먹는 것을 하늘로 여긴다'는 의미는 굶어죽는 사람이 다반사였던 시절, 식량을 얻는 것이 삶의 가장 중요한 목표였음을 가리킨다. 그래서 예로부터 훌륭하다는 평가를 받았던 군주들은 모두 백성들이 경제적 안정을 누리도록 선정을 펼쳤던 이들이었다. 세종대왕 역시《권농교서勸農敎書》에서 '백성들이 먹고사는 데 지장이 없게 하기 위해서는 농사를 귀하게 여겨야 한다'고 하며 인용하기도 했다.

자신이 모시던 군주인 환공을 '춘추 5대 패왕'으로 만들었던 명재상 관중도 자신의 통치철학을 다음과 같이 표현했다.

"백성들은 곳간이 가득 차야 예절을 알고 의식이 풍족해야 영예와 치욕을 안다.”

관중은 제나라를 군사대국뿐 아니라 '예의염치禮義廉恥'를 기반으로 하는 문화 대국으로 만들고자 하는 꿈이 있었다. 그래서 공자도 '만약 관중이 천하를 바로잡지 않았다면 우리는 아직 오랑캐로 살아야 했을 것이다'라고 관중을 평가했다. 관중이 품은 통치철학의 핵심은 바로 백성을 잘 살게 하는 데 있었다. 아무리 군사적으로 부강해져도 그 기반이 되는 백성이 경제적으로 풍족하지 않으면 나라가 유지되기 어렵다는 것을 관중은 똑똑히 알고 있었다.

그 반대의 사례가 바로 중국 최초로 천하를 통일했던 진秦이다. 진나라는 주변 모든 나라를 정복해 통일제국을 건설했지만, 백성이 나라의 근본이라는 사실과 그 근본을 아끼고 잘살게 해야 나라가 유지된다는 사실을 깨닫지 못했다. 그래서 강압과 무력으로만 나라를 다스리다가 채 3대가 지나기도 전에 망하고 말았다. 전국 각지에서 반란군이 일어났고, 그중에서 가장 백성을 아끼는 민본주의적 사고방식을 가졌던 유방이 결국 항우를 누르고 천하를 쥘 수 있었다. 군사적으로는 열세였지만 백성들의 신뢰와 지지를 받음으로써 대역전극을 만들 수 있었던 것이다.

흔히 조직의 미래를 위해 함께 꿈을 키우고 열심히 노력하자고 말한다. 하지만 단순히 희생만을 강요하는 조직은 사람들에게 신뢰를 줄 수 없다. 노력한 만큼 그에 합당한 보상이 반드시 주어져야 하고, 그 보상은 공정해야 한다. 회사는 승승장구하는데 직원들의 보수나 삶은 그에 따르지 못하면 오히려 박탈감이 더 클 수밖에 없다. 《예기》에는 "군자는 입으로만 칭찬하지 않는다"라고 실려 있다. 말로만 상찬할 뿐 진정한 보상이 없다면 아무도 따르지 않는다.

분야를 막론하고 '경제민주화'하는 구호가 등장하여 세간을 떠들썩하게 한 때가 있었다. 지도자들은 말뿐만 아니라 무엇보다 '나라는 국민이 근본'이라는 철학을 깊이 새길 수 있어야 한다.

진심을 담은 한마디가 상대에게 힘껏 다가가는 힘이 된다

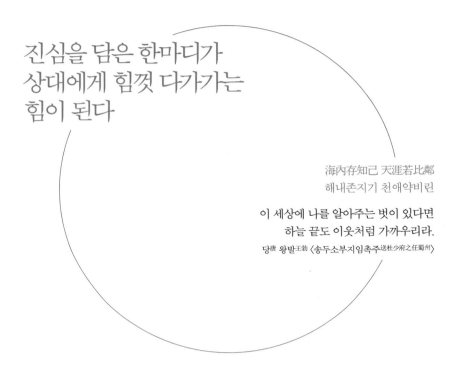

海內存知己 天涯若比鄰
해내존지기 천애약비린

이 세상에 나를 알아주는 벗이 있다면
하늘 끝도 이웃처럼 가까우리라.

당唐 왕발王勃 〈송두소부지임촉주送杜少府之任蜀州〉

당의 유명한 시인 왕발王勃이 읊은 〈송두소부지임촉주送杜少府之任蜀州〉의 한 구절
이다. '촉주蜀州로 부임해 가는 두소부杜少府를 보내며'란 뜻의 제목으로, 절친
한 친구와 이별하는 마음을 표현했다. 비록 지금은 멀리 떨어지지만 진심이
통하는 친구가 있는 곳이라면 설사 하늘 끝이라고 해도 한달음에 갈 수 있
을 것이라는 시인의 마음이 잘 나타나 있다. 사람들 사이에 놓인 마음의 간
격은 현실적인 거리가 아니라, 진심에 달려 있기 때문이다. 그래서 바로 눈
앞에 있으면서도 마음에 벽이 있으면 천 개의 산이 가로막혀 있는 것과도
같고, 천 리 멀리 떨어져 있어도 진심이 있다면 바로 곁에 있는 것과 같다고
하는 것이다. 왕발은 당 초기 탁월했던 네 명의 시인을 부르는 '초당사걸初唐
四傑'에 속하는 시인이다. 교지령交趾令(오늘날 베트남)으로 근무하는 아버지를

만나러 가다가 27세의 나이에 익사한 비운의 천재로도 알려져 있다.

역사적으로 가장 깊은 우정을 뜻하는 '관포지교^{管鮑之交}'라는 잘 알려진 고사성어가 있다. 제나라의 재상 관중과 포숙의 우정을 말하는데, 《사기》에는 관중이 포숙과의 우정에 대해 이렇게 평하는 말이 나온다.

"내가 젊고 가난했을 때 포숙과 함께 장사를 하면서 언제나 그보다 더 많은 이득을 취했다. 그러나 포숙은 나에게 욕심쟁이라고 말하지 않았다. 그는 내가 가난한 것을 알고 있었기 때문이다. 나는 몇 번씩 벼슬에 나갔으나 그때마다 쫓겨났다. 그래도 그는 나를 무능하다고 탓하지 않았다. 내게 아직 운이 안 왔다고 생각한 것이다. (…) 나를 낳아준 이는 부모이지만 나를 진정으로 알아준 사람은 포숙이다."

진정한 우정이란 이런 것이다. '지기^{知己}', 나의 장점을 알아주는 것 못지않게 나의 부족함도 알고 감싸주는 사람이 진정한 친구다. 포숙은 나중에 자신을 재상으로 삼으려는 제 환공에게 친구인 관중을 추천하기도 했다. '화살로 나를 쏘아 죽이려 했던 원수이므로 결코 등용할 수 없다'는 환공에게 포숙은, '제나라의 왕으로 만족하려면 나를 재상으로 삼으면 되지만, 만약 천하의 패왕이 되려면 반드시 관중을 재상으로 삼아야 한다'고 말할 정도로 관중의 진가를 인정했다.

'벗 우友'는 '손 수手'와 '또 우又'가 합쳐져서 만들어진 말이다. '또 하나의 손'이 되어 나를 돕는 사람이 바로 친구다. 그리스 철학자 제논은 한 걸음 더 나아가 "친구는 또 하나의 자아다"라고 말하기도 했다. 우정은 선한 사람들 사이에만 존재하는 것으로, 모든 것을 아낌없이 함께 나누는 친구는 또 하나의 자신과 같은 존재라는 이유에서다.

학교를 졸업하고 사회에 나오게 되면 진정한 친구를 찾기가 참 어렵다.

천년의 내공

사업적인 관계나 이해관계에 따라 만나는 사람이 많기 때문에 당연하다. 하지만 모든 상황을 초월해서 진정으로 나를 알고 이해해주는 포숙과 같은 친구가 있다면, 삶에서 얼마나 큰 힘을 받을지는 충분히 상상이 될 것이다. 만약 내가 모시는 리더가 나의 약점과 강점을 모두 알고 이해해주는 '지기^{知己}' 같은 존재라면, 과연 부하들은 그를 어떻게 대할까?

"이 세상에 나를 알아주는 벗이 있다면 하늘 끝도 이웃처럼 가까우리라."

요즘은 글로벌시대인 만큼 같은 직장에 근무한다고 해도 국내뿐 아니라 해외에 흩어져 근무하게 된다. 함께 근무하던 동료나 부하직원이 먼 타지로 떠나게 되는 경우도 많이 있다. 이때 아쉬운 마음을 위의 구절로 표현한다면 진심을 전달할 수 있다. 때로는 어떤 큰 선물보다 진심의 말 한마디가 훨씬 더 크게 마음을 두드린다.

중국 관료들이 외국을 순방할 때 자주 인용하는 문구로 상대방과의 돈독한 우의를 표방할 때 좋다. 비록 거리상으로는 멀리 떨어져 있고, 문화적 차이는 있지만 진실한 친구로서 서로 돕고 함께 발전해나가자는 의미를 담고 있다.

마음 깊은 곳에서
우러나는 흐느낌에
귀를 기울여야 한다

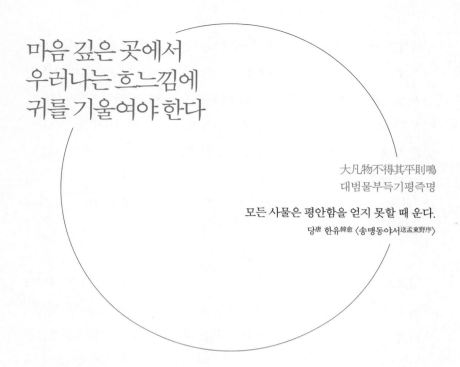

大凡物不得其平則鳴
대범물부득기평즉명

모든 사물은 평안함을 얻지 못할 때 운다.
당唐 한유韓愈 〈송맹동야서送孟東野序〉

당의 명문장가 한유가 강남으로 부임하기 위해 떠나는 친구 맹동야孟東野를 위해 〈송맹동야서送孟東野序〉를 썼다. 나이 쉰에 어렵게 과거 급제했는데 보잘 것없는 자리로 발령을 받자 크게 실망한 친구를 위로하기 위함이었다. 이 명구절은 바로 이 글의 첫머리이자 핵심이라고 할 수 있다.

한유는 세상의 모든 것들이 소리를 내는 까닭은 평정을 얻지 못해서라고 말한다. 바람이 불면 초목이 소리를 내고, 물 역시 마찬가지다. 쇠와 돌같이 움직일 수 없는 것도 누군가가 치면 소리를 낼 수밖에 없다. 봄이 되면 새가 울고, 여름에는 우레가 치고, 가을의 벌레 소리, 겨울의 눈바람 역시 계절을 소리로 나타내는 것이다. 이러한 자연 이치처럼 사람 역시 무언가로 인해 자극을 받게 되면 소리를 내게 된다. 억울함이 있고 마음이 평안하지 못할 때

천년의 내공

는 울분이 터져 나오고, 세상이 평안하고 태평성대를 누릴 때는 기쁨의 탄성이 나오게 되는 것이다.

이렇게 사람이 내는 소리가 곧 말과 글이다. 재능을 가진 사람은 문장과 시로써, 음률에 재능이 있는 사람은 노래를 통해, 아무런 재주도 가지지 못한 사람은 울음과 신음으로써 자신의 마음을 표현한다. 한유는 고금유래로 소리를 잘 냈던 각 분야의 사람들을 소개하면서 친구 맹동야 역시 시로써 자신의 소리를 내는 데 탁월한 능력이 있다고 다음과 같이 칭찬하고 있다.

"시로써 소리를 내는데 그 수준이 진나라와 위나라 사람들보다 더 뛰어나며, 자신을 게을리 하지 않음이 옛사람에 충분히 미칠 정도이다."

맹동야는 재능이 출중함에도 강남의 변변치 않은 한직으로 가게 되자 마음이 어둡고 힘들었다. 한유는 이러한 친구의 마음을 읽고 세상의 모든 이치는 하늘의 운명에 달려 있으니 울적해하지 말고 마음의 안정을 찾으라고 이 문장을 지었던 것이다.

나라가 쇠퇴하고 혼란스러울 때 사람들은 불만을 터트리고 울분을 토로하게 된다. 하지만 대부분 자기 가슴 속에 묻는 경우가 많다. 예부터 나라를 제대로 다스리지 못하는 독재정권일수록 자신을 비난하는 소리를 참지 못하고 탄압했다. 하지만 그런 억압을 당하면 당할수록 더 크게 목소리를 내는 사람들이 있다. 높은 관직에 있는 신하들은 충성스런 간언을 하다가 목숨을 잃는 경우도 있었고, 예술에 뛰어난 사람은 자기 마음속의 울분을 모아두었다가 시와 음악, 문장으로 빚어내었다. 하늘이 잘 우는 자를 뽑아 울게 함으로써 세상을 고치는 역할을 맡긴 것이다.

오늘날은 표현이 자유로운 편에 속한다. 꼭 잘 우는 능력을 가진 사람이 아니더라도 자신의 감정을 마음속에만 눌러 담지 않는다. 비록 아름다운 글과 문장은 아니지만 거칠더라도 생생하게 울분을 토하는 것이다. 어른이라면 왜 사람들이 우는지를 볼 수 있어야 한다. 현실에 불만이 많고 사회적으로 부적합한 사람들이라고 매도하기 전에, 경쟁에 탈락한 무능한 사람이라고 비웃기 전에, 그들이 토해내는 울음소리에 귀를 기울여야 한다.

또한 다른 사람뿐 아니라 스스로의 울음소리도 들을 수 있어야 한다. 그것을 바로 자기성찰이라고 한다. 자신이 무엇을 갈구하는지, 무엇을 하려고 열망하는지를 듣고 그 마음이 시키는 일을 할 수 있어야 한다. 세상의 어떤 충고나 가르침보다 소중하게 여겨야 할 것이 바로 자기 마음의 소리이다. 마음이 시키는 일을 하면 후회할 일이 적어진다.

"모든 사물은 평안함을 얻지 못할 때 운다."

중국 현대미술의 선구자로 꼽히는 리시엔팅栗憲庭이 《남방인물주간南方人物周刊》과의 인터뷰에서 '어떻게 자아를 평가할 수 있느냐'에 대한 답으로 이 구절을 인용했다. 자신의 예술은 곧 세상에 대한 '울음'이라는 것이다.

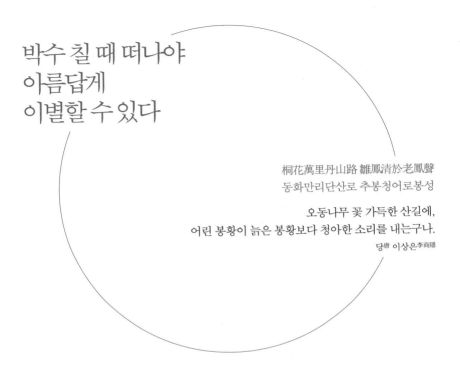

박수 칠 때 떠나야
아름답게
이별할 수 있다

桐花萬里丹山路 雛鳳淸於老鳳聲
동화만리단산로 추봉청어로봉성

오동나무 꽃 가득한 산길에,
어린 봉황이 늙은 봉황보다 청아한 소리를 내는구나.

당唐 이상은李商隱

당 후기 시인 이상은의 칠언고시다. 이상은은 화려하고 상징적인 시에 진실함을 담아 노래함으로써 당시뿐만 아니라 지금까지도 많은 사람들의 사랑을 받고 있다. 같은 시대에 활동했던 시인 백거이는 "죽어서 너의 자식으로 다시 태어나고 싶다"고까지 말했다고 한다. 많은 뛰어난 예술가들이 자신이 활동했던 시대에서는 인정받지 못했는데, 이 일화를 통해 이상은이 탁월한 시인이자 존경받을 만한 인격의 소유자였음을 쉽게 짐작할 수 있다.

이 시는 아름다운 풍경을 노래하고 있지만, 세대교체가 이루어지는 세상의 이치 또한 함께 담고 있다. 한때 산이 울리게 노래했던 봉황도 나이가 들면 어린 봉황의 청아한 소리에 밀려나야 한다. 어린 봉황은 추봉雛鳳이라고 하는데, 훌륭한 젊은이 혹은 아주 뛰어난 제자를 일컫기도 한다. 자연도 마찬가지지만 사람의 세계도 세월이 가면 세대교체가 일어나는 것은 당연한 일이다. 인생의 순리라고 할 수 있는데, 어느 곳에서든 그것이 물 흐르듯이 잘 이루어져야 아름답다. 이러한 세대교체를 거부하고 자신의 자리를 고집하려는 것은 탐욕이며, 혼란을 일으키는 원인이 된다.

"장강의 뒷물결은 앞물결을 재촉하고, 세상의 새사람은 옛사람을 쫓는다(강중후랑최전랑, 세상신인간구인江中後浪催前浪, 世上新人趙舊人)."《석시현문》의 이 글이 바로 이런 이치를 잘 말해주고 있다. 자연은 끊임없이 변화하며 세대교체를 하고 있고, 사람 사는 세상도 역시 마찬가지다. 자연은 이 변화를 자연스럽게 받아들이고 순응하기 때문에 아름다운 법이다. 다만 사람들 세상은 그렇지 않아 문제가 생긴다.

사람들은 높은 자리를 차지하기 위해 목숨을 건다. 자신이 그 자리에 앉을 자격이 있는지, 그 일을 자신이 잘 감당할 수 있는지에 대해서는 관심이 없다. 오직 다른 사람보다 먼저 그 자리를 차지하기 위해 혈안이 되어 있을 뿐이다. 그래서 의외의 결과도 많이 일어난다. 일을 잘 해낼 수 있는 적임자보다는 잔재주와 처세에 능한 사람이 자리를 차지하는 것이다. 그리고 자리를 일단 차지하고 나면 물러나지 않기 위해 목숨을 건다. 오직 그 자리를 차지하는 것이 목적이었으므로 한 번 앉은 자리는 결코 놓으려고 하지 않는 것이다. "군자는 나아가기는 어렵고 물러나기는 쉽다. 소인은 그 반대다"라는 고전의 말이 그것을 잘 말해주고 있다.

《채근담》에는 "일에서 떠날 때는 마땅히 전성기에 물러나야 하고, 몸을 둘 때는 홀로 뒤처진 곳에 두라"는 말이 있다. 우리가 흔히 하는 "박수 칠 때 떠나라"는 말과 같다. 자리에 나아가기 전에는 겸손하게 뒤에 물러서 있고, 정작 자리에서 떠날 때는 정점에 있을 때 과감하게 떠나야 한다. 명예와 재물에 취해 자신이 앉은 자리에 집착하다 보면 결국 밀려나야 하고, 그 퇴장은 아름답지 못하게 된다. 특히 부정과 비리로 자신의 탐욕을 채웠던 사람은 더욱 그렇다.

진정한 실력자는 흔쾌히 자신의 자리를 훌륭한 후배에게 물려주고 떠난다. 자신보다 뛰어난 후배의 실력을 인정하고 그의 앞길을 축복하며 떠나기에 그의 퇴임은 더욱 아름답다. 미련 없이 자리에서 물러서는 모습을 보면서 사람들은 그를 한층 더 존경하게 되고, 영원히 마음속에 담아두게 되는 것이다. 2013년, 청렴하기로 유명했던 원자바오 전 중국 총리가 리커창 당시 부총리에게 총리 자리를 물려주면서 이 말을 했다. "오동나무 꽃 가득한 산길에 어린 봉황의 노래가 늙은 봉황의 소리보다 더 청아하구나"라는 말로 후임총리에 대한 기대와 격려를 아끼지 않았던 것이다.

떠날 때를 알고, 뒤를 이을 사람에게 진심으로 축복할 줄 아는 사람은 사람들의 진심어린 존경을 받을 수 있다. 그리고 그가 머물렀던 자리에는 향기가 난다. 머물렀던 자리를 떠나며, 혹은 자신이 맡던 일을 다른 사람에게 넘겨주며 진심을 담아서 하면 좋을 말이다.

위로는
충고가 아니라
고백과 공감이다

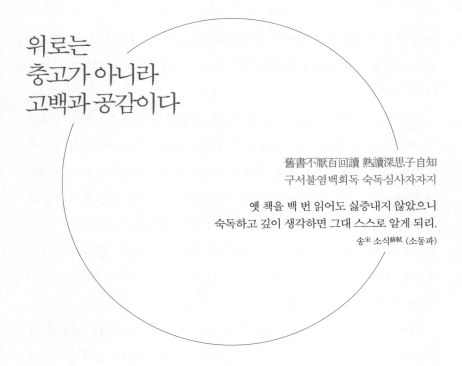

舊書不厭百回讀 熟讀深思子自知
구서불염 백회독 숙독심사자자지

옛 책을 백 번 읽어도 싫증내지 않았으니
숙독하고 깊이 생각하면 그대 스스로 알게 되리.

송宋 소식蘇軾 (소동파)

과거에 실패하고 좌절한 친구 안돈安惇을 위로하기 위해 소동파가 쓴 〈송안 돈수재실해서귀送安惇秀才失解西歸〉라는 유명한 시의 첫 구절이다. 제목을 해석하면 '과거에 실패하고 서쪽 고향으로 돌아가는 안돈을 보내며'가 된다. 지금도 마찬가지지만 당시에도 탁월한 실력과 학식을 갖춘 사람이라도 시험에 실패하는 경우가 많이 있었다. '노력은 배반하지 않는다'는 말이 있지만, 시험의 당락은 운에 좌우되기도 한다. 따라서 실패와 마주한 누구도 담담하기는 어렵다. 특히 오랜 노력 끝에 자신 있게 도전했지만 실패했을 때는 아무리 담대한 사람이라고 해도 실망하고 좌절하기 마련이다.

옛 선인들은 '운명에는 때가 있다'고 말했다. 운명론적으로 들리기는 하지만 그 속에는 깊은 의미가 담겨 있다. 사람들은 성공을 위해 노력하지만,

천년의 내공

노력하는 모두가 다 성공하지는 못한다. 또한 언젠가 성공하더라도 반드시 자신이 원하는 시기에 이루어지는 것도 아니다. 치열한 경쟁자가 있고 그 중에는 나보다 더 뛰어난 인물도 있을 수 있다. 어찌보면 성공보다는 실패가 당연한 것인지도 모른다. 따라서 우리는 당장의 실패에 좌절하기보다는 때를 기다리며 노력을 계속하며 다시 도전할 수 있는 내공을 갖추는 게 중요하다.

소동파는 이 시에 그런 의미를 담았다. 비록 지금은 실패했지만 공부를 좋아하는 실력자이기에 여유와 긍정적인 마음을 갖고 준비한다면 분명히 다음에는 좋은 결실을 맺을 수 있을 거라고 확신을 주었다. 친구의 실력을 인정함으로써 진정한 위로를 줄 수 있었던 것이다. 이 구절에 이어지는 다음의 글이 그것을 잘 말해준다.

"훗날에는 벼슬자리를 그만둘 수 없음을 염려할 것이니, 오늘의 이 여유를 언제 다시 누릴 수 있겠나(타년명환공불면 금일서지나가추他年名宦恐不免 今日樓遲那可追)."

여기서 '서지樓遲'란 '하는 일 없이 느긋하게 돌아다니며 논다'는 뜻이다. 물론 소동파가 안돈에게 공부를 잊고 한량처럼 지내라고 권했던 것은 아니다. 훗날 벼슬자리에 오르면 하고 싶어도 할 수 없을 것이니, 여유와 한가로움을 누릴 수 있을 때 누리라는 것이다. 소동파는 안돈이 벼슬자리에서 열심히 일을 하는 모습을 미리 상정함으로써 반드시 장차 합격할 것이라는 믿음을 보여줬던 것이다.

'구서舊書'란 오래된 책이 아니라 유교 경전을 말한다. 그 당시에 '공부를 한다'는 것은 바로 유교 경전을 공부하는 것이었고, 당연히 과거도 유교 경전에 대한 지식의 깊이를 묻는 형식이었다. 그리고 소동파는 공부하는 비결

두 가지를 알려주고 있다. '뜻을 새기며 읽고' '깊이 생각하는 것', 바로 숙독熟讀과 심사深思다. 옛날부터 공부란 이 두 가지에 충실하는 과정이다.

일정한 자리에 오르면 다양한 상황에 처한 사람들을 많이 대하게 된다. 그때 칭찬을 하거나, 따끔하게 꾸짖을 때도 있지만 따뜻한 말로 위로를 건네야 할 때도 많다. 실패에 좌절하거나 실망하는 사람을 위로할 때 섣부르게 접근해서는 오히려 더 큰 상처만 줄 수 있다. 이때는 상대를 인정부터 해주는 것이 좋다. 어려움에 빠졌을 때 발생하는 가장 큰 문제는 바로 자신감을 잃는 것이다. 지금은 비록 실패했을지라도 그것이 반드시 실력을 말하는 것이 아니라는 믿음을 보여준다면 다시 일어설 힘을 얻게 된다. 그 이후에 상대의 마음과 공감하며 미래에 대한 희망을 말하면 된다. '믿음'과 '희망', 사람에게 가장 큰 힘을 주는 단어이다.

"옛 책을 백 번 읽어도 싫증내지 않았으니 숙독하고 깊이 생각하면 그대 스스로 알게 되리."

노벨문학상 수상자 모옌 등 200여 명의 작가를 거느리고 있는 중국 최대의 출판기업 웨원関文 그룹의 CEO 우원후이吳文輝가 《인민일보》에 기고했던 글에서 이 구절을 인용했다.

천년의 내공

"송백은 엄동 이전에도 송백이고,
엄동 이후에도 변함없이 송백이다."

김정희, 〈세한도〉 중에서.

치:
治

주변을 장악하고
길을 제시해주는
깊이

4

마음이
깨끗해야
멀리 내다본다

영정치원 寧靜致遠

한 번의 확신을
가지기 위해
만 번을 준비한다

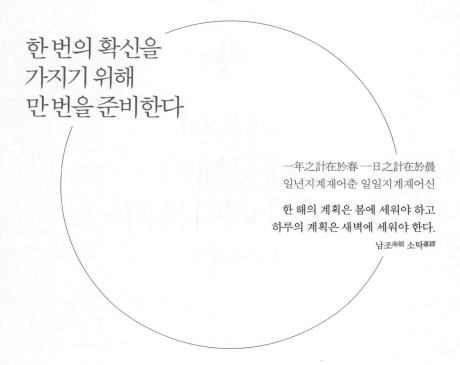

一年之計在於春 一日之計在於晨
일년지계재어춘 일일지계재어신

한 해의 계획은 봄에 세워야 하고
하루의 계획은 새벽에 세워야 한다.
남조南朝 소탁蕭鐸

《관자》에는 다음과 같은 글이 실려 있다.

"일 년 계획은 곡식을 심는 것만 한 게 없고, 십 년의 계획은 나무를 심는 것만 한 것이 없으며, 일생 계획은 사람을 심는 것보다 더 한 것이 없다.(일년지계막여수곡, 십년지계막여수목, 종신지계막여수인一年之計莫如樹穀, 十年之計莫如樹木, 終身之計莫如樹人)"

일의 경중과 종류에 따라서 시기에 적합한 계획을 세워야 한다는 말이다. 한 번 심어서 한 번 거두는 곡식은 당연히 일 년에 한 번 계획을 세워야 하고, 한 번 심어서 10년, 20년의 이익을 도모하는 나무는 최소한 10년을 두고 계획해야 한다. 사람은 한 번 키우면 평생을 두고 나라에 기여할 수 있으므로 일생을 두고 계획하는 것이 당연하다. '교육이 백년지계'라는 말에 담긴 의미 또한 이와 같다.

관자가 일에 따른 계획의 적절한 기간을 말했다면, 이 명구절은 계획을 세우는 시기를 말하고 있다. 일을 시작하기 전에 반드시 계획부터 세우라는 말이다. 따라서 일 년의 계획은 봄이 되어야 하고, 하루의 계획은 반드시 새벽에 세워야 한다. 많은 지도자들이 새벽을 좋아하는 까닭이 여기에 있다.

이 말의 의미를 우리는 크게 두 가지로 생각해 볼 수 있다. 먼저 일을 시작하기 전에는 반드시 마음의 준비와 각오를 다져야 한다. 계획을 세운다는 것은 말 그대로 일의 진행과 절차를 준비한다는 의미도 있지만, 일을 시작하기 전에 마음의 자세부터 바로잡는다는 의미도 크다. 미리 계획을 세우고 자세를 가다듬은 사람은 일의 결과도 다른 법이다. 그 일을 해야 하는 당위성을 스스로에게 부여하고, 일을 통해 이루고자 하는 바를 명확하게 인식한다면 당연히 책임 있게 그 일을 해나갈 수 있다. 또한 무엇보다 마음의 각오가 굳건해진다는 이점이 있다. 아무리 '작심삼일'밖에 못하는 사람이라도 새해 첫 결심은 상대적으로 오래가기 마련이다. '새롭게 시작한다'는 마음가짐이 스스로에게 힘과 의욕을 북돋아주는 것이다.

또 한 가지는 치밀한 계획은 일의 진행 과정과 결과를 예측가능하게 만든다. 만약 급한 마음에 계획도 없이 일에 뛰어든다면 체계적으로 일을 진행하지 못할 뿐더러, 그 결과도 장담하기 어렵다. 애초에 목표가 없었으니 그 결과에 대한 평가 자체를 할 수 없다. 또한 불쑥불쑥 튀어나오는 예상치 않은 문제들로 인해 일을 효율적으로 진행하기도 힘들어진다. 사전에 치밀한 계획을 세웠다면 어떤 문제라도 충분히 예측할 수 있고 대비책도 세워둘 수 있다. 그래서 《명심보감》에는 "계획이 치밀하지 않으면 재앙이 먼저 발생한다(기불밀 화선발機不密 禍先發)"는 말로 이를 경고하고 있다.

"천천히 서두르라(페스티나 렌테^festina lente^)."

로마 황제 아우구스투스가 즐겨 했던 말이라고 하는데, 역설적이지만 바로 이 말 속에 치밀한 계획과 과감한 결단의 참뜻이 숨어 있다. 일을 계획할 때는 신중하게, 객관적으로, 일어날 수 있는 다양한 상황을 치밀하게 검토해야 한다. 하지만 준비만 오래 하거나 시급한 상황을 인식하지 못하는 것도 문제다. 치밀한 준비와 과감한 결단 사이에 적절한 균형이 필요한 것이다. 그 중심을 잡는 힘이 내공이고, 그 역할을 하는 이가 리더다. 눈앞의 일에 몰두하거나 단기적인 실적에 매달리는 것은 부하의 일이다. 리더는 한 단계 위에서 멀리 조망할 수 있어야 하고, 일부분이 아닌 전체를 보고 판단할 수 있어야 한다.

"한 해의 계획은 봄에 세워야 하고 하루의 계획은 새벽에 세워야 한다."

일을 시작할 때 치밀한 사전 준비를 당부하며 쓸 수 있는 말이다. 빠른 결과를 만들기 위해 조급해하는 사람이나, 협상에서 지나치게 서두르는 상대에게 '철저한 준비'를 요청하며 쓸 수도 있다.

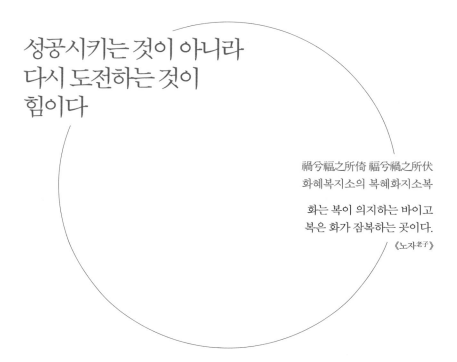

성공시키는 것이 아니라 다시 도전하는 것이 힘이다

禍兮福之所倚 福兮禍之所伏
화혜복지소의 복혜화지소복

화는 복이 의지하는 바이고
복은 화가 잠복하는 곳이다.

《노자老子》

고전과 별로 친하지 않다고 해도 '새옹지마塞翁之馬'라는 고사성어는 들어본 적이 있을 것이다. 그리고 정확한 내용은 모르더라도, '인생사의 변화무쌍함은 예측하기 어려우니 일희일비하지 말라'는 의미에는 충분히 공감할 것이다. 그만큼 우리는 한치 앞을 모르는 변화와 격동의 삶을 살고 있다. 중국 고전《회남자》에 실려 있는 고사의 내용은 이렇다.

옛날 중국의 국경지방에 한 노인이 살고 있었는데, 이 노인의 말이 도망치자 이웃들이 위로의 말을 건넸다. 가난한 노인의 귀한 재산이 사라졌으니 지켜보는 이들도 안타까웠던 것이다. 하지만 노인은 태연히 말했다. "괜찮습니다. 이 일이 복이 될지 누가 압니까?" 이러한 노인의 말을 듣고 비웃지 않는 사람이 없었다. 그로부터 몇 달 뒤 도망쳤던 그 말이 암말 한 필을 거느리고 돌아왔다. 그러자 이번에는 주변 사람들이 축하를 했다. 하지만 노인은 "이게 화가 될지 누가 압니까?"라며 전혀 기쁜 내색을 하지 않았다. 며칠 후 노인의 아들이 말을 타다가 그만 낙마해 다리가 부러지고 말았다. 노인은 이 때에도 "이게 복이 될지도 모릅니다"라고 말하며 전혀 내색하지 않았다. 얼마 후 변방에 오랑캐가 쳐들어와 온 나라에 징집령이 내려져 많은 젊은이들이 군대에 가야 했다. 그러나 노인의 아들은 다리가 부러졌기 때문에 징집되지 않아 목숨을 건질 수 있었다.

드라마나 영화처럼 극적인 이야기가 반복되어 현실성은 좀 떨어지지만 개의치 말고 생각해보자. 여기서 우리는 인생에서 겪는 모든 일들에는 무조건 좋은 일도, 무조건 나쁜 일도 없다는 것을 알게 된다. 좋은 일이 있더라도 결코 방심하거나 교만해서는 안 되며, 설사 당장의 상황이 어렵고 힘들더라도 절망하거나 낙심할 필요가 없다. '새옹지마'의 고사는 "화는 복이 의지하는 바이고 복은 화가 잠복하는 곳이다"라는 철학적인 구절을 잘 풀어서 삶에 적용해 실천할 수 있도록 가르쳐주고 있다.

《주역》에 실려 있는 핵심적인 철학 가운데 하나는 '물극필반物極必反', '모든 사물은 극에 달하면 되돌아간다'는 사상이다. '항룡유회亢龍有悔'도 '최정상에 올랐다면 다음에는 반드시 내리막이 온다'라는 뜻의 성어로, 위의 구절과 같은 의미를 가지고 있다. 세상 만물에 적용되는 자연의 이치로 사람의 삶에도 적용된다. 번성하는 때가 있으면 저물 때가 있고, 심하게 어려워도 바닥을 치면 그때부터는 다시 솟아날 수 있다는 것이다. 《주역》에 실려 있는 글이기에 운명론적인 의미라고 생각해서 '내가 아무 일을 하지 않아도 운명이 모두 결정해준다'라고 생각할지도 모르겠다. 하지만 이 원칙들에는 반드시 전제 조건이 있다. 먼저 나 자신이 변화해야 하고, 반드시 자기 노력이 필요하다

천년의 내공

는 것이다.

오늘날은 무한경쟁의 시대다. 끊임없이 새로운 기술이 개발되고 뛰어난 경쟁자들이 등장하고 있다. 이때 상황이 좋다고 해서 만족하고 자만한다면 새로운 강자에 의해 뒤처지고 만다. 마찬가지로 설사 지금은 어렵더라도 포기하지 않고 자신을 변화시켜 나간다면 반드시 일어설 기회를 얻을 수 있다. 만약 작은 성공에 만족해서 해이해지거나, 작은 실패에 좌절해 있다면 반드시 분위기를 쇄신할 수 있어야 한다. 그때 이 말을 통해 경각심을 불러일으킬 수 있다. 조직의 크고 원대한 꿈을 흔들림 없이 이루어나가기 위해서는 작은 파도에 흔들려서는 안 된다.

"화는 복이 의지하는 바이고 복은 화가 잠복하는 곳이다."

중국 IT업계의 풍운아로 꼽히는 쥐런巨人 네트워크 스위주史玉柱 회장의 어록에는 '실패는 성공을 위한 밑거름'이라는 말과 함께 이 구절이 인용되어 있다. 고난과 실패로 힘들어 하는 사람이 있다면 '희망의 메시지'로, 혹은 성공에 도취되어 방심하고 있는 사람이라면 경계의 말로 적격이다.

위대함은
흔하고 사소한 데에서
시작된다

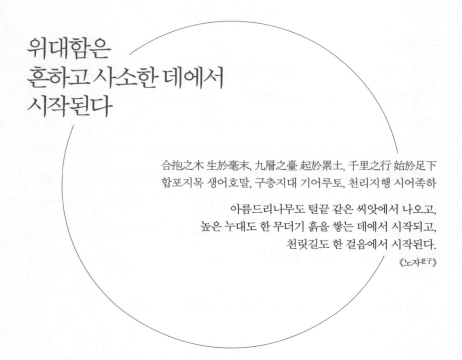

合抱之木 生於毫末, 九層之臺 起於累土, 千里之行 始於足下
합포지목 생어호말, 구층지대 기어루토, 천리지행 시어족하

아름드리나무도 털끝 같은 씨앗에서 나오고,
높은 누대도 한 무더기 흙을 쌓는 데에서 시작되고,
천릿길도 한 걸음에서 시작된다.

《노자老子》

노자의 《도덕경》 63장에는 "천하난사 필작어이, 천하대사 필작어세(天下難事 必作於易, 天下大事, 必作於細)"라고 실려 있다. '천하의 어려운 일도 쉬운 일에서 시작하고, 천하의 큰일도 그 시작은 미약하다'라는 뜻이다. 이어서 64장에는 위의 명구가 실려 있다. 63장에 실려 있는 글의 실천 강령으로 보면 크게 다름이 없을 것이다. 세상의 그 어떤 위대한 일도 작은 시작에서 비롯되는 것이니, 작고 보잘것없어 보이더라도 담대하게 첫 걸음을 내딛으라는 가르침이다.

우리는 흔히 작고 미약한 일은 자존심을 내세우며 시작조차 하지 않으려고 한다. 만약 다른 누군가가 그런 일을 시킨다면 크게 감정이 상할 수도 있다. "도대체 나를 어떻게 보고", 아마 많이 들어본 말일 것이다. 하지만 정작 처음부터 크고 대단한 일을 맡기면 그때는 또 다른 모습을 보인다. "그런 엄청난 일을 내가 어떻게" 하며 대부분 시도조차 못하고 포기하고 만다.

우리 대부분은 적당히 오만하며 적당히 비겁한, 이율배반적인 모습을 보이며 현실에 안주하는 삶을 살고 있다. 자존심은 지키고 싶지만 과감하게 도전하는 일은 두렵다. 하지만 세상의 어떤 큰일도 작은 시작이 없으면 이룰 수 없는 법이다. 비록 지금 당장은 하찮아 보이는 일이라고 해도 과감하게 그 일을 시작하고, 어떤 어려움에서도 포기하지 않아야 큰 결과를 만들 수 있다. 전국시대의 대학자 순자荀子는 "아무리 가까운 거리라고 해도 걷지 않으면 도달할 수 없고, 아무리 간단한 일도 실천하지 않으면 이루지 못한다"고 말했다. 중요한 것은 일단 시작하는 것이다. 그리고 포기하지 않는 것이다.

사람들은 크고 위대한 일은 그 시작부터 남다를 것이라고 생각한다. 위대한 기업은 그 시작이 달랐을 것이라고 생각하고, 위대한 사람들 역시 어린 시절부터 특별한 무엇이 있었을 거라고 생각한다. 하지만 오늘날 세상의 혁신을 이루어가는 것 모두 그 시작은 미약했다. 처음에는 눈에 보이지도 않을 미세한 차이가 시간을 두고 쌓이면서 나중에는 엄청난 차이를 만들고, 위대함을 이룰 수 있었다. 성공학의 대가 오그 만디노Og Mandino는 다음과 같이 말했다. "성공의 비결은 평범한 사람보다 조금, 아주 조금만 더 잘하는 것!" 위대함을 만드는 것은 실제로는 평범함과 종이 한 장의 차이에 불과하다.

만약 자신은 평범하다고 한탄하고 있는 사람이 있다면, 오히려 성공의 조건을 갖추고 있다고 볼 수 있으니 기뻐할 일이다. 하지만 조건이 있다. 아무리 하찮은 일이라고 해도 시작하지 않으면 안 된다. 무슨 일이라도 시작하면 한 걸음이라도 갈 수 있지만, 시작조차 하지 않으면 그 결과는 '무無'다.

오늘날 우리 사회는 조급하게 결과부터 빨리 확인하려고 한다. 빠른 성공을 원하고, 노력에 비해 큰 성공을 얻지 못하면 실망한다. 직장에서도 남보다 빨리 승진하기 위해 조급해하다가 한 번이라도 늦어지면 쉽게 실망하고 포기하는 사람들도 많다. 바로 이들에게 필요한 말이다. 직장생활은 장기전이다. 인생의 모든 측면이 그렇다. 시작은 미약하더라도, 남들보다 한두 걸음 늦어지더라도 그게 끝이 아니다. 시간을 두고 실력을 쌓아간다면 반드시 결실을 맺을 날이 있다.

"아름드리나무도 털끝 같은 씨앗에서 나오고, 높은 누대도 한 무더기 흙을 쌓는 데에서 시작되고, 천릿길도 한 걸음에서 시작된다."

이 명구는 다른 단체와 새로운 관계를 만들어나갈 때, 혹은 한 조직에서 새로운 사업을 시작할 때 인용해도 좋은 글이다. 시진핑 중국 국가 주석은 2014년 6월 평화공존 5원칙 선언 60주년 기념식에서 "물방울이 모여 내를 이루고 벼이삭이 모여 한 다발이 된다"는 인도 격언과 함께 이 구절을 인용했다.

만 번을 준비할 수 있었던
고수의 비결,
즐거움

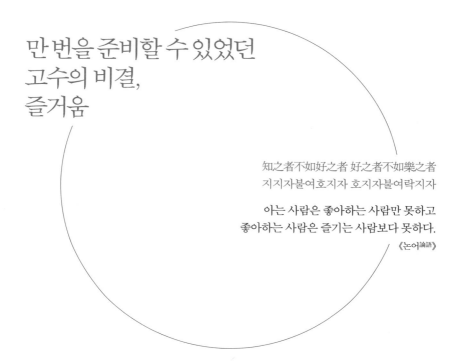

知之者不如好之者 好之者不如樂之者
지지자불여호지자 호지자불여락지자

아는 사람은 좋아하는 사람만 못하고
좋아하는 사람은 즐기는 사람보다 못하다.

《논어論語》

공자는 아는 것(지知), 좋아하는 것(호好), 그리고 즐기는 것(락樂) 등 언뜻 별로 연관성이 없는 세 가지를 서로 연결해서 비교했다. 공자가 배움과 연관해서 이 세 가지 단계를 이야기했던 정확한 의미는 무엇일까? 우리도 궁금하지만, 200여 년 전 인물이었던 정조대왕도 궁금했던 것 같다.

학구파였던 정조대왕은 여러 가지 경전의 글들로 신하들과 더불어 논의하기를 좋아했다. 이러한 문답을 기록해놓은 《경사강의經史講義》에서 정조는 '지지知之는 아는 것知, 호지好之는 행行하는 것으로 이해할 수 있는데, 락지樂之는 호지와 다를 바가 없는데 왜 나누어지는지'를 물었다. 그 때 신하 성종인은 락지樂之는 바로 '덕德을 이루는 것'에 있다고 말한다. 학문의 목적이 덕을 쌓아 도를 이루는 것에 있다고 한다면 '인생의 가치와 학문의 추구가 일치하는 단계에까지 도달하게 되는 것은 단순히 학문을 좋아하는 것을 넘어 하나의 새로운 마디가 된다'는 것이다.

이것을 쉽게 풀어서 이야기해보면 단순히 아는 것이 지^知의 단계라고 한다면, 호^好는 공부가 좋아서 계속하는 단계다. 그리고 단순히 좋아하는 것을 넘어 공부가 자신이 추구하는 인생의 목적과 삶의 가치가 될 때 락^樂의 단계가 된다. 달리 말하면 공부가 바로 삶이 되고, 삶이 공부가 되는 단계다.

우리의 인생을 이루는 것은 무엇인가? 바로 공부와 일이다. 삶을 위한 생리적인 필요인 휴식과 잠을 제외하면 우리는 공부와 일로 일생을 보낸다. 25세까지는 공부를 하고, 그 공부를 기반으로 남은 삶은 일을 하면서 보낸다. 우리는 운명처럼 공부와 일을 해야 하고, 아무리 싫어도 해야 한다. 그런데 만약 그 공부와 일이 마치 내가 호흡하는 것처럼 자연스럽고, 재미있고, 즐거운 일이 된다면 그 삶은 얼마나 풍요로울까?

《톰 소여의 모험》의 저자 마크 트웨인^{Mark Twain}은 이런 이야기를 했다.

"일이란 반드시 해야 하는 것이다. 하지만 놀이란 하지 않아도 되는 것이다. 보상이 있게 되면 흥미진진하던 일이 틀에 박힌 일이 되고, 놀이가 일이 된다."

그가 이미 180여 년 전에 태어난 사람임을 생각하면 놀라운 통찰력이 아닐 수 없다.

또 하나의 기쁜 소식을 알려주자면 우리 뇌는 새로운 학습을 좋아한다는 사실이다. 무엇인가를 배우면 배울수록 뇌는 더욱 활성화되고 기억을 담당하는 해마의 신경세포는 점점 더 증식된다고 한다. 정신과 의사인 이시형 박사는 자신의 저서《공부하는 독종이 살아남는다》에서 이렇게 이야기한다.

"뇌는 뭔가를 달성할 때 즐거움을 느낀다. 이때 우리 뇌는 그 기분 좋은 상태를 유지하기 위하여 도파민, 세로토닌 등의 쾌락보수물질을 방출한다. 뇌가 우리에게 푸짐한 상을 주는 것이다. 이 과정이 반복되면 습관이 된다. 이런 현상을 뇌 과학에서는 강화학습이라고 한다. 공부를 해서 하나를 알면 기분 좋은 보상을 해주고, 그러면 다시 보상을 받기 위해 공부를 더 하게 되는 현상이다. 이 간단한 원리를 잘 활용하면 공부를 습관처럼 하게 된다."

대부분의 직장인들에게 직장은 즐겁게 일을 하는 곳이기보다는 생업을 위해 싫어도 해야 하는 의무다. 물론 '일터에 가지 못해 주말이 지루하고 안타깝다'는 분위기로 만들자는 것은 과잉의욕이라고 할지도 모른다. 하지만 오늘날 앞서가는 기업들은 회사를 '놀이터'처럼 만들기를 지향하고 있다. 요즘 알파고로 화제가 되고 있는 구글과 같은 첨단 기업은 '즐거움'의 힘을 알고 기업경영에 적용하고 있다. 우리도 즐거움을 통해 직원들의 능력을 최고로 발휘토록 하는 기업과 이를 추구하는 리더가 많아졌으면 한다.

"아는 사람은 좋아하는 사람만 못하고 좋아하는 사람은 즐기는 사람
보다 못하다."

교육 관련 행사에서 강연을 하거나, '즐거움'의 철학을 조직운영에 적용하고 싶을 때 가장 유용한 말이다. 시진핑 국가 주석은 2013년 중앙당교 개교 80주년 기념 축사에서 이 문장을 인용했다.

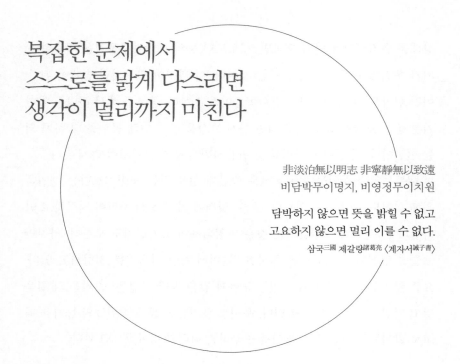

복잡한 문제에서
스스로를 맑게 다스리면
생각이 멀리까지 미친다

非淡泊無以明志 非寧靜無以致遠
비담박무이명지, 비영정무이치원

담박하지 않으면 뜻을 밝힐 수 없고
고요하지 않으면 멀리 이를 수 없다.
삼국三國 제갈량諸葛亮 〈계자서誡子書〉

《삼국지》에서 제갈량이 보여준 상대의 허를 찌르는 전략과 전술은 사람의 본성을 읽는 능력이 없이는 불가능한 일이다. 사람의 심리를 읽고 앞날을 내다보는 제갈량의 이러한 능력을 우리는 '통찰력'이라고 부른다. 제갈량은 〈계자서〉에서 자신이 가장 중요시했던 능력인 '통찰력'을 얻을 수 있는 비결을 말해주고 있다. 마음을 다스려 맑고 고요한 상태를 유지할 수 있어야 통찰력을 얻을 수 있다는 것이다.

통찰력은 '표면 아래에 있는 진실을 볼 수 있는 능력'을 말한다. 이런 힘이 있는 사람은 사람의 감추어진 마음을 읽고, 다가올 미래를 예측할 수 있다. 그리고 이러한 통찰을 얻기 위해서는 '관찰하는 힘'과 '멀리 내다보는 힘'이 필요하다는 것이 동서고금의 공통된 지혜다. 제갈량은 이러한 점을 꿰뚫어 자신의 삶에도 적용했다. 어렸을 때 아들의 이름을 '첨瞻'으로 지었던 것도, 성인이 되었을 때 자字를 '사원思遠'이라고 주었던 것도 그런 의미라고 볼 수 있다. 첨瞻은 '보다', '관찰하다'라는 의미를 지녔고, 사원思遠은 '멀리 생각하다'라는 뜻이다. 둘 다 통찰력을 얻을 수 있는 중요한 요소들로 제갈 량은 아들에게 인생을 살아가는 데 있어서 반드시 명심하고 실천해야 할 지침을 이름으로 주었던 것이다.

이 명구도 통찰력을 얻을 수 있는 귀중한 요소들을 알려주고 있다. 여기서 '담박澹泊'하다는 것은 마음이 깨끗하고 맑아서 순수함을 가리킨다. 그래야 밝고 깨끗한 이상을 품을 수 있게 된다. 세상의 욕심과 일신의 탐욕에 흔들리는 마음을 가진 사람은 올바른 뜻을 세울 수 없고 처신 역시 깨끗할 수 없기 때문이다. '영정寧靜'은 마음이 평온하고 조용한 경지를 말한다. 작은 어려움에도 쉽게 흔들리고 눈앞의 위기에 평정심을 유지하지 못하는 사람은 크고 원대한 일을 이룰 수 없다. 당장 닥쳐온 일을 수습하는 데 급급하기 때문이다.《논어》에 실려 있는 "멀리 내다보지 못하면 반드시 가까운 곳에 근심이 생긴다(인무원려 필유근우人無遠慮 必有近憂)"는 말이 이를 잘 설명해주고 있다.

이 명구절은 제갈량이 평생의 좌우명으로 삼을 정도로 좋아했는데, 아들 역시 통찰력 있는 인물이 되기를 원하는 간절한 마음으로 글을 썼다. 하지만 제갈첨은 아버지가 죽은 후 중요한 요직과 지위를 모두 이어받았지만, 아버지와 나라의 간절한 염원에는 보답하지 못했다. 제갈첨은 위 장수 등애의 편지에 평정을 잃고 싸우다 참담한 패배를 당해 죽었다. 만약 아버지의 간절한 염원대로 담박하고 평온한 마음으로 자신을 다스릴 수 있었다면 결코 그렇게 쉽게 무너지지는 않았을 것이다.

'담박명지 영정치원澹泊明志 寧靜致遠.' 앞의 명구절을 여덟 자로 줄인 이 성어는 변화와 속도의 시대를 살아가는 우리에게 소중한 지혜를 준다. 사람의 마음을 읽고 오늘의 현상을 통해 미래를 전망하는 통찰력은 어떤 일을 하든 꼭 필요하다. 사람들과 원만한 관계를 만들고, 다른 모든 사람들이 미처 생각하지 못하는 위험을 감지해 대비하고, 미래 비전을 제시하는 데 필요하기 때문이다. 그래서 많은 지도자들이 좌우명으로 삼고 있는 말이기도 한데, 안중근 의사가 중국의 감옥에 갇혀 있을 때 이 글을 써서 더 유명해졌다.

박근혜 대통령이 2013년 중국을 국빈 방문했을 때 칭화대 특별강연을 하면서 이 문구를 인용했다. 자신이 어려울 때 마음의 위로를 받았던 고전 중에 기억에 남는 글이라고 하며 이 구절을 소개했고, 그 뜻까지 소개해서 칭화대학생들에게 큰 박수를 받았다. 이처럼 중국과의 교류에 있어서는 중국인들이 좋아하는 구절들을 원어로 인용할 수 있음은 물론, 그 유래와 정확한 뜻까지 이해하고 있어야 한다. 그래야 단순히 외워서 말하는 것이 아니라 평소에 관심을 갖고 중국에 대한 공부를 게을리 하지 않았다는 진정성을 보일 수 있기 때문이다.

"담박하지 않으면 뜻을 밝힐 수 없고 고요하지 않으면 멀리 이를 수 없다."

직장인이나 대학생을 대상으로 말할 때, '통찰력'의 중요성을 강조하며 인용한다면 청자의 마음을 사로잡을 수 있을 것이다.

한 발 물러서서
스스로를 관찰하면
정답이 보인다

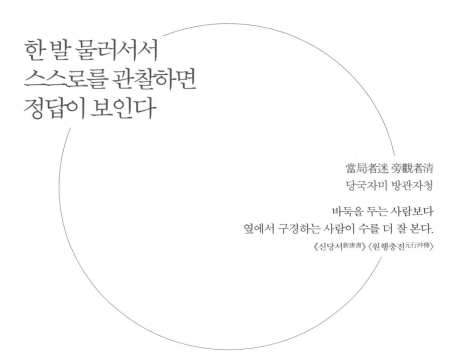

當局者迷 旁觀者清
당국자미 방관자청

바둑을 두는 사람보다
옆에서 구경하는 사람이 수를 더 잘 본다.
《신당서新唐書》〈원행충전元行冲傳〉

동명의 만화를 원작으로 하는 〈미생〉이라는 TV드라마가 큰 인기를 끌었다. 비정규직 신분으로 직장생활을 하는 청년들의 어려움이 오늘의 현실을 잘 반영하면서 많은 사람들에게 공감을 받은 것이다. 이처럼 사람들은 누구나 자신이 관련된 일에는 마음을 쓰기 마련이다. 특히 자신이 비슷한 처지에 있거나 가족 중에 한 사람이 그런 입장에 있다면 더욱 신경이 쓰이고 마음이 아프기 마련이다.

사람들은 자신과 심리적으로 가깝게 여길수록 더 많은 관심을 갖게 된다. 물론 당연한 일이지만 문제가 하나 있다. 지나치게 감정이입이 됨으로써 냉정하고 객관적인 시각을 잃는 것이다. 드라마를 보며 눈물로 밤을 지새우거나 삶의 의욕까지 잃게 되는 사람이 생기는 까닭은 바로 이 때문이다. 그래서 우리는 흔히 이런 사람들에게 '한 걸음 물러서서 보라'고 충고한다. 너무 집착하지 말고 객관적인 시각으로 보라는 말이다.

이 명언은 바둑을 예로 들어 이런 심리를 경계하고 있다. 바둑을 두면서 사람들은 승부에 집착하기 때문에 객관적이고 냉철한 시각을 가질 수 없다. 그래서 관람자가 볼 때는 빤한 수라도 대국자는 보지 못하고 지나쳐 승부를 망치기도 한다. 더 실력 있는 사람이 패배하는, 흔히 말하는 '이변'을 일으키는 가장 큰 요인이 바로 이 때문이다. 바둑뿐 아니라 수많은 스포츠 경기에서도 흔히 일어나는 일이기도 하다. 그래서 많은 스포츠 지도자들이 선수들에게 '연습은 실전처럼, 실전은 연습처럼' 하라고 지도한다.

이 말은 우리가 행하는 인생의 모든 일에서도 그대로 적용된다. 일을 계획할 때는 객관적이고 냉정한 시각으로 바라볼 수 있어야 한다. 흔히 성공에 목을 맨다는 말을 많이 하는데, 일에 대한 열정을 가져야 하는 것도 필요하지만 한 걸음 물러서서 보는 객관적인 시각도 반드시 필요한 법이다. 지나치게 일의 결과에만 매달리다보면 정작 챙겨야 할 중요한 일을 놓칠 수도 있다. '일에 무리한 점은 없는지', '도덕적으로 문제되는 일은 없는지', '결정적인 약점은 없는지' 등 전체를 미리 조망할 수 있다면 단 한 수의 패착으로 일을 망치는 일을 막을 수 있다.

《채근담》에는 "일을 계획하는 사람은 몸을 그 일 밖에 두어 마땅히 이해의 사정을 모두 살펴야 하고, 일을 실행하는 사람은 몸을 그 일 안에 두어 마땅히 이해의 생각을 잊어야 한다(의사자 신재사외 의실이해지정, 임사자 신거사중 당망이해지려議事者 身在事外 宜悉利害之情, 任事者 身居事中 當忘利害之慮)"라는 말이 실려 있다. 우리가 일에 임해야 하는 자세를 잘 말해주고 있다. 또한 일에 성공할 수 있는 비결을 알려주고 있기도 하다. 일을 계획할 때 몸을 그 일 밖에 두라는 것은 한 걸음 물러서서 객관적인 시각으로 준비해야 한다는 것이다. 하지만 일을 시작했다면 마치 그 일 속으로 빠진 것처럼 그 일만 생각해야 성공할 수 있다. 바로 '몰입'하는 자세다. '객관적인 시각'과 '몰입'은 일과 공부에서 성공할 수 있는 가장 핵심적인 요소다.

조직에 크고 중요한 일이 주어지면 모든 조직원들이 한마음이 되어 일한다. 그 일의 가치에 공감하고 분명한 결과가 보인다면 힘들고 피곤해도 최선을 다할 수 있다. 리더는 당연히 그 일에 앞장서고 노고를 분담해야 하지만 또 다른 임무가 있다는 사실을 잊어서는 안 된다. 멀리 내다보며 올바른 방향을 잡아주고, 전체를 조망해 조화를 이루고, 발생 가능한 문제를 예상해 사전에 대처하도록 해야 하는 것이다. 망망대해를 항해하는 대형선박의 선장과도 같은 일이다. 리더란 일에 몰입해 파묻히는 사람이 아니라, 더 높은 곳에서 미래를 전망하고 비전을 제시해야 하는 사람이다.

"바둑을 두는 사람보다 옆에서 구경하는 사람이 수를 더 잘 본다."

이끌고 있는 조직이나 사람들이 지나치게 일에 집착할 때 떠올릴 수 있는 말이다. 거래 상대방이 지나치게 자신의 의견만 주장한다면, 객관적이고 냉철한 판단을 권유하면서 할 수 있는 말이기도 하다. 무엇보다 너무 일에 집착해 전체를 보지 못하는 것은 아닌지 스스로를 짚어볼 때 필요한 말이다.

이루고 싶은
이상이 있다면
한 단계 더 올라서라

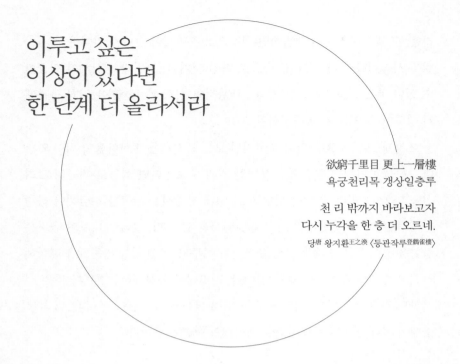

欲窮千里目 更上一層樓
욕궁천리목 갱상일층루

천 리 밖까지 바라보고자
다시 누각을 한 층 더 오르네.
당唐 왕지환王之渙 〈등관작루登鸛雀樓〉

당 시인 왕지환王之渙의 시 〈등관작루登鸛雀樓〉의 한 구절이다. 관작루는 중국에
서 풍광이 뛰어나기로 유명한 누각으로 많은 시인들이 이곳을 방문해서 시
를 남겼다. 그 가운데 왕지환의 이 시가 가장 유명해, 초등학교 교과서에도
실릴 정도로 중국인들의 많은 사랑을 받고 있다. 관작루는 중국 산시성의 황
허 강변에 있는 누각으로 우창의 황학루, 둥팅호의 악양루, 난창의 등왕각과
함께 중국 사대 누각으로 꼽힌다. 왕지환의 시는 이 관작루의 풍광을 아름답
게 표현하는 한편, 인생의 깊은 뜻 또한 함축하고 있다. 좋은 경치는 더 높은
곳으로 올라가야 볼 수 있듯이, 인간 또한 더 높은 이상을 바라볼 수 있어야
의미 있는 삶을 이룰 수 있다는 말이다. 시에 담긴 깊은 함의로 말미암아 마
오쩌둥, 장쩌민 등 중국의 지도자들이 애송했고, 휘호로도 많이 남겼다. 시

천년의 내공

의 앞부분에는 이렇게 실려 있다.

"눈부신 해는 산자락에 기대어 지고 (백일의산진白日依山盡)

황하는 흘러 바다로 가네. (황하입해류黃河入海流)"

시인은 아름다운 풍광을 이야기하는 시 속에 자신의 포부를 드러내지 않고 담았다. 겉으로 드러내지 않았기에 가볍지 않고, 쉽게 말하지 않았기에 그 의지가 더 크고 단호하게 느껴진다. 저자는 먼저 드높은 해도 반드시 지고, 드넓은 황하도 바다라는 더 큰 곳으로 흘러간다는 표현으로, 자연의 이치를 말하고 있다. 자연도 그렇지만 사람도 자신을 둘러싸고 있는 환경으로부터 자유로울 수는 없다. '습속이성習俗移性'의 성어가 말해주는 것처럼 '습속과 환경은 사람의 본성을 바꿀 정도로 그 영향이 강력한 것'이다. 어떤 이는 환경에 의해 좌절하고 포기하지만 어떤 사람은 환경을 이기고 자신의 꿈을 이루어나간다. 어렵고 힘든 환경을 자신의 성공과 도약을 위한 디딤돌로 삼는 것이다.

시의 다음 구절인 '천 리 밖까지 바라보고자 다시 누각을 한 층 더 오르네'는 촉망받던 젊은 시절 관직에 올랐다가 모함을 받아 사직하고 천하를 떠돌던 시인의 '호연지기浩然之氣'를 말하고 있다. 비록 처해 있는 상황은 어렵고 힘들지만 눈앞의 어려움에 연연하지 않겠다는 포부다. 하지만 아무리 큰 꿈을 가진다고 해도 단순히 생각만 해서는 이룰 수 없다. 반드시 실천이 뒤따라야 한다. 바로 시에서 말했던 누각을 한 층 더 오르는 일이다.

이 시는 외교적인 관점에서 더 차원 높은 관계의 진전을 이루어나가자는 뜻으로 많이 인용되고 있다. 후진타오 전 중국 국가 주석이 대만 국민당의 주석과 회담하면서 이 시를 인용했다. 두 나라가 좋은 관계를 유지하고 있지만, 더 높은 이상과 차원 높은 관계를 만들기 위해서는 한 층 더 올라가는 노력이 필요하다는 것이다. 박근혜 대통령이 중국을 방문했을 때도 시진핑 주석이 이 시가 적힌 서예작품을 선물했다. 양국의 관계를 한 차원 더 높게 발전시키려는 마음을 담은 것이다. 그 정확한 의중은 모르겠으나 중국은 '대국인 자신들과 더 좋은 관계를 유지하려면 한국의 노력이 더 필요하다'는 속마음을 말하고 있는지도 모른다. 하지만 우리는 우리대로 해석하면 된다. 이제 선진국에 들어선 우리나라와 '더 좋은 관계를 얻기 위해 열심히 노력하겠다'는 중국의 다짐으로 받아들이자.

"천 리 밖까지 바라보고자 다시 누각을 한 층 더 오르네."

청년들에게 높은 이상이 있다면 반드시 그에 합당한 노력이 뒷받침되어야 한다는 뜻에서 인용하면 좋을 말이다. 좋은 관계의 진전을 바라는 상대에게 인용할 수도 있다. 특히 중국과의 비즈니스와 외교에서 이 구절을 인용한다면 분명히 좋은 성과를 얻을 수 있을 것이다.

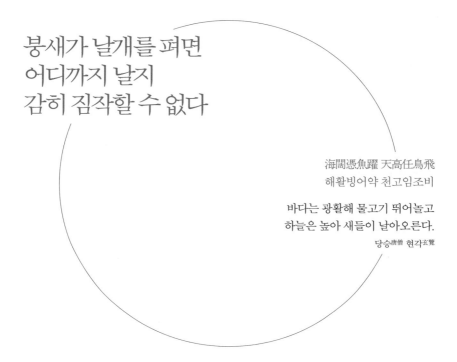

붕새가 날개를 펴면
어디까지 날지
감히 짐작할 수 없다

海闊憑魚躍 天高任鳥飛
해활빙어약 천고임조비

바다는 광활해 물고기 뛰어놀고
하늘은 높아 새들이 날아오른다.

당승唐僧 현각玄覽

'노는 물이 다르다.' 활동하는 곳이 어디냐에 따라서 그 가치와 한계가 달라
진다는 말이다. 우물 안에 사는 개구리는 우물이 천하의 전부라고 생각하고,
작은 개울에 사는 물고기는 그곳에 만족하며 산다. 마찬가지로 새장 안의 새
는 날개조차 펼 수 없지만 자신의 처지를 받아들여야 한다. 하지만 광활한
바다의 물고기들은 드넓은 곳에서 마음껏 헤엄칠 수 있고, 새들 역시 높은
하늘이 있어서 마음껏 날아오를 수 있다.

  인간도 마찬가지다. 자신이 어떤 곳에 몸담고 있느냐에 따라 생각하는 범
위가 달라질 수밖에 없다. 스포츠나 공부를 비롯해 어떤 분야라고 해도 마찬
가지다. 동네에서 가장 잘하는 사람으로 만족한다면 동네 최고는 될 수 있어
도 더 크게 발전하기는 어렵다. 국내 최고가 되기를 원한다면 동네를 벗어나

전국 무대로 나서야 한다. 나아가 세계 최고가 되기를 원한다면 한국을 벗어나 세계무대로 나서야 한다. 만약 스스로의 처지에 만족하고 자신의 능력에 제약을 둔다면 결코 더 큰 꿈을 이루기는 어렵다.

공자의 제자 중에 염구冉求라는 인물이 있었다.《논어》〈옹야〉을 보면 염구가 공자에게 이렇게 말하는 장면이 나온다. "스승님의 도를 좋아하지 않는 것은 아니지만 힘이 부칩니다." 공자가 추구하는 도를 가지면 좋겠으나, 이루기에는 자신의 능력이 부족해 너무 힘이 든다는 하소연이다. 높은 이상을 가지고는 싶지만 그것을 위한 노력은 하고 싶지 않은 일종의 공짜심리다. 공자는 이렇게 대답했다.

"힘이 부치면 하다가 도중에 그만두게 되는 것이다. 지금 너는 해보기도 전에 스스로 선을 긋고 있구나."

공자는 스스로 시도하지 않으면서 꿈조차 꾸지 않는 염구를 꾸짖었다. 훗날 염구는 당시 실권자인 계강자의 가신으로 일하며 백성을 핍박하다가 공자로부터 파문을 당하기도 했다. 눈앞에 보이는 일신의 이익만을 추구하는 현실지향적인 인물이 큰 이상을 추구하기는 어려운 법이다.

자신이 이루고 싶은 꿈이 있다면 지금의 환경과 한계를 벗어나 과감하게 도전할 수 있어야 한다. 첫 번째 순서는 바로 그 꿈을 꾸는 것이다. 이루고 싶은 꿈에 스스로 한계를 긋지 않고 내공을 쌓아야 한다. 그 다음 그 꿈을 이룰 수 있는 무대로 옮겨야 한다. 생텍쥐페리는 "배를 만들게 하고 싶다면, 배 만드는 법을 가르치지 말고 바다를 꿈꾸게 하라"고 말했다. 스스로 크고 광대한 꿈을 꾸게 되면, 작은 문제는 해결할 수 있게 되고 해야 할 일들은 당연히 해낼 수 있다.

《장자》를 보면 바다의 신 약若이 바다의 장대함을 보고 놀라는 황하의 신하백河伯에게 이렇게 충고를 한다.

"우물 안 개구리에게는 바다를 설명할 수 없다. 우물이라는 공간의 한계에 갇혀 있기 때문이다. 여름에만 살다 죽는 곤충에게는 얼음을 알려줄 수 없다. 시간의 제약이 있기 때문이다. 어설픈 전문가에게는 진정한 도의 세계를 말해줄 수 없다. 그는 자신의 지식에 갇혀 있기 때문이다."

여기서 우리는 스스로를 제한하는 세 가지를 알 수 있다. 활동하는 무대, 살고 있는 시간, 그리고 우리가 아는 지식의 한계. 이러한 제한에서 벗어날 수 있도록 만드는 것이 바로 우리가 꾸는 꿈이며 만들고 싶은 미래다. 혹시 주변에 능력과 자질은 뛰어나지만 스스로 확신을 갖지 못해 위축된 사람이 있다면 이 말을 통해 길을 제시해줄 수 있다. 작은 어려움에 좌절하고 현실에 안주하는 요즘 청년들에게 큰 꿈을 심어줄 때에도 좋은 구절이다. 때로는 구체적인 가르침보다 크고 웅대한 그림을 그려주는 비유가 더 깊이 가슴에 새겨지기도 한다. 미래를 스스로 상상하게 만들어주기 때문이다.

"바다는 광활해 물고기 뛰어놀고 하늘은 높아 새들이 날아오른다."

2014년 시진핑 주석이 제 6차 중미 전략 경제대화의 기조연설에서 인용했다. 시진핑은 양국 사이에 놓여 있는 거대한 태평양과 같이, 넓고 광대한 미래를 위해 함께 노력하자는 뜻으로 이 말을 했다. 양국 간의 미래를 스스로 제한하지 말고 상호간의 이익과 번영을 위해 노력해가자는 것이다.

지도자는
급박한 상황에서도
여유와 감성으로
상황을 다스린다

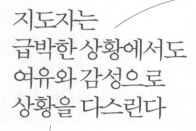

昨夜西風凋碧樹 獨上高樓 望盡天涯路
작야서풍조벽수 독상고루 망진천애로

어젯밤 가을바람에 푸른 나무 시들었네.
홀로 높은 누대에 올라 하늘 끝닿은 길을 빠짐없이 바라보네.

오대五代 안수晏殊 〈접련화蝶戀花〉

북송시대 시인 안수가 쓴 시 〈접련화蝶戀花〉의 한 구절이다. '접련화'는 '나비
가 꽃을 그리워하다'는 낭만적인 제목으로, 중국의 시인과 화가들에게 수많
은 영감을 주었다. 안수 역시 떠난 임을 잊지 못해 싸늘한 가을밤을 새우고
난 후, 누대에 올라 먼 풍경을 바라보는 쓸쓸한 심경을 시에 담고 있다.

청 말기 국학대사인 왕국유王國維는 〈경계론境界論〉에서 시의 이 구절을 새
롭게 해석했다. 그는 위대한 업적과 학문을 성취했던 사람들이 거쳤던 학문
과 삶의 세 가지 경지를 '인생삼경계人生三境界'라고 하며 그에 걸맞은 시 세 수
를 인용했는데, 그 첫 번째가 바로 〈접련화〉에 실려 있는 이 구절이다.

안수는 이 구절에서 연인을 그리는 쓸쓸한 마음을 노래했지만, 왕국유는
더 높은 이상을 실현하기 위해 꿈을 키우고 철저하게 전략을 세우는 자세로

천년의 내공

봤다. 높은 이상을 품고 그것을 실현하려면 당연히 해야 할 일이 있다. 바로 공을 자신의 안에 쌓는 것, 공부다. 든든한 실력을 쌓지 않고 높은 이상만 생각한다면 꿈은 당연히 이룰 수 없다. 하지만 공부를 하는 데 어려움이 없을 수 없다. 시인이 "어젯밤 가을바람에 푸른 나무 시들었네"라고 표현했던 것처럼 고난과 어려움이 닥치기 마련이다. 이때 더 높은 이상을 세우고, 자신의 앞날을 치밀하게 준비하는 마음자세가 필요하다. "홀로 높은 누대에 올라, 하늘 끝닿은 길을 빠짐없이 바라보네"라는 구절은 바로 이러한 각오를 이른 것이다.

왕국유는 '인생삼경계'의 두 번째 단계로 역시 북송시대 방랑시인 유영의 같은 제목의 시 〈접련화蝶戀花〉에서 한 구절을 인용했다.

"옷 띠가 점점 느슨해지더라도 결코 후회하지 않으리. 그대 향한 그리움에 초췌해지더라도(의대점관종불회 위이소득인초췌衣帶漸寬終不悔 爲伊消得人憔悴)."

이 구절 역시 지셴린이 선정한 148구에 들어 있는데, 사랑하는 연인을 그리워하며 초췌해지는 모습을 그리고 있다. '인생삼경계'에서는 성취의 두 번째 단계로 최선을 다해 노력하는 모습에 비유했다. 목표를 이루기 위해서는 몸이 여위어 갈 정도로 노력해야 한다는 것이다. 전국시대의 명 책사 소진은 자신의 허벅지를 찌르며 공부했고, 한시대의 손경은 졸릴 때면 머리를 대들보에 매달아놓고 공부했다. 성공은 어떤 자질을 타고 났느냐가 아니라 얼마나 열심히 노력했느냐에 따라 결정된다.

'인생삼경계'의 마지막 구절은 남송시대 시인 신기질의 〈청옥안靑玉案〉에 나오는 구절이다.

"무리 속에 그대 찾아 천 번 백 번 헤매었지. 홀연히 고개 돌려보니 그대 그곳에 있네, 등불이 환하게 비추는 곳에."

이 마지막 구절은 연인을 찾아 헤매다 드디어 재회하는 기쁨을 노래하고 있다. '인생삼경계'에서는 드디어 목표를 이루고 성공을 얻는 기쁨의 순간이다. 비록 시간을 정할 수 없고, 어려움이 있을지라도 노력의 결과는 반드시 얻게 된다. '인생삼경계', 삶을 살아가면서 크게 도움이 되는 글이다. 하지만 무엇보다 중요한 것은 시작이다. 어떤 일을 하더라도 삶에서 어려운 시기가 없을 수는 없다. 아무리 푸른 나무라고 해도 시드는 시기가 있는 것이다. 멀리 내다보고 세심하게 준비했던 사람은 이 시기를 이겨내고 자신의 이상을 이룰 수 있었다.

"마음이 정한 사람은 그 말도 신중하고 여유가 있고, 마음이 안정되지 못하면 그 말이 속되고 급하다"라고 《근사록》에는 실려 있다. 눈앞의 이익과 단기적인 실적에 연연한다면 큰 이상을 말할 수 없다. 어른의 말에는 여유와 감성이 담겨 있어야 한다. 시의 한 구절을 통해 비전을 제시할 수 있는 사람은 공감의 리더가 될 수 있다.

천년의 내공

"진정한 어른이란
같은 눈높이로 마주보는 사람입니다.
이해하기 어려운 심오한 말은
오히려 듣는 이의 눈을 흐릴 뿐이지요."

지셴린, 《다 지나간다》 중에서.

5

치우침이 없어야
대의를
실천한다

대공무사大公無私

사소한 타협으로
모든 것이 무너지는 가치,
도덕

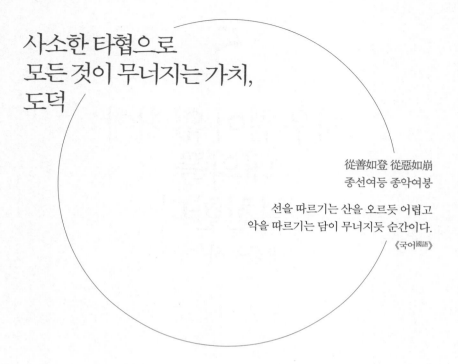

從善如登 從惡如崩
종선여등 종악여붕

선을 따르기는 산을 오르듯 어렵고
악을 따르기는 담이 무너지듯 순간이다.
《국어國語》

산의 정상을 밟기 위해서는 한 걸음 한 걸음 차근차근 걸음을 옮겨야 한다. 정상에 빨리 다다르고 싶은 마음에 뛰어서도 안 되고, 쉽게 가고 싶어 지름길을 찾아서도 안 된다. 만약 욕심을 부려 밑에서부터 뛰어올라간다면 정상은커녕 중간에도 미치기 전에 지친다. 만약 있지도 않은 지름길을 찾아다닌다면 길을 잃고 헤매거나 벼랑에서 떨어질 수도 있다.

  선을 쌓는 일도 이와 같다. 올바른 길을 따르기 위해서는 평소 생활을 바르게 해야 함은 물론 꾸준히 바른 길을 따라야 한다. 단 한 번 크게 좋은 일을 한다고 될 일이 아닐뿐더러, 하다가 포기하면 역시 올바른 길을 갈 수 없다. 하지만 악을 따르는 일은 너무나 쉽다. 선을 따르는 것과 같은 인내가 필요하지 않다. 또한 견디기 힘들 정도로 유혹이 강렬하다. 따라서 선을 포기

천년의 내공

하고 악을 따르는 것은 담이 무너지는 것처럼 한순간에 일어난다. 산으로 비유하자면 발을 헛디뎌 절벽에 떨어지는 것과 같다.

지금 소개하는 명구절은 《국어》 〈주어하〉에 실려 있는 글이다. 원래 중국 속담에 있는 말을 위의 대부 표혜가 주의 재상 단목공에게 인용해서 말했다. 망해가는 주나라의 재건을 위해 성을 쌓는 데 도움을 달라는 요청에, '이미 나라가 망하는 것을 되돌릴 수 없으니 소용없는 일이다'라는 뜻에서 이 말을 했다. 나라를 번영시키기 위해서는 끊임없이 노력하고 한순간도 허투루 해서는 안 되지만, 잠깐의 방심과 실수로 나라가 망하기는 한순간이다. 그리고 한 번 무너지기 시작한 나라는 성을 쌓는 것과 같이 일시적인 대비로는 결코 지킬 수 없다.

중국 역사상 최고 번성기를 이루었던 당 태종은 "창업은 어렵지만 수성도 쉽지 않다"라고 말했다. 당 태종은 '군주의 교만과 사치로 나라는 순식간에 무너지니 나라를 지키는 일이 결코 쉽지 않다'라는 명신 위징의 말에 호응하면서, 나라의 군주와 신하들은 경계하는 마음을 늦춰서는 안 된다는 뜻을 신하들에게 당부했다. 이처럼 고대로부터 나라를 지켜나가는 일은 결코 쉬운 일이 아니었다. 군주와 신하들이 올바른 통치철학과 투철한 애민정신으로 무장하고 있어야 나라는 존립될 수 있었다. 나라를 세우고 높은 자리에 올랐다고 해서 군주와 신하들이 무소불위의 권력을 휘두르고, 사치와 탐욕으로 방탕했던 나라들은 예외 없이 한 순간에 패망하고 말았다.

오늘날에도 마찬가지다. 크게는 나라에서부터 작게는 소규모 조직에 이르기까지, 조직을 이끄는 사람들은 반드시 스스로의 삶을 철저하게 점검할 수 있어야 한다. 잠깐의 잘못된 생각과 판단으로 바르지 못한 길로 빠지게 되면 조직은 한순간에 무너진다. 결국 자신의 삶 역시 조직과 함께 무너지고 만다. "짐은 무겁고 길은 멀다(임중이도원任重而道遠)." 《논어》〈태백〉에서 공자의 제자 증자는 이와 같이 바른 공직자의 자세를 말하고 있다. 맡고 있는 일과 직책이 마음대로 휘두를 수 있는 권세가 아니라, 나라와 조직을 위해 져야 하는 무거운 짐이라는 사실을 절실히 체감할 때 본분을 다할 수 있다.

조직을 이끌다보면 훌륭한 능력을 갖췄으나 올바른 도덕성을 겸비하지 못한 사람을 간혹 보게 된다. 이들은 탁월한 실력과 좋은 실적을 자랑하지만 그 수단과 절차에 정당성은 없다. 오랜 시간에 걸쳐 몸에 익은 경쟁주의와 독단적 이기주의의 교육이 만들어낸 폐해다. 또한 한 사람의 부패한 개인은 쉽게 다른 사람들을 물들여 조직을 무너뜨린다. 사람을 이끄는 이들이 끊임없이 바른 품성과 도덕성을 강조해야 하는 이유다.

"선을 따르기는 산을 오르듯 어렵고 악을 따르기는 담이 무너지듯 순간이다."

태산과 같은 중국 명산을 가보면 이 명구절이 새겨진 석각을 많이 보게 된다. 산을 오르며 소중한 삶의 진리를 성찰해보라는 의미일 것이다. 2013년 시진핑 중국 국가 주석이 각계의 뛰어난 청년들과 대담을 할 때 올바른 도덕성의 중요성을 강조하면서 이 말을 명심하라고 당부했다.

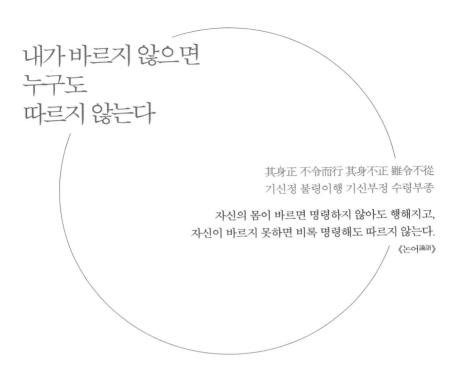

내가 바르지 않으면
누구도
따르지 않는다

其身正 不令而行 其身不正 雖令不從
기신정 불령이행 기신부정 수령부종

자신의 몸이 바르면 명령하지 않아도 행해지고,
자신이 바르지 못하면 비록 명령해도 따르지 않는다.

《논어論語》

《논어》〈안연〉을 보면 노나라 재상 계강자와 공자가 대화를 나누는 장면이 나온다. 계강자는 노나라의 실권자로서 그 당시 노의 군주였던 애공보다도 더 큰 권력을 휘두르고 있는 인물이었다. 그의 아버지는 계환자인데, 폭정을 휘둘러 공자로 하여금 천하주유를 떠나게 만들었던 인물이다. 계환자는 죽을 때가 되어서야 자신이 공자를 떠나보낸 결정이 실책임을 깨닫고, 계강자에게 공자를 다시 불러와서 노나라를 잘 다스리라고 당부한다. 계강자는 여러 정치적인 이해관계 때문에 공자를 직접 기용하지는 않았지만, 공자의 제자 염구를 가신으로 삼았고, 공자를 정치적 주요 현안에 대해 자문을 구하는 존재로 삼았다. 지금도 정치무대에서 간간이 보게 되는 '멘토' 역할을 요청했던 것이다.

계강자는 정치를 물었고 공자는 이렇게 대답했다.

"정치란 바르게 하는 것입니다. 재상께서 바른 도리로 나라를 이끌면 누가 감히 바르지 않은 일을 하겠습니까?" 유명한 '정자정야政者正也'의 구절이다. 공자의 대답이 마음에 안 들었는지 계강자가 또 '나라에 도둑이 많은데 어떡해야 하는지'를 물었다. 그러자 공자가 대답했다.

"재상께서 욕심을 가지지 않으시면 비록 상을 준다고 해도 백성은 도둑질을 하지 않을 것입니다."

그 대답을 듣고 계강자는 다시 물었다.

"만일 무도한 자를 죽여서 올바른 도리로 이끈다면 어떻겠습니까?"

그러자 공자가 이렇게 대답했다.

"재상께서는 어찌 정치를 하면서 죽이는 방법을 쓰려고 하십니까? 귀하께서 선해지고자 하면 백성도 선해지는 것입니다. 군자의 덕은 바람이고 백성의 덕은 풀이니, 풀 위에 바람이 불면 풀은 반드시 눕게 마련입니다."

계강자는 나라가 혼란하고 도덕이 제대로 서 있지 않은 것을 백성의 탓으로 돌리고 있고, 공자는 '지도자가 올바르지 않아서 그렇다'고 말해주고 있다. 나라의 지도자가 먼저 솔선수범을 보여야 백성들이 그를 본받아 따른다는 것이다.

사람들을 올바로 이끌기 위해 가장 먼저 필요한 것은 바로 자기 자신부터 올바로 세우는 일이다. 《대학》의 핵심구절 가운데 하나는 '수신제가치국평천하修身齊家治國平天下'다. 국가를 다스리고 천하를 안정시키는 꿈이 있다면 가까운 일부터 시작해야 한다. 먼저 자신을 바로세우고, 자기 주변을 잘 정리해 사적인 영향이 미치지 않도록 단속해야 한다. 스스로 올바르지 않으면서 권력과 강압으로 이끌기만 하면 사람들은 마지못해 따른다. 먼저 솔선수범하는 자세로 마음을 감동시켜야 조직에 속한 이들이 자발적으로 조직의 발전을 위해 몸과 마음을 다하게 된다.

"요즘 사람들은 충성심이 없어!"라고 개탄하는 경우를 종종 보게 된다. 젊은이들의 이기심과 개인주의를 탓하는 것이지만, 이렇게 말하는 사람들이 정작 스스로를 돌아보는 모습은 보기 힘들다. 충성심이란 밑으로 강요하는 것이 아니라 리더와 부하가 함께 만들어가는 것이다. 진정한 리더는 문제가 생겼을 때 부하에게 책임을 묻기 전에 자신의 잘못을 먼저 돌아보고 책임을 지는 사람이다. "천하에 신하가 없음을 걱정하지 말고 신하를 제대로 쓸 수 있는 군주가 없음을 걱정하라(관자)"는 말로 스스로를 돌아볼 수 있어야 한다.

> "자신의 몸이 바르면 명령하지 않아도 행해지고, 자신이 바르지 못하면 비록 명령해도 따르지 않는다."

이 구절은 올바른 리더의 자세를 촉구하며 인용해서 쓰기에 좋다. 시진핑 중국 주석이 과거 한 칼럼에서 '인격으로 자신을 관리하는 지도자가 우수한 리더'라고 하며 인용했다.

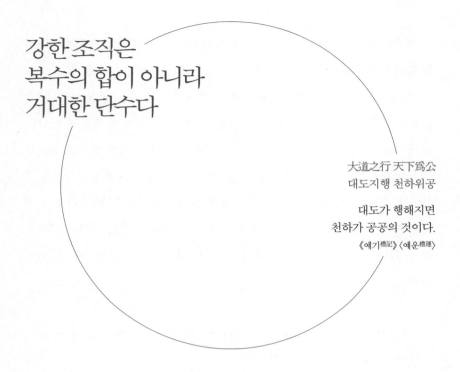

강한 조직은
복수의 합이 아니라
거대한 단수다

大道之行 天下爲公
대도지행 천하위공

대도가 행해지면
천하가 공공의 것이다.
《예기禮記》〈예운禮運〉

이상적인 사회를 뜻하는 '대동사회大同社會'의 출전出典인《예기》〈예운〉에 실려 있는 구절이다. 공자가 농사의 신을 모시는 제사에 초빙되어 빈賓으로 참석한 후, 조국인 노나라의 도덕적 피폐함을 탄식하며 했던 말이다.

공자가 제사가 끝난 후 탄식을 하자 제자 자유子游가 그 까닭을 물었다. 그러자 공자는 대도大道가 행해지던 요순임금의 시대에는 '천하위공天下爲公', '천하가 모두 공공의 것'이었다고 하며 그 기록된 바를 구체적으로 말해주었다.

"어질고 능력 있는 사람을 택하여 가르치니 서로 화목하였고, 자기 가족과 어버이만을 식구로 여기지 않았으며, 자기 아들만을 사랑하지 않았다. 노인들은 노년을 편안히 보낼 수 있었고, 장년들에게는 항상 일자리가 주어졌으며, 어린이들은 보살핌을 받았다. 병자는 치료를 받았으며, 남자에게는 각

분야의 직업이 있었고, 여자는 결혼을 해서 가정을 꾸릴 수 있었다. 특히 힘은 각자의 재능에서 나오는 것이지만 그 힘을 반드시 자신만을 위해 쓰지 않았다. 그러므로 도적질과 혼란을 일으키는 부도덕한 일들이 일어나지 않았고, 굳이 바깥문을 단속하지도 않고 살았다. 이런 세상을 대동의 세상이라고 한다."

공자는 그 시대의 이상적인 사회를 말했던 것이지만, 이는 오늘날 진정한 복지사회의 조건을 정확하게 제시하고 있다. 이타심과 배려가 있고, 차별받는 계층이 없으며, 재능에 따라 직업이 주어지고, 경제적 이유로 결혼을 못하는 젊은이가 없는 세상, 바로 우리가 꿈꾸는 세상이다. 특별히 큰 것을 바라지 않으면서도 소박한 바람이 이루어지는 세상, 이것이 공자가 꿈꾸던 이상적인 나라였다.

하지만 공자는 그 당시 노나라가 이미 '대도'가 사라진 세상이 되었다고 한탄했다. 천하를 개인의 집으로 삼는 '천하위가天下爲家'의 세상이 되었고, 각자 자기 부모, 자기 가족만 챙기고 재물은 오직 자기를 위해서만 쓰는 철저한 개인주의 세상이 되었다는 것이다. 오직 능력 있는 자를 현명한 사람이라고 칭하며 자기가 얻은 공은 자기 것으로 하게 되므로, 교묘한 수단이 생겨나고 마찰이 생겨난다는 것이다.

하지만 공자는 대동사회에 미치지 못하더라도 지도자가 나라를 잘 다스리면 소강小康의 시대는 된다고 했다. 예의를 기강으로 삼아 부자간을 비롯해 형제와 부부를 화합하게 하고, 인의로 다스려지는 의로운 세상, 겸양의 도로 백성들을 이끄는 세상을 소강小康이라고 한다. 소강小康은 '작은 평안함'으로, 훌륭한 지도자가 예를 기반으로 다스리는 '평안한 세상'이다. 기본적인 예의와 정의가 지켜지는 사회라고 할 수 있다. 만약 부패한 지도자가 이런 원칙을 지키지 않는다면 반드시 패망하고 마는 '법치의 국가'이기도 하다.

　요즘 세상에서 천하가 공공의 것이 되는 대동사상은 현실에 맞지 않을지도 모른다. 하지만 사회는 물론 어떤 조직에서도 극단적인 이기주의와 개인주의가 팽배하다면 공동의 목적을 이루기는 어렵다. 리더는 이들의 마음을 하나로 묶어 한 방향을 바라보도록 만들어야 한다. 그리고 같은 목적으로 힘을 합쳐 노력하게 만들어야 한다. 그 전제는 바로 공정과 정의가 지켜지는 것이다. 《예기》에 있는 "하늘은 사사로이 덮는 것이 없고 땅은 사사로이 싣는 것이 없으며 해와 달은 사사로이 비추는 일이 없다"는 말은 누구에게나 공평무사해야 하는 리더의 정신과 행동을 말한다.

"대도가 행해지면 천하가 공공의 것이다."

　대도의 정신을 강조하고 싶을 때 인용할 수 있는 말이다. 이 명구는 쑨원孫文의 좌우명으로, 혁명 중에 '대동사회'라는 말을 사용하면서부터 널리 알려지게 되었다.

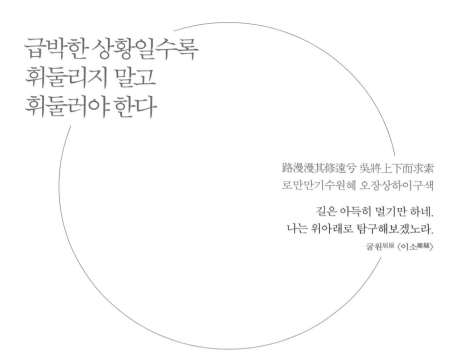

급박한 상황일수록
휘둘리지 말고
휘둘러야 한다

路漫漫其修遠兮 吾將上下而求索
로만만기수원혜 오장상하이구색

길은 아득히 멀기만 하네.
나는 위아래로 탐구해보겠노라.

굴원屈原〈이소離騷〉

굴원은 초나라의 왕족으로 초 회왕의 신임을 받아 20대부터 나라의 중책을 맡고 있었다. 당시는 진의 장의가 연횡책으로 전국시대 6개국과 첨예한 갈등을 빚고 있을 때였다. 굴원은 진나라의 책략을 내다보고 이웃 제나라와 합해 진에 대적해야 한다는 합종책을 주장했으나 받아들여지지 않았고, 초 회왕은 결국 진나라로부터 죽임을 당했다. 굴원은 회왕의 죽음을 방치했던 초왕실을 비난했다가 양자강 이남의 습지로 유배를 당하게 된다. 이후 잠깐 조정으로 복귀했으나 다시 모함을 받고 유배된다. 거기서 그는 자신의 충정을 알아주지 않는 현실과 뜻을 펼치지 못하는 처지를 비관해 강에 몸을 던져 자살을 한다.

비극적인 생을 살았지만 〈어부사漁父詞〉, 〈이소離騷〉 등의 걸출한 시를 통해 중국 최고의 비극시인으로 지금까지 추앙을 받고 있으니 그의 삶이 결코 헛된 것은 아니었다. 사마천은《사기》〈굴원가생열전〉에서 이렇게 말했다.

"그는 순수하기에 자연의 향취를 잘 노래하고 있으며, 그 행위가 깨끗하므로 죽을 때까지 세상에 영합하지 않았다. 그는 진흙 속에서도 더러워지지 않은 사람이다. 이러한 그의 지조는 해와 달과 그 빛을 다툴 만하다."

역사적 인물에 대한 냉정하고 엄격한 평가로 칭찬에 인색했던 사마천으로서는 극찬이라고 할 수 있다.

위의 글은 '근심을 만나다'라는 뜻의 〈이소〉에 실려 있는 구절이다. 시는 자신의 출생에서부터 지금 처지에 대한 안타까움, 초나라 현실에 대한 울분, 그리고 신하로서 왕을 그리워하는 심정을 상징적이면서도 서정적으로 노래하고 있다. 지극히 비극적인 상황을 이야기하면서도 시의 아름다움을 잃지 않았고, 군주에 대한 충정을 잘 표현함으로써 지금까지 최고의 명작으로 꼽히고 있는 시다.

굴원은 이 시에서 요리사 출신의 고요, 노동자 출신의 부열, 80세의 나이에 발탁된 강태공의 고사를 이야기하면서 자신 역시 현명한 군주에 의해 발탁될 소망을 품고 있었다. 비록 굴원은 꿈을 이루지 못하고 강에 몸을 던지고 말았지만, 시에 담긴 그의 충정은 우리의 마음을 크게 두드린다.

위의 구절에서 '길은 아득히 멀기만 하네'라는 말은 현재 상황이 결코 녹록지 않다는 것을 말해주고 있다. 세상은 어지럽고 관리들은 부패해 함께할 현명한 군주는 찾기 어렵다는 것이다. 이처럼 쉽지 않은 상황에서도 결코 포기하지 않고 자신의 모든 힘을 다해 꿈을 이룰 방법을 찾아보겠다는 의지를 '나는 위아래로 탐구해보겠노라'는 시구에 담았다. 길이 멀고 아득한 상황, 어렵고 급박한 상황일수록 위아래로 탐구하는 자세를 잃어서는 안 된다. 특히 중요한 일을 추진하거나 앞두고 있을 때 신중하게 모든 상황을 하나하나 짚어볼 수 있어야 한다. 그리고 다가오는 위기를 전망하고 대비하며 이상과 비전으로 목표를 세우고 멀리 내다볼 수 있어야 한다.

원자바오 전 중국 총리가 2004년 전국인민회의 폐막식 기자회견에서 인용해서, 중국인들 사이에 크게 유행했던 말이다. 당시 중국은 경이적인 경제 성장을 이어가고 있었지만 한편으로는 사스의 위협과 경제발전의 불균형으로 인한 위험도 도사리고 있는 상황이었다. 원자바오 총리는 이와 같은 상황을 솔직하게 토로하면서, 한편으로는 20년 안에 미국을 능가하는 세계의 슈퍼파워가 되려는 야망을 감추지 않았다. 원자바오는 이러한 자신의 꿈을 굴원의 시 구절을 통해 피력했다.

어떠한 상황에서도 흔들리지 않고 담대하게 비전을 제시할 수 있는 힘이 진정한 리더의 자질이다.

"길은 아득히 멀기만 하네. 나는 위아래로 탐구해보겠노라."

위기가 닥쳐서 모두가 흔들릴 때 이 한마디로 당당함을 보여줄 수 있으면 좋겠다. 큰 프로젝트를 시작할 때, 혹은 진행하던 일이 어려움에 닥쳤을 때에도 쓸 수 있다. '좀 더 신중하게 생각해서 결정하자'는 뜻으로 인용할 수도 있다.

인맥은
찾아가는 것이 아니라
찾아오도록 하는 것이다

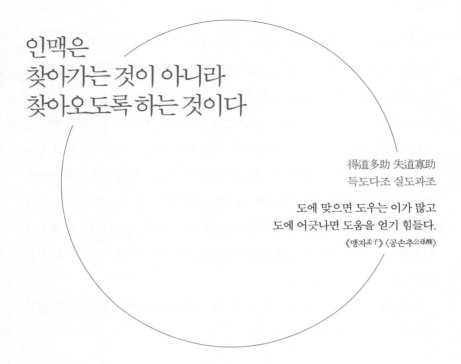

得道多助 失道寡助
득도다조 실도과조

도에 맞으면 도우는 이가 많고
도에 어긋나면 도움을 얻기 힘들다.

《맹자孟子》〈공손추公孫醜〉

'영토에 성을 튼튼히 쌓아도, 지형이 험준해 지형적으로 이점이 있어도, 혹은 막강한 군대를 키워 나라를 지켜도 천하에 위세를 떨칠 수는 없다. 오직 올바른 도로 나라를 다스려야 나라를 지킬 수 있다'는 것이 바로 이 명구절과 함께《맹자》에 실려 있는 글이며, 맹자가 말하고자 하는 핵심이다. 맹자는 나라를 지키는 가장 좋은 방법이 올바른 도를 통해 나라를 다스리는 것이라고 말하고 있다.

그 시절에는 오늘날과 달리 국경의 개념이 철저하지 않아서 백성들의 교류가 자유로웠다. 무도한 군주가 포악한 정치를 하는 나라를 떠나 선정이 베풀어지는 나라로 백성들이 거주를 옮기는 일도 종종 있었다. 겉으로 보기에 부강한 나라가 아니라 군주가 올바른 도를 통해 통치하는 나라로 모였던 것

천년의 내공

이다. 그래서 그 당시에는 백성이 많이 사는 나라가 선정이 베풀어지는 나라로 인정받았고, 군주들은 자기 나라에 많은 백성이 사는 것을 자랑스럽게 생각하고 그렇게 되기 위해 노력했다.

맹자는 올바른 정치로 백성을 편안히 다스릴 때 백성의 지지를 얻을 수 있다고 했다. 군주가 덕에 의거해 정치를 하면 백성들이 모여들고 화합해 나라가 부강해진다. 그러면 이웃나라들 역시 함부로 싸움을 걸 수 없을 뿐 아니라, 위기가 닥쳤을 때 서로 도울 수 있는 나라가 된다. 만약 군주가 무도해 폭정을 베푼다면 백성들은 그 나라를 떠나버릴 것이고, 부강한 이웃나라가 침략을 해도 막을 길이 없다.

이는 나라뿐 아니라 개인에게도 적용되는 말이다. 아무리 막강한 힘과 권력을 쥐고 있어도 정의롭지 못하면 사람들이 모이지 않는다. 권력에 붙어 출세를 도모하려는 사람만 꼬일 뿐, 마음으로 존경해 주위에 모이는 사람은 없다. 결국 힘과 권력을 내세우는 사람 곁에는 '교언영색'으로 비위를 맞추려는 사람만 들끓게 된다. 하지만 막상 곤란과 어려움에 처하게 되면 이런 사람들은 모두 사라져버린다. 힘과 권력을 좇아왔기 때문에 그것이 사라지면 함께 사라지는 것이다.

반대로 스스로 겸손하고 도덕적으로 깨끗한 사람에게는 사람들이 모이기 마련이다. 비록 외적인 힘은 미약하게 보일지 몰라도, 강력한 내면의 힘이 있기 때문이다. 도덕적으로 깨끗하다는 것은 단순히 마음의 결이 선하고 고운 게 아니라 깨끗한 삶을 지키겠다는 각오이자 그렇게 살아온 하루하루가 쌓인 결과다. 이런 강한 내공을 가진 사람에게 사람들은 공감대를 가지고, 이런 공감의 힘이 다시 사람들을 끌어 모은다. 그리고 그가 어려움에 처했을 때 힘을 다해 돕는다. 《삼략》에 있는 "사람들과 좋아하는 바가 같으면 이루지 못할 것이 없고, 사람들과 미워하는 바가 같으면 한 마음으로 따를 것이다"라는 말이 바로 덕으로 함께 할 때 얻을 수 있는 공감의 힘을 잘 말해주고 있다.

오늘날은 인맥의 시대라고 불릴 정도로 인간관계의 중요성을 강조하는 시대다. 심지어 직장생활마저 공명정대함보다 개인적인 연줄에 따라 좌우되기도 한다. 그래서 많은 사람들이 힘이 있는 사람, 부와 권력이 있는 사람과 관계를 맺기 위해 노력하고 있다. 이런 풍토로 인해 공적인 일들이 개인적인 이해타산과 사적인 친분에 의해 결정된다면 조직의 기강은 무너지고 사기는 땅에 떨어진다. 자신의 실력이나 노력이 정당하게 인정받지 못하게 되면 뛰어난 인재들은 떠나고 만다. 빈껍데기 조직이 되는 것이다.

"도에 맞으면 도우는 이가 많고 도에 어긋나면 도움을 얻기 힘들다."

화춘잉華春瑩 중국 외교부 대변인이 2013년 야스쿠니 신사를 참배했던 아베 일본 총리를 두고, "자기 역사조차 제대로 직면하지 않고, 직시하지 않는 사람이 어떻게 국제사회의 신뢰를 얻을 수 있겠는가?"라고 말하며 이 구절을 인용했다. 그 당당함이 부럽다.

어른이란
자신의 신념에 확신을 가진
당당한 존재다

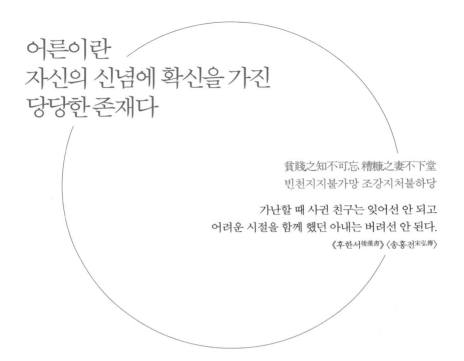

貧賤之知不可忘 糟糠之妻不下堂
빈천지지불가망 조강지처불하당

가난할 때 사귄 친구는 잊어선 안 되고
어려운 시절을 함께 했던 아내는 버려선 안 된다.

《후한서後漢書》〈송홍전宋弘傳〉

후한의 초대황제 광무제에게는 미망인 누이 '호양공주'가 있었다. 호양공주
는 광무제의 신하 송홍에게 마음을 두고 있었는데, 안타깝게도 송홍에게 이
미 아내가 있었다. 광무제는 누이의 성화에 못 이겨 넌지시 송홍의 의향을
물었다.

"사람이 지위가 높아지고 부유해지면 아내를 바꾸어도 흠이 되지 않는다
고 합니다. 공의 마음은 어떻소?"

그러자 송홍이 대답했던 말에 이 명구절이 있다.

"폐하, 제가 듣기로 가난할 때 사귄 친구는 잊어선 안 되고 어려운 시절
을 함께 했던 아내는 버려선 안 된다고 했습니다. 제가 이제 벼슬을 얻고 영
화를 누린다고 해서 술지게미와 쌀겨를 함께 먹던 조강지처를 어찌 버릴 수

있겠습니까?"

우리가 잘 아는 '조강지처糟糠之妻'의 출전이다. 조糟는 술지게미, 강糠은 쌀 겨를 말하는데, 요즘 사람들은 잘 모르지만 어렵고 힘든 시절에는 긴요한 양식으로 삼았던 것들이다.

이 말을 들은 광무제는 누이에게 '사불해의事不諧矣'라고 말했다. '일이 뜻대로 되지 않는다'라는 뜻인데, 우리가 흔히 하는 말로 "틀렸어!"가 되겠다. "그 친구가 워낙 깐깐해야지"라는 말이 덧붙여졌는지도 모르겠다. 강직한 신하의 말에 많이 머쓱했던 광무제의 심경이 그 말에서 잘 드러나고 있다. 비록 혈육인 누이를 위해 했던 말이지만 그 말이 의롭지 못하다는 것을 알고 있었을 것이고, 신하의 당당하고 올바른 대답에 스스로 부끄러운 마음 또한 있었을 것이다.

광무제는 한나라 고조의 9대손으로 전한 말기의 혼란을 평정하고 후한을 세웠던 입지전적인 인물이었다. 또한 백성을 위해 선정을 베풂으로써 지금까지도 훌륭한 황제로 칭송받고 있다. 그런 그도 혈육인 누이의 성화에는 견디기 어려웠을 것이고, 결국 꼿꼿한 신하인 송홍에게 무안을 당하고 말았다. 아무리 자신의 소신이 옳고 바르다고 해도 최고 권력자인 황제 앞에서 당당히 밝힌다는 것은 보통 어려운 일이 아니다. 송홍은 무소불위의 권력을 가진 황제의 부탁과 황제의 매부가 될 수 있는 절호의 기회를 단호히 거절했다. 참으로 그 황제에 그 신하였고, 이런 군신이 어우러졌기에 후한 초기에 최고의 전성기를 누릴 수 있었을 것이다.

부귀해진 후 친구를 잊고 아내를 버리는 것은 탐욕에 빠져 신의를 버리는 것이다. 《순자》에는 "부자가 되고 싶은가? 치욕을 참고, 목숨을 걸고, 의로움을 버려라"라는 말이 실려 있다. 부자가 되려면 이런 일들을 해야 하는데 이러고도 부자가 되고 싶으냐는 역설적인 물음이다. 하지만 사람들은 부와 권력 앞에서 쉽게 무너지고 만다. 부와 권력이 주는 쾌락이 그만큼 강렬하기 때문이다. 그래서 제나라의 명재상 안영^{晏嬰}은 "부유하지만 교만하지 않은 자는 아직 들어보지 못했다(부이불교자 미상문지^{富而不驕者 未嘗聞之})"라고 말했다. 그만큼 부와 권세 앞에서도 겸손하기는 어려우므로 스스로 자중하라는 가르침이다.

부와 권세 앞에서 당당하게 자신의 소신을 표현하고, 어려웠던 과거를 잊지 않는 송홍의 말은 우리에게 크게 울림을 준다. 하지만 우리 세태를 돌아볼 때 과연 얼마나 떳떳할 수 있을지는 자신하기 어렵다. 나를 좋아해주고 신뢰하는 상사로부터 거절하기 어려운 부탁을 들었을 때, 그것이 의롭지 못하다고 해서 과감하게 뿌리칠 수 있는 사람은 얼마나 될까. 그것이 이익을 안겨주는 일이라면 더욱 그렇다. 물론 상사의 제안을 거스르면서 무작정 거부하는 것은 지혜롭지 못한 일일 수도 있다. 하지만 옳지 못한 일에서는 타협해서 안 된다. 나를 망치고 상사도 망치는 일이 되기 때문이다.

"가난할 때 사귄 친구는 잊어선 안 되고 어려운 시절을 함께 했던 아내는 버려선 안 된다."

한 단계 한 단계 지위가 높아지고, 꿈을 이루어갈수록 더욱 새겨야 할 말이다. 부와 권력의 유혹은 너무 강해서 한 번 취하게 되면 쉽게 빠져나오지 못한다. 중국 정저우 시 주석 왕장^{王璋}이 공무원 대상 강연에서 "출세할수록 어려울 때 함께 했던 가족을 잊어서는 안 된다"고 강조하며 이 명구를 인용했다.

지도자란
무리 안에서
가장 외로운 자리다

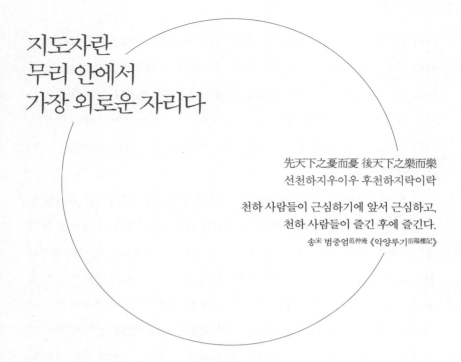

先天下之憂而憂 後天下之樂而樂
선천하지우이우 후천하지락이락

천하 사람들이 근심하기에 앞서 근심하고,
천하 사람들이 즐긴 후에 즐긴다.

송宋 범중엄范仲淹 《악양루기岳陽樓記》

송시대 정치가 겸 문인이었던 범중엄范仲淹이 쓴 〈악양루기岳陽樓記〉의 한 구절이다. 그 문장 가운데 이 명구절이 가장 유명해 오늘날까지도 많은 정치인과 지도층 인물들이 좌우명으로 삼고 있다. 악양루는 양쯔강과 둥팅호 등 아름다운 풍광을 내다볼 수 있는 곳으로 수많은 사람들이 찾는 관광지다. 옛날에는 유배를 당한 사람이 자신의 처지를 비관하며 비탄에 잠기기도 했고, 풍광에 취한 시인들이 아름다운 문장을 남기며 기뻐하기도 했다. 하지만 범중엄은 진정으로 나라를 위하는 사람들은 이런 사적인 감정에 취하지 않는다고 하며 이 구절을 말했다.

"조정의 높은 곳에 있던 때는 오히려 백성들을 걱정했고, 조정에서 물러나 험한 시절을 보낼 때는 임금을 걱정하느라 세상의 즐거움에 취할 겨를이

천년의 내공

없었다"고 하며, 그들은 "천하 사람들이 근심하기에 앞서 근심하고, 천하 사람들이 즐긴 후에 즐긴다"는 각오로 살았다는 것이다.

그리고 범중엄은 '그들을 본받고 싶다'는 자신의 뜻을 이 문장에서 밝히고 있다. 이처럼 절절한 문장을 남겼듯이 범중엄 역시 충직한 삶을 살았다. 말과 글로만 표현하는 겉치레가 아니라, 진정한 청백리의 길을 걸었던 것이다. 이러한 언행일치의 실천이 있었기에 그의 문장을 후세 사람들이 더욱 사랑하고 귀감으로 삼아 자신의 삶을 성찰했을 것이다.

이 문장은 '선우후락先憂後樂'이라는 사자성어로도 잘 알려져 있으며, 서양 귀족들의 도덕적 의무를 뜻하는 '노블레스 오블리주Noblesse oblige'의 동양적 표현이자 훨씬 더 강력한 개념이라고도 볼 수 있다. 노블레스 오블리주가 '귀족들이 누리는 지위나 특권에 상응하는 의무를 다해야 한다'는 의미인 데 반해, '선우후락' 정신은 '먼저 걱정하고 뒤에 누린다'는 점에서 의무와 책임을 먼저 앞세우고 있기 때문이다. 실제로 '세상 사람들이 즐긴 후에 즐긴다'는 말의 진정한 의미는 '즐기지 않겠다'는 뜻과 다름이 없다. 세상 사람들이 모두 즐거워한 다음에야 즐거움을 누리겠다고 하니, 도대체 언제 그 즐거움을 누릴 수 있을 것인가?

청렴한 처신과 국민의 안위라는 무거운 짐을 지고 가는 사람이 자신의 사명보다 먼저 욕심과 일신의 즐거움을 앞세운다면 책임을 질 만한 자격이 없는 것이다. 꼭 공직자가 아니더라도 조직을 이끄는 이들 모두에게 해당하는 말이다. 리더는 자신에게 모든 조직원들의 미래가 달려 있다는 점을 분명히 인식하고, 먼저 자신을 희생할 수 있어야 한다. 먼저 희생하고 이끌지 않으면 누구도 따르지 않는다. 리더의 이해타산에는 부하들 역시 이해타산으로 맞서게 된다. 또한 조직의 위기 앞에서 자신의 즐거움만 추구하는 사람을 끝까지 따르는 사람은 없는 법이다.

《논어》〈안연〉에는 "인한 사람은 말을 신중하게 한다"고 실려 있다.《예기》에서는 "군자는 말을 아끼고 소인은 말을 앞세운다"라고 했다. 우리가 잘 아는 '장부일언중천금丈夫一言重千金'도 지도자의 말은 가볍지 않고 무게가 있어야 한다는 의미를 담고 있다. 그만큼 지도자의 말에는 자신의 가치관과 의지와 신념이 담겨 있기에 무거울 수밖에 없다. 특히 이끄는 조직이나 세상 앞에서 선포할 때는, 분명한 실천의지와 함께 한 치의 사사로움도 없는 '대공무사'의 정신이 담겨 있어야 한다. 바로 그때 지도자의 말은 천금의 무게를 갖게 된다.

마음속에 깊이 새겨두고 리더로서의 일과 삶에 일체화할 수 있다면 무엇보다도 바람직할 것이다. 하지만 말로만이 아닌, 범중엄과 같이 자신의 삶에서 실천할 수 있는 진정성이 있어야 한다. 실천하지 않는 겉치레 말은 아무리 예쁘게 꾸민다고 해도 사람의 마음을 건드리지 못한다.

"천하 사람들이 근심하기에 앞서 근심하고, 천하 사람들이 즐긴 후에 즐긴다."

이 구절은 많은 지도자들이 귀감으로 삼고 있는데, 주룽지朱鎔基 전 중국 총리의 좌우명이기도 하다.

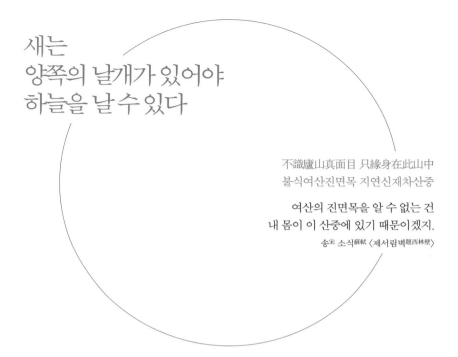

새는
양쪽의 날개가 있어야
하늘을 날 수 있다

不識廬山眞面目 只緣身在此山中
불식여산진면목 지연신재차산중

여산의 진면목을 알 수 없는 건
내 몸이 이 산중에 있기 때문이겠지.

송宋 소식蘇軾 〈제서림벽題西林壁〉

송시대 정치가 겸 문인 소식蘇軾이 지은 시 〈제서림벽題西林壁〉의 한 구절이다. 소식이라는 이름은 잘 모른다고 하더라도, 그의 호를 쓴 소동파蘇東坡라는 대문장가로서의 이름은 낯익은 사람이 많을 것이다. 특히 그의 아버지 소순과 동생 소철도 문장이 뛰어나서 삼부자가 모두 당송팔대가唐宋八大家에 속하는 것으로도 유명하다.

〈제서림벽〉은 '서림사 벽에 쓴 시'라는 뜻으로 그 앞부분은 다음과 같다.

"펼쳐 보면 산줄기, 옆에서 보면 봉우리, 원근고저에 따라 모습이 제각각 일세(횡간성령측성봉 원근고저각부동橫看成嶺側成峰 遠近高低各不同)."

소동파가 십여 일 간 여산廬山을 유람했지만, 그 진면목을 제대로 보지 못했다고 한탄하며 쓴 시로, "사물의 진실은 알기 어렵다"는 '여산진면목廬山眞

面目’의 성어가 바로 이 시를 출전으로 한다.

여산의 웅장함과 오묘함을 노래하는 시지만 그 속에는 철학적 의미가 담겨 있다. 산중에서는 그 산의 진정한 면모를 볼 수 없듯이, 한 대상을 제대로 알기 위해서는 반드시 다양한 측면에서 볼 수 있어야 한다는 인생사의 이치가 바로 그것이다. 우리가 흔히 하는 말로 ‘숲만 보면 나무를 볼 수 없고 나무만 보면 숲을 볼 수 없다’는 말과 같다. 만약 산 속에서 눈앞의 작은 경치에만 만족하다가는 웅장하고 장엄한 산의 풍광은 느낄 수 없게 된다. 장님이 코끼리 다리를 만지듯이 눈앞의 작은 시야에 갇혀버리고 마는 것이다. 하지만 멀리서만 산을 바라본다면 눈앞에서 아기자기한 경치를 보는 즐거움은 느낄 수 없다. 세상사도 마찬가지다. 한 대상의 진정한 가치를 알기 위해서는 반드시 가까이서 그 대상을 만져보고 살펴보는 세심한 시각도 있어야 하지만, 멀리서 그 전체적인 모습을 보는 넓은 시야도 있어야 한다.

사물이나 사람의 진정한 가치는 거리를 두고 객관적이고 냉철한 시각으로 볼 때 더욱 선명해진다. 일상의 삶을 살아갈 때도 이러한 시각이 반드시 필요하다. 우리는 고난에 처해 있을 때나 좋은 상황에 처해 있을 때 이러한 상태가 계속될 것이라고 생각한다. 그래서 고난에서는 절망하고 좋은 상황에서는 안주한다. 하지만 고난도 반드시 끝나기 마련이고, 행운의 뒤에는 위기가 온다. 따라서 상황에 따라 일희일비할 것이 아니라 그 상황에서 한 걸음 물러나 객관적으로 보고 대비할 수 있어야 한다. 또한, 발밑을 찬찬히 살펴보는 세심함도 반드시 필요하다. 지금 처해 있는 상황을 잘 살피고 판단해 최선의 방책을 찾을 수 있어야 하는 것이다. ‘고기양단叩其兩端’이라는 성어가 있다. 직역을 하면 ‘양쪽 끝을 두드리다’는 뜻인데, 나쁜 의도를 가지고 묻는 질문에 공자가 대답하는 방법이다. 공자는 이런 상황에서 ‘양쪽 갈래를 잘 헤아려 의문을 풀어주겠다'고 했다. 한 쪽에 치우치지 않는 균형 잡힌 시각으로 문제를 해결하겠다는 것이다. 사람이나 상황을 판단할 때 반드시 균형 잡힌 시각을 가질 수 있어야 한다. 개인적인 호불호에 의존해서도 안 되고, 지나치게 낙관적으로도 비관적으로도 봐서는 안 된다. 냉철함과 세심함을 통해 진면목을 볼 수 있어야 한다. 사람의 한 측면만 본다면 그 사람의 진정한 가치는 볼 수 없게 된다.

대화를 할 때도 마찬가지다. 상황과 사람을 균형 있게 판단하지 않고 한쪽으로 치우친 말을 해서는 사람을 잃을 수 있다. 《논어》에서는 "말할 때가 되지 않았는데 말하는 것을 조급하다고 하고, 말해야 할 때 말하지 않는 것은 숨긴다고 하고, 안색을 살피지 않고 말하는 것을 눈뜬 장님이라고 한다"고 했다. 때와 장소, 상황에 따라 적절하게 말해야 한다는 가르침이다.

6

가르침과 배움은
서로를
성장시킨다

교학상장 教學相長

새로운 것을 배우고 질문하기를 주저하지 않는 용기, 학문

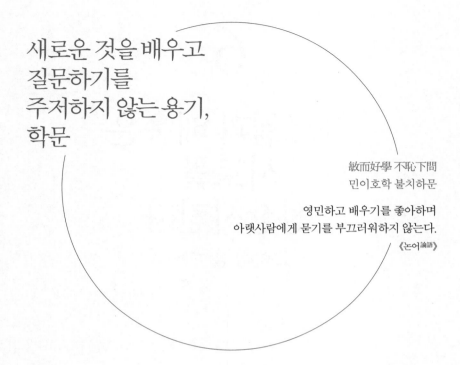

敏而好學 不恥下問
민이호학 불치하문

영민하고 배우기를 좋아하며
아랫사람에게 묻기를 부끄러워하지 않는다.
《논어論語》

《논어》〈공야장〉에 실려 있는 명구절이다. 먼저 〈공야장〉에 실려 있는 전문을 보자.

자공이 공자에게 물었다.

"공문자는 어찌하여 '문文'이라는 시호를 받게 되었습니까?"

공자가 대답했다.

"영민하고 배우기를 좋아하며 아랫사람에게도 묻는 것을 부끄러워하지 않았기에 '문'이라는 시호를 받게 된 것이다."

시호諡號는 한 사람의 생전의 업적을 평가해 붙이는 것으로, 그중에서도 '문'은 최상의 시호라고 할 수 있다. 특히 학문을 하는 사람들에게 '문'이라는 시호는 누구나 부러워할 만큼 가치가 있는 것이다. 공문자는 위나라 영공

천년의 내공

의 맏사위로 대부 벼슬을 하던 사람인데, 자공은 어떻게 해서 그가 '문'이라는 시호를 받게 되었는지를 묻고 있다. 글에는 직접적으로 나타나지 않지만, '공문자는 문이라는 시호를 받기에는 턱없이 부족한 사람'이라는 생각이 자공의 물음 속에서 은연중에 드러나고 있다.

공문자는 실제로 개인적인 품행도 바람직하지 못한 점이 있었고, 비록 죽고 난 후의 일이기는 하지만 그 아내 백희는 공자가 아끼던 제자 자로의 죽음과도 연관이 있었다. 공자의 입장에서 보더라도 공문자는 결코 호감을 가질 인물이 아니었다. 하지만 공자는 공문자의 개인적인 단점이나 공자 자신의 호불호에 치우치지 않고 객관적으로 공문자를 평가했다. 이러한 자세는 사람들에 대해 정확히 알고 분명히 시험해보기 전에는 함부로 평가하지 않는 공자의 뚜렷한 주관에서 비롯된 것이다.

공자는 공문자가 '배우기를 좋아하는 것(호학好學)'과 '아랫사람에게도 질문하기를 부끄러워하지 않는 것(불치하문不恥下問)', 이 두 가지 때문에 '문'이라는 최상의 시호를 받게 되었다고 말했다. 배우기를 좋아하고 질문하기를 부끄러워하지 않는 태도는 학문을 하는 데 있어서 가장 핵심적인 두 가지라고 공자가 항상 강조하던 것이다. 공자는 다른 어떤 것보다 공문자의 이러한 덕목을 높이 평가하고 인정했다.

학문을 추구하는 데 가장 필요한 전제는 모르는 것을 묻는 자세다.《격언련벽》을 보면 "공부에서 가장 귀한 것은 의문을 갖는 것이다. 의문을 가지면 해답이 열린다"라고 실려 있다. 진정으로 배움을 갈구한다면 신분이나 체면에 제약받지 않고 모르는 것을 물을 수 있어야 한다는 것이 공자의 신념이었다. 또한 가르침과 배움에는 결코 차별이 있어서는 안 된다는 '유교무류有教無類'의 공자 철학에도 정확하게 부합되는 것이다.

오늘날 학교를 졸업한 성인들이 공부하는 목적을 크게 두 가지로 들 수 있다. 하나는 자신의 일과 직업에 도움이 되는 전문지식을 얻기 위한 공부이며, 다른 한 가지는 자기성찰과 자기완성을 위한 인문교양 공부다. 물론 배움을 추구하는 것은 그 자체가 귀한 일이기는 하지만, 성공을 위한 공부와 더불어 자신의 삶을 더욱 의미 있게 만들 수 있는 공부도 조화롭게 할 수 있어야 한다. 어른다운 품격을 갖추기 위해 반드시 필요하기 때문이다.

공부를 어떤 수단으로 삼든 공부하는 사람과 공부하지 않은 사람은 분명히 큰 차이를 보이게 된다. 당장은 차이가 미미하다고 해도 시간이 흐름에 따라 그 차이는 크게 벌어진다. 조직도 마찬가지다. 직원들 개개인의 공부는 조직의 미래에 투자하는 것이다. 성공하는 조직, 발전하는 기업은 반드시 직원 교육을 가장 중요한 이념으로 삼는다. 그리고 이런 조직들이 남다른 결과를 만들어낸다. 스스로 공부하는 환경을 만드는 조건은 후배들이 선배들에게 스스럼없이 묻는 자세다. 그리고 후배들의 물음에 성심성의껏 대답해주고 가르쳐주려는 선배들의 마음가짐이다. 이런 분위기를 만들고 장려하는 것은 리더의 몫이다.

"영민하고 배우기를 좋아하며 아랫사람에게 묻기를 부끄러워하지 않는다."

공부하는 조직을 만들고, 공부를 통해 미래를 준비하는 자세를 촉구하면서 이 구절을 인용하면 좋겠다. 시진핑 주석이 2013년 공자연구회를 방문했을 때 '공자는 보수성과 진보성을 함께 갖춘 합리적인 사상을 제시했다'며 이 구절을 인용했다.

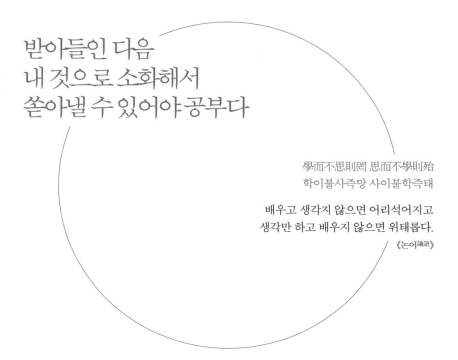

받아들인 다음
내 것으로 소화해서
쏟아낼 수 있어야 공부다

學而不思則罔 思而不學則殆
학이불사즉망 사이불학즉태

배우고 생각지 않으면 어리석어지고
생각만 하고 배우지 않으면 위태롭다.

《논어論語》

유대인들의 지혜의 경전이라고 할 수 있는《탈무드》에는 다음과 같은 글이
실려 있다.

"책을 읽기만 하고 생각하지 않는다면 당나귀가 책을 잔뜩 싣고 가는 것
과 다르지 않다."

머릿속에 지식만 쌓아둔다면 진정한 배움이 아니라는 것이다. 그래서 유
대인들은 주입식 교육은 진정한 교육이 아니라고 여긴다. "만일 눈앞에 천
사가 나타나 토라(유대교의 성경)의 모든 것을 알려준다고 해도 나는 거절할
것이다. 배우는 과정이 결과보다 훨씬 더 중요하기 때문이다"라는 유대인
의 속담이 그들의 사고관을 잘 말해주고 있다. 그래서 유대인들은 학교에서
단순히 지식을 가르치는 것보다 질문을 통해 스스로 생각할 수 있는 능력을

키우는 데 더 중점을 두고 있다. 우리네 어머니들은 아이들이 학교에 다녀오면 "오늘 선생님께 무엇을 배웠니?"라고 묻지만, 유대인 어머니들은 "오늘 선생님께 어떤 질문을 했니?"라고 묻는다고 한다. 배움에 대한 이러한 뚜렷한 주관과 확실한 철학이 있었기에 유대인들은 세계에서 가장 현명한 민족이 될 수 있었다. 오늘날 세계 인구의 0.25%에 불과한 유대인들이 세상의 부와 지식을 선도하고 있는 사실은 그들의 이러한 생각이 틀리지 않았음을 증명한다.

동서양을 막론하고 고전에서는 배움과 생각의 균형을 강조하고 있다. 공자가 그랬듯이 맹자 또한 "마음은 생각하는 기능이 있기 때문에 사람이 생각을 하면 사리를 얻게 되고, 생각하지 않으면 사리를 알지 못한다"고 하며 생각의 중요성을 강조했다. 20세기 초반 중국 철학자 호적胡適 역시 학습과 생각이 병행되어야 한다고 주장하며 이렇게 이야기했다.

"학습과 생각은 어느 한쪽도 부족해서는 안 된다. 학습은 하지만 생각이 부족하면 기억할 수는 있어도 두서도 조리도 없기 때문에 진정한 지식이 될 수 없다. 반면 생각만 하고 학습하지 않으면 생각할 밑천이 금방 떨어지기 때문에 이 역시 진정한 지식이 아니다."

배움이란 지식과 정보를 쌓는 데서 그치는 게 아니라, 그것을 정리하고 다르게 바라보는 생각이라는 과정을 거쳐야 이루어진다. 남에게 지식을 전달받기만 하고, 자신의 머리를 써서 생각하지 않으면 진정으로 공부했다고 할 수 없다. 머릿속에 지식을 넣었다면 그것을 온전히 내 것으로 만들기 위해 반드시 내 머리로 생각하는 과정을 거쳐야 한다. 검토하고 비판하고 수정하는 과정을 거쳐 진정한 내 것으로 삼아야 내 삶에 적용할 수 있는 지혜가 되는 것이다. 만약 그 과정이 생략된다면 배운 것은 많으나 실생활에는 적용하지 못하는 어리석은 사람, 우리가 흔히 하는 말로 '헛똑똑이'가 될 수밖에 없다. 아는 것이 많다는 자기만족과 독선에 빠져 스스로는 만족하지만 정작 실생활에 쓸모는 없는 것이다.

반면 학문적 지식이 뒷받침되지 않으면서 생각만 많다면 모래성을 쌓듯이 곧 허물어지고 만다. 재치는 있지만 깊이가 없어 논리적인 근거는 대지 못하는 '잔머리 굴리는 사람'이 된다. 일에 있어서도 마찬가지다. 일을 제대로 하려면 확실한 전문지식과 상황을 보고 판단하는 힘을 주는 인문학적 교양과 상식기반이 함께 갖춰져 있어야 한다. 이러한 기반이 바로 내공이다. 내공이 없는 사람이 머리 회전만 빠르다면 평상시 업무에서 순간순간 순발력은 자랑하지만, 정작 체계적이고 짜임새 있는 큰 프로젝트는 감당하지 못한다.

사람들을 이끌며 많은 사람을 대하다보면 의외로 배움과 생각의 균형이 조화로운 사람은 참 찾기 힘들다는 것을 자주 느낄 것이다. 배움이 많다고 자랑하는 사람은 실무 감각이 떨어지는 경우가 많고, 재치와 순발력을 자랑하는 사람은 지식기반이 부족하다. 특히 갓 직장에 들어온 신입사원이 그런 경우가 많은데, 암기식 교육에 집착하는 우리 교육현실이 빚어낸 결과다.

학교에서 배우지 못하고 왔다면 이들을 가르치는 것이 리더의 책임이다. 지식의 습득과 생각의 균형을 잡아주는 진정한 배움의 의미에 대해, 이 명구로 가르침을 주면 좋겠다. 시진핑 주석은 2013년 3월 1일 중국 공산당 중앙당교^{中央黨校} 개교 80주년 행사에서 '배움과 올바른 사상의 균형이 있어야 한다'고 강조하며 이 구절을 인용했다.

지혜롭고 어질고 용감함,
평범하지만
실행하기 어려운 덕목

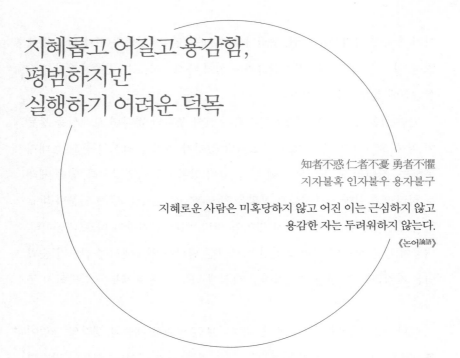

知者不惑 仁者不憂 勇者不懼
지자불혹 인자불우 용자불구

지혜로운 사람은 미혹당하지 않고 어진 이는 근심하지 않고
용감한 자는 두려워하지 않는다.
《논어論語》

《중용》에서는 지知와 인仁과 용勇을 삼달덕三達德, '사람들이 반드시 갖추어야
할 세 가지 덕목'이라고 말했다. 그리고 이 세 가지 덕목을 행하는 이치는 하
나로 통하는데, 바로 '성誠'이다. 쉽게 풀어보면 '올바른 삶을 살기 위해서는
성실하게, 정성을 다해 이 덕목들을 행하고 실천해야 한다'는 것이다.

공자는 《논어》에서 이 세 가지 덕목을 갖춘 사람의 모습이 어떠한지를 이
명구절을 통해 말해주고 있는데, 바로 공자가 추구했던 군자의 모습이다. 공
자 스스로는 이 세 가지를 실천하지 못하고 있음을 안타까워했지만, 제자인
자공은 "스승께서는 자신에 대해 말씀하신 것이다"라고 했다. 공자가 표현
했던 군자의 모습이 바로 '공자의 모습'이라는 것이다.

공자는 먼저 '지혜로운 사람은 미혹당하지 않는다'고 한다. 공부를 통해

지식을 채우고 지혜로운 사람이 된다면 세상의 이치를 잘 알게 되므로 의혹을 품을 일이 없고, 유혹에도 쉽게 흔들리지 않는다는 뜻이다. 공자는 자신의 삶을 이야기하면서 '마흔이 되면 미혹되지 않는다'라고 말하기도 했다. 마흔까지의 공부와 풍부한 세상 경험을 함께 쌓았기 때문에 유혹에 넘어지지 않는 든든한 자아를 갖출 수 있었다는 뜻이다.

다음으로 공자는 '어진 이는 근심하지 않는다'고 했다. 인仁은 공자가 추구했던 철학의 핵심가치인데, 한마디로 이야기하면 '사랑'을 뜻한다. 달리 말하면 다른 사람과의 올바른 관계는 물론 자기 스스로를 사랑할 수 있는 자애의 정신이다. 따라서 '어진 이(인자仁者)'란 '자기 삶의 올바른 가치관을 확립하고 다른 사람을 배려하는 사람'이라고 할 수 있겠다. 우리가 살아가면서 겪는 많은 근심과 걱정은 명예와 부에 대한 욕심에서 비롯되는 경우가 많다. 또한 스스로 올바르지 못한 일을 할 때도 형벌이 두려워 근심하게 된다. 하지만 자신의 삶에 뚜렷한 주관을 가지고 있는 사람은 자신의 진정한 가치가 결코 권력이나 부에 달려 있지 않다는 것을 알고 있기에, 세상의 욕심에서 비롯된 근심 걱정에 시달리지 않는다.

마지막으로 공자는 용勇을 꼽으면서 "용감한 자는 두려워하지 않는다"라고 말했다. 《맹자》에 실려 있는 증자의 말 또한 여기에서 비롯되었다. "스스로 돌아보아서 옳지 않다면 비록 천한 사람을 만나도 두렵고, 스스로 올바르다면 천만 대군이 앞을 막아도 두렵지 않다." 스스로 올바름을 좇는 용기야말로 진정한 용기라는 가르침이다. 올바른 마음에서 비롯된 자존감과 긍지가 어떤 두려움에도 맞설 수 있는 진정한 용기를 준다. 겉으로 드러나는 외적인 용기나 내면의 기개도 중요하지만, 무엇보다도 정의를 추구하는 정신을 가장 먼저 앞세워야 한다.

자신이 맡고 있는 일에 대한 전문성과 함께 세상을 보는 폭넓은 지혜(지知), 다른 사람을 이해하고 배려하며 올바른 인간관계를 만들어주는 사랑(인仁), 그리고 어떤 위기 앞에서도 결코 흔들리지 않는 담대한 용기(용勇). 이 세 가지는 오늘날을 살아가는 우리도 갖추고 있어야 할 가장 중요한 덕목이다. 물론 평범한 우리들이 이 모든 것에 완벽하기를 기대할 수는 없다. 공자와 같은 성인도 스스로 부족하다고 안타까워했다. 다만 누구라도 일상의 삶에서 이 세 가지 덕목의 가치를 새기고, 《중용》에서 일러주는 것처럼 정성을 다해 노력할 수는 있다. 리더로서, 어른으로서 함께하는 사람들에게도 이러한 세 가지 덕을 목표로 삼아 정성을 다해 노력하자는 가르침을 줄 수 있다면 분명히 좋은 결과를 만들 수 있을 것이다.

"지혜로운 사람은 미혹당하지 않고 어진 이는 근심하지 않고 용감한 자는 두려워하지 않는다."

중국 근현대기 사상가 량치차오梁啓超가 쑤저우 시에서 이 구절을 주제로 연설했다. 강연에서 자신의 뚜렷한 가치관을 피력하거나, 올바른 인재상에 대한 관점을 이야기할 때 유용한 구절이다.

천년의 내공

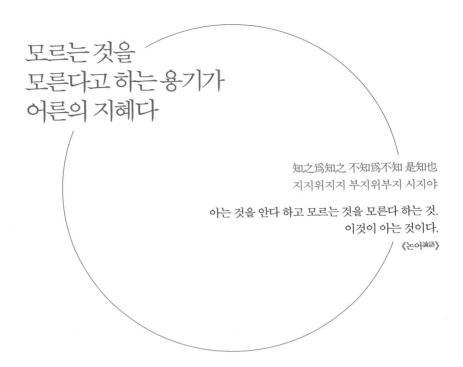

모르는 것을
모른다고 하는 용기가
어른의 지혜다

知之爲知之 不知爲不知 是知也
지지위지지 부지위부지 시지야

아는 것을 안다 하고 모르는 것을 모른다 하는 것.
이것이 아는 것이다.

《논어論語》

《논어》〈위정〉에서 공자가 제자 자로에게 가르침을 준 말이다. 자로는 한량 출신으로 공자의 제자 가운데 가장 용맹했지만 매사에 거칠고 신중하지 못한 약점이 있었다. 그래서 공자는 자로에게 항상 행동에 신중할 것을 가르쳤는데, 여기서는 진정한 지식이 무엇인지를 알려주고 있다. 섣부르고 조급한 성격의 자로에게 겸손한 공부 자세를 당부하고 있는 것이다. 조금 안다고 해서 섣불리 나서지도 말고, 공연한 자존심으로 모르는 것을 아는 체해서도 안 된다는 가르침이다.

《논어》를 읽다 보면 공자는 항상 자신의 부족함을 절감하고, '나는 아는 것이 없다'라고 고백하고 있다. "나는 나면서부터 아는 사람이 아니라 옛것을 좋아해 힘써 그것을 구한 사람이다." "내가 아는 것이 있는가? 나는 아는 것이 없다." 모두 공자가 했던 말들이다. 스스로 부족함을 아는 자세가 있었기에 공자는 끊임없이 공부에 매진할 수 있었다. 또한 무엇을 위한 수단으로서가 아니라, 공부 그 자체를 좋아하고 즐기는 호학好學의 자세도 갖추고 있었다. 《논어》 첫머리에서 "배우고 때때로 그것을 익히면 또한 기쁘지 않은가?"라고 말했던 것처럼, 기쁘게 공부를 추구하는 자세를 통해 공자는 평생 배움과 가르침의 삶을 살 수 있었다.

이 명구에는 그 속에 담겨 있는 깊은 뜻과 함께 재미있는 이야기들도 많이 전해져오고 있다. 송시대 문인 겸 정치가인 왕안석은 《설부說部》에서 이 구절을 제비 울음소리와 같다고 했다. 중국 원어로 읽으면 '즈즈웨이즈즈 부즈웨이부즈 스즈예'로 발음된다. 우리 글로 읽어도 "지지위지지 부지위부지 시지야"인데, 빨리 읽으면 마찬가지로 제비 울음소리인 '지지배배'로 들린다. 조선시대 문인 유몽인이 "조선 사람도 경서를 읽을 줄 아느냐?"고 비아냥거린 중국 문인의 코를 이 구절을 통해 납작하게 만들어버린 이야기도 유명하다. 유몽인은 거만을 떠는 중국 문인에게 "조선에서는 제비조차도 '지지위지지 부지위부지 시지야知之爲知之 不知爲不知 是知也'하고 웁니다"라고 재치 있게 받아쳤다.

사람들은 누구라도 자신을 과시하고 싶어 한다. 가진 것이 없고, 아는 것이 없어도 그것을 인정하고 싶지 않은 것이다. 자존심을 지키기 위한 방편이라고 할 수 있는데, 사람들의 이런 모습을 탓할 필요는 없다. 남에게 인정을 받고 싶은 '인정의 욕구', 혹은 다른 사람에게 무시당해 '자기존중의 욕구'가 무너지는 것을 막으려는 본성에서 비롯된 행동이기 때문이다. 하지만 잠깐의 자존심을 세우기 위해 '아는 체', '있는 체'를 하게 되면 얼마 지나지 않아 진실이 밝혀질 때 더욱 치명적인 상처를 얻을 수도 있다. 만약 나의 지식이 모자라고, 내가 가진 것이 부족하다면 솔직히 인정하고 받아들이는 것이 좋다. 그리고 그때 느낄 수도 있는 열등감을 나의 부족함을 채우기 위해 노력하는 '동력動力'으로 삼아나가면 된다.

학교를 벗어나 사회로 나오게 되면 선생님이 없는 대신 만나는 사람, 읽는 책 등 모든 경험으로부터 배우게 된다. 그들에게 가장 가까운 곳에서 가르침을 줄 수 있는 사람이 바로 리더다. 그래서 리더는 자신의 삶에서 먼저 모범을 보여야 한다. "아는 것을 안다고 하고 모르는 것을 모른다 하는 것. 이것이 아는 것이다"라는 겸손한 자세를 삶에서 직접 실천함으로써 분명한 가르침을 줄 수 있어야 하는 것이다.

세계은행 부총재를 역임했던 린이푸林毅夫 베이징대 교수가 2015년 한 인터뷰에서 자신은 독서를 통해 '아는 것을 안다고 하고 모르는 것을 모른다고 하는 법을 배웠다'고 소개하면서 인용했다.

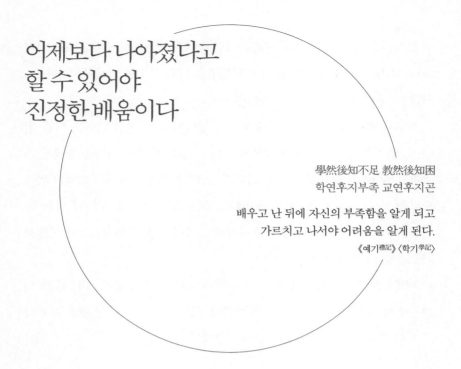

어제보다 나아졌다고
할 수 있어야
진정한 배움이다

學然後知不足 教然後知困
학연후지부족 교연후지곤

배우고 난 뒤에 자신의 부족함을 알게 되고
가르치고 나서야 어려움을 알게 된다.

《예기禮記》〈학기學記〉

《예기》〈학기〉에 실려 있는 글로 그 다음은 이렇게 이어진다.

"부족함을 알게 되면 자신을 돌이켜보고 (지부족연후능자반야^{知不足然後 能自反也})

어려움을 알게 되면 스스로 노력한다. (지곤연후능자강야^{知困然後 能自强也})

그러므로 가르치는 것과 배우는 것은 서로를 자라게 한다. (고왈교학상장

야故曰敎學相長也)

〈열명〉에 '가르침은 배움의 반이다'라고 했는데 (열명왈효학반^{說命曰斅學半})

바로 이것을 말하는 것이다. (기차지위호^{其此之謂乎})"

여기서 나오는《서경》〈열명〉은 공사장 인부 출신의 재상 부열이 자신을
발탁했던 고종에게 '배움(학學)'에 대해 충언을 하는 글이다. 부열은 나라를
통치하는 데 있어 '옛일을 본받는 자세와 겸손한 배움이 반드시 있어야 한

천년의 내공

다'고 강조했고, 이를 잘 따랐던 고종은 은나라의 큰 부흥을 이룰 수 있었다.

이 글들에서는 우리가 잘 아는 '교학상장教學相長', '효학반敎學半'과 같은 성어들이 등장하는데, 모두 '가르침과 배움은 함께 성장한다'는 뜻이다. 배움을 통해 학생들도 성장하지만 가르치는 스승 역시 함께 성장하므로 가르침에 겸손과 최선을 다해야 한다는 의미를 내포하고 있다. 배움은 우리에게 부족한 점을 깨닫게 하고, 스스로를 돌이켜 반성할 수 있도록 만든다. 배우지 않으면 자신의 모습을 똑바로 볼 수 없고 교만해질 수밖에 없다. '아는 만큼 보인다'는 말이 있다. 유홍준 교수가 《나의 문화유산 답사기》 서문에서 "인간은 아는 만큼 느낄 뿐이며, 느낀 만큼 보인다"고 말함으로써 더욱 유명해진 말로, 흔히 예술이나 문화재에 대한 안목을 말한다.

사람에 대해서도 그대로 적용되는 말이다. 플라톤은 지혜, 용기, 사려, 정의 등 사람들이 추구하는 목표에 도달한 상태를 '덕德'이라고 했는데, 그 덕도 인식할 수 있어야 참된 '덕'이므로 배움을 통해서 얻을 수 있다고 했다. 사람은 아는 만큼 스스로를 알 수 있고, 자신의 부족함을 깨닫게 되는 것이다. 그리고 이런 깨달음을 통해 자기성찰의 자세를 가질 수 있다. '자기성찰'이란 현재의 나의 부족함을 알고 이상적인 나와의 차이를 깨닫는 것이다. 그리고 그 차이를 메우기 위해 노력하는 것이다. 여기서 차이란 꼭 학문만을 뜻하는 것이 아니라 인생 전반에 걸쳐 이루고 싶은 꿈과 이상을 말한다.

가르침은 바로 이런 차이를 메우는 데 도움을 주는 일이다. 이른바 멘토의 역할을 하는 것인데, 가르침을 주는 것은 결코 쉬운 일이 아니다. 배움이란 단순히 지식을 쌓는 일이 아니라 배움으로써 스스로 변화되어야 완성되는 것이기 때문이다. 인간을 변화시키는 일은 정말 어렵고 힘든 일이며, 가르치는 사람 역시 변화하는 자세를 갖추지 않으면 안 된다. 뿐만 아니라 오늘날과 같은 급격한 변화의 시대에는 가르침 역시 그에 따를 수 있어야 한다. 수많은 정보가 생산되고, 어제의 진리가 오늘은 오류가 되는 시대에서 제대로 가르치기 위해서는 스스로 끊임없이 공부를 이어가야 한다.

공부하는 조직을 만드는 것은 결코 쉬운 일이 아니다. 실적에 쫓기고 단기간에 결과를 요구하는 풍토에서 공부에 시간을 할애하기에는 물리적, 심정적 여유가 없다. 그래도 리더는 이끄는 사람들을 가르치는 데 투자를 아껴서는 안 된다. 가르침을 통해 직원들도 성장하지만 리더 스스로도 성장할 수 있기 때문이다. 당연히 조직도 함께 성장할 수 있다.

"배우고 난 뒤에 자신의 부족함을 알게 되고 가르치고 나서야 어려움을 알게 된다."

진정한 배움과 가르침의 의미를 새겨보게 하는 명구절로, 공부하는 풍토를 만들기 위해 항상 강조해야 하는 말이다.

사람 노릇은
타고난 됨됨이가 아니라
익혀나가는 것이다

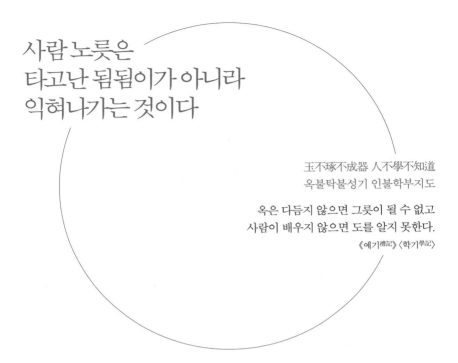

玉不琢不成器 人不學不知道
옥불탁불성기 인불학부지도

옥은 다듬지 않으면 그릇이 될 수 없고
사람이 배우지 않으면 도를 알지 못한다.

《예기禮記》〈학기學記〉

통치학의 교과서라고 할 수 있는 당 태종의 《정관정요》를 보면 다음과 같은
고사가 나온다.

태종이 중서령 잠문본岑文本에게 말했다.

"무릇 사람은 하늘로부터 좋은 품성을 타고 태어났다고 해도 반드시 넓
게 학문을 닦아 도덕을 완성해야 하오. 이는 대합이 물을 머금고 태어나지
만 보름달이 뜰 때를 기다렸다가 물을 뿜어내고, 나무가 불을 머금고 태어나
지만 불에 의지해 연소하는 것과 같소. 사람 역시 영성을 가지고 태어나지만
학문이 완성된 뒤에야 비로소 아름다움을 드러내게 되어 있소. 전국시대 당
시 종횡가 소진이 허벅지를 찔러가며 열심히 공부한 것이 그렇소. 한 무제
때 동중서 역시 책을 읽을 때 휘장을 내리고 삼 년 동안 정원에 나가지 않았

소. 도덕과 기예를 연마하지 않으면 공명을 세울 길이 없소."

잠문본이 대답했다.

"사람의 천성은 본래 서로 비슷합니다. 하지만 후천적인 성정은 바뀔 수 있습니다. 반드시 학식으로 성정을 통제해야만 천성을 온전히 유지할 수 있습니다. 《예기》〈학기〉에서 말하기를, '옥은 다듬지 않으면 옥그릇이 될 수 없고, 사람이 학문을 닦지 않으면 인간의 도리를 알지 못한다'고 했습니다. 옛사람들이 부지런히 공부를 한 이유입니다. 이를 일컬어 아름다운 덕행인 의덕^{懿德}이라고 합니다."

이 명구절을 적절하게 인용한 고사라고 할 수 있다. 당 태종이 '아무리 좋은 품성을 타고났다고 하더라도 학문을 통해 뒷받침해야 한다'며 공부의 필요성을 강조하자, 잠문본은 그에 덧붙여 《예기》에 실려 있는 구절로 맞장구를 치고 있다. 잠문본이 이처럼 적재적소의 말들로 황제와의 대화를 이어갈 수 있었던 데에는 바로 그 자신이 공부를 통해 자신을 연마해온 끝에 쌓아온 높은 내공이 있었다. 당 태종 역시 잠문본의 학식과 능력을 인정하며 흐뭇하게 생각했을 것이다. 여기서 우리는 '지식을 쌓고 도덕을 완성하는 것'이라는 공부의 목적 외에 또 다른 공부의 이점을 알 수 있다. 평상시 공부를 통해 자신을 갈고 닦으면 다른 사람과의 대화, 특히 윗사람과의 대화도 품격 있게 이끌어갈 수 있는 지적 기반을 얻을 수 있게 된다.

한편 잠문본이 이 말의 근거로 들고 있는 말이 바로 《논어》에 실려 있는 '사람들은 모두 비슷하게 태어나지만 습관에 의해 달라진다'라는 뜻을 가진 '성상근야, 습상원야^{性相近也, 習相遠也}'다. 우리는 흔히 뛰어난 학식을 가진 사람들은 태어날 때부터 남다른 능력을 가졌을 것이라고 생각한다. 그리고 그들을 도저히 따라갈 수 없는 자신에 대해 '천성이 부족하기 때문'이라며 자

천년의 내공

책하기도 한다. 하지만 많은 고전에서는 '사람들의 천성은 모두 비슷하다', '습관은 제2의 천성이다'라며 이러한 자책을 변명에 불과하다고 꾸짖는다. 스스로를 바꾸려는 노력도 하지 않고, 스스로 성장하기 위해 공부도 하지 않으면서 천성 탓만 하는 것은 다른 누구도 아닌 자신부터 기만하는 것이다.

사회생활을 처음 시작할 때는 모두가 거의 비슷한 수준에서 출발한다. 다같이 동일한 공부와 시험을 거쳤기에 약간의 우열은 있을지언정 특별히 큰 차이는 없다. 하지만 얼마 지나지 않아 우열이 갈리고 현저한 차이가 생기게 된다. 바로 공부 때문이다. 꾸준히 시간을 두고 실력을 쌓아온 사람은 반드시 두각을 나타낼 때가 온다. 공부는 지위가 높아질수록 반드시 필요한 덕목이다. 직위는 부장, 이사로 높아지는데 정작 사람의 지성과 품격은 신입사원 때와 다를 바 없다면 더 큰 발전을 기대하기 어렵고, 진정한 어른으로 인정받지도 못한다. 전문성을 키우는 공부와 함께 풍부한 교양을 갖추게 하는 고전 공부가 평범한 우리를 특별하게 만들어준다. 항상 공부의 중요성을 강조해야 하는 이유다.

조선시대 왕은 '경연經筵'을 통해 신하들과 함께 공부를 계속했고, 오늘날 중국은 지도부들의 집단학습을 통해 리더십을 키워나가고 있다고 한다.

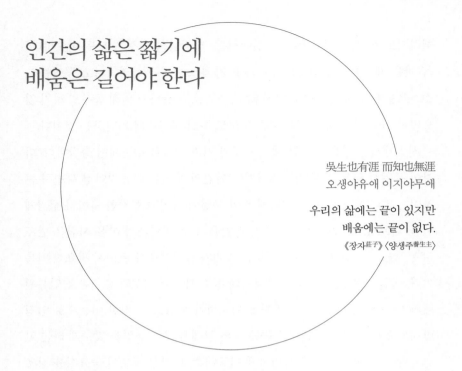

인간의 삶은 짧기에
배움은 길어야 한다

吳生也有涯 而知也無涯
오생야유애 이지야무애

우리의 삶에는 끝이 있지만
배움에는 끝이 없다.
《장자莊子》〈양생주養生主〉

"인생은 짧고 예술은 길다." 히포크라테스의 말이다. 흔히 '짧은 인생에 비해 위대한 예술은 그 생명력이 무한하다'라고 이해하지만 히포크라테스가 말했던 원래의 뜻은 조금 다르다. 히포크라테스가 말했던 "Life is short, Art is long"이라는 문장에서 '아트Art'는 예술이 아닌 의술을 의미했다. 우리가 상식처럼 알고 있는 자체로도 의미가 있지만, 히포크라테스가 '의학의 아버지'로 불리는 만큼 아트는 의술로 해석하는 것이 맞다. 히포크라테스는 의학도들에게 의학의 길은 멀고 어려우므로 젊은 시절에 열심히 공부하고 익혀야 한다고 충고했던 것이다.

《장자》에 실려 있는 위의 구절 역시 약간의 오해가 있을 수 있다. 우리는 이 문장에서 '배움의 길은 끝이 없으므로 살아가는 내내 열심히 공부를 해

천년의 내공

야 한다'는 가르침을 얻지만, 장자가 했던 말은 그 의미가 조금 다르다. 먼저 《장자》에 실려 있는 바로 뒤 문장을 살펴보자.

"우리의 삶에는 끝이 있지만 배움에는 끝이 없다. 끝이 있는 것으로 끝이 없는 것을 추구하면 위태로운 일이다. 그럼에도 스스로 아는 자가 되려 하니, 더욱 위태로울 뿐이다. 착한 일을 해도 명성을 위해서 하지 말며, 악한 일을 해도 형벌에 이르게 하지 마라. 오직 중도를 취해 길로 삼는다면 몸을 보전할 수 있고, 부모를 잘 봉양할 수 있으며 천수를 누릴 수 있을 것이다"

장자는 이 글에서 지나치게 열심히 살면 다치니 적당히 중간쯤으로 사는 것이 좋다고 말하고 있는 것 같다. 물론 무위자연無爲自然을 주창했던 장자이니만치 그리 어색하지는 않지만, 뭔가 미심쩍은 느낌이 드는 것은 사실이다. 사실 장자의 주장을 제대로 알려면 이 글 다음에 실려 있는 우화까지 봐야 한다. 장자는 이 글 다음에 소 잡는 경지가 신의 경지에 이른 백정의 이야기를 들려준다. '신기에 가까운 기술'을 뜻하는 '포정해우庖丁解牛'의 고사다.

군주인 문혜군이 그의 기술이 놀라워 도대체 어떻게 해야 그런 경지에 이를 수 있는지 묻자 백정이 대답한다.

"제가 의지하는 것은 손의 기술이 아니라 제가 즐기는 도道입니다. 도는 기술보다 우월하기 때문입니다. 저는 소를 잡을 때 뼈와 근육을 건드리지 않고 소의 몸이 생긴 대로 그 빈 곳을 찾아 칼질을 합니다. 그래서 19년간 한 번도 갈지 않아도 칼은 마치 방금 간 것처럼 날카롭습니다. 특히 근육과 골반이 있는 곳은 더욱 집중하여 칼질을 하면 순식간에 뼈와 살은 나누어지고, 소는 자기가 죽은 줄도 모르고 해체됩니다."

이 고사는 무엇이든 극단적으로 추구하면 자연의 이치에 거스르는 것이고, 지혜롭지 못한 것이라는 이야기를 하고 있다. 극단적이 되면 무리하게 일을 해야 하기에 몸은 지치고 도구는 망가지기 마련이다. 따라서 장자는 모든 일을 자연의 이치에 맞게, 중용을 취해 지혜롭게 하라는 것이다. 그럴 때 19년이나 쓴 칼이 금방 숫돌에 간 것처럼 날카로울 수 있고, 도살을 당하는 소도 자신이 죽는 것도 모른 채 해체될 수 있다. 일을 하는 사람 역시 자신의 일에서 즐거움과 만족을 얻을 수 있다.

인생은 짧지만 배워야 할 것은 정말 많은 시대를 우리는 살고 있다. 그때 오직 성공만을 위해 공부한다면 그 공부는 극단으로 흐를 수밖에 없다. 성공을 위해 수단과 방법을 가리지 않게 되고, 인애와 도덕성이 없는 냉혹한 지식인이 될 수도 있다. 심해지면 《자치통감》에서 말했듯이 "나라를 어지럽힌 신하와 집안을 망하게 했던 자식은 재주는 넘치지만 덕이 부족하다"는 결과를 초래할 수도 있다.

배움은 성공의 수단이 아니라 자신의 일과 삶에서 올바른 길(도╤)을 찾기 위한 과정이 되어야 한다. 겸손하게 진정한 배움을 추구해야 하고, 평생을 두고 계속해야 한다. 시진핑 주석이 '배움에는 끝이 없다'고 강조하며 이 구절을 인용했다.

천년의 내공

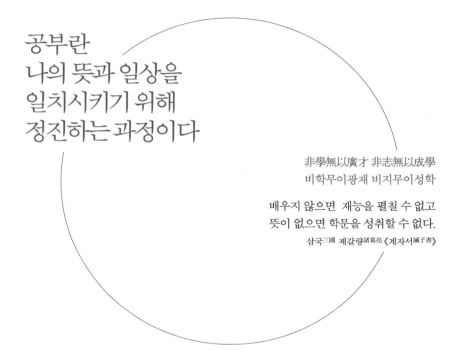

공부란
나의 뜻과 일상을
일치시키기 위해
정진하는 과정이다

非學無以廣才 非志無以成學
비학무이광재 비지무이성학

배우지 않으면 재능을 펼칠 수 없고
뜻이 없으면 학문을 성취할 수 없다.
삼국三國 제갈량諸葛亮 《계자서誡子書》

제갈량이 여덟 살 난 아들 제갈첨諸葛瞻에게 보낸 편지 〈계자서誡子書〉에 실려 있는 글이다. 〈계자서〉는 그리 길지 않은 짧은 글이지만, 아들에게 주고 싶은 소중한 삶의 진리가 담겨 있는 명문장으로 이름이 높다. 편지에 담겨 있는 내용은 제갈량 자신이 평생 지켜왔던 신조이기도 했기에 그 진실함과 삶의 전반에 걸친 통찰력이 어우러져 사람들의 마음을 두드렸다. 이 명구절은 공부에 대해 가져야할 자세와 마음가짐을 말해주고 있다.

《삼국지》의 가장 핵심적인 인물인 제갈량은 우리에게 탁월한 전략가이자 책사로 잘 알려져 있다. 소설《삼국지연의》를 보면 그는 초능력이라고 할 정도로 다양한 능력을 보여주는데, 별을 보고 미래를 예측하기도 하고 하늘의 기운을 읽고 바람의 방향을 바꾸는 신통술을 발휘하기도 한다. 소설적인 과장이지만 평범한 사람의 한계를 뛰어넘는 그를 통해 사람들은 대리만족을 느끼며 열광한다. 이러한 능력이 우리의 마음을 가장 크게 매혹시키지만, 그는 신비한 도인이라기보다는 유가, 법가, 도가 등 당시 제자백가에 모두 능통한 학자였다. 어린 시절부터 열심히 갈고 닦은 공부가 그를 탁월한 책략가로 만들었던 것이다.

또한 그는 백성을 사랑하고, 백성의 마음을 사로잡는 데 탁월한 능력을 지닌 진정한 정치가이기도 했다. 그래서 정사正史《삼국지》의 저자 진수陳壽는 그를 두고 "백성을 다스리는 능력이 오히려 용병의 능력보다 더 뛰어나다"고 평가하기도 했다. 이러한 그의 재능은 바로 그가 어릴 때부터 철저히 공부했던 유교 경전을 비롯한 책의 힘이었다. 이처럼 책이 주는 능력을 알고 있었기에 그는 유비의 뒤를 이어 황제가 된 유선에게 많은 책을 읽기를 권했고,《육도》,《한비자》,《신자》,《관자》를 직접 필사해 전해주기도 했다.

아들 첨에게 전했던 이 명구절 역시 공부가 왜 필요한지, 어떻게 공부를 해야 하는지를 잘 말해주고 있다. 먼저 제갈량은 아무리 타고난 재능이 뛰어나다고 해도 공부를 통하지 않고는 그 재능을 제대로 발휘할 수 없다고 말하고 있다.《순자》에는 '사람에게 학문은 옥돌을 가다듬는 것과 같다(인지어문학야 유옥지어탁마야人之於文學也 猶玉之於琢磨也)'라는 말이 실려 있다. 아무리 귀한 보석도 원석 그 자체로는 진가를 발휘할 수 없고, 옥공의 손에 의해 다듬어져야 진정한 가치를 인정받는다. 마찬가지로 사람 역시 학문을 통해 배움을 얻어야 재능을 발휘하게 되고, 숨겨져 있던 잠재력이 발휘될 수 있다.

제갈량이 가르쳐주는 또 한 가지는 바로 '학문을 성취하는 데는 분명한 뜻이 있어야 한다'는 것이다. 공자는 자신의 삶을 이야기하면서 "나는 열다섯에 공부에 뜻을 두었다"라고 말했다. 열다섯 살이 되면서 자신이 나아갈

천년의 내공

길을 분명히 정하고, 그 길을 이루기 위해 공부를 시작했다는 말이다. 공자는 어린 나이부터 공부에 정진하고 예법을 공부해 주위에 이미 이름을 떨치고 있었다. 하지만 공자는 열다섯이 되어서야 비로소 자신이 살아갈 인생의 의미와 목적의식을 분명히 했다. 이러한 뜻이 분명한 공부를 했기에 공자는 청년 시절 그 어려운 시기에도 결코 공부를 포기하지 않을 수 있었고, 공부를 평생 지속할 수 있었다. 만약 공자가 단순히 성공과 출세만을 위해 공부를 했다면, 그 시대에는 높은 자리에 오를 수 있었겠지만 오늘날까지 위대한 성인으로 칭송받는 대철학자 공자는 탄생하지 않았을지도 모른다.

오늘날 우리 사회는 오로지 성공에만 공부의 목적을 두고 있다고 해도 과언이 아니다. 청소년기에는 물론이고 성년이 되어서도 직장에서의 성공을 위해 자기계발에 힘쓴다. 물론 이런 공부도 반드시 필요하지만, 진정한 뜻이 있는 배움 역시 게을리해서는 안 된다. 진정한 배움이란 공부를 통해 자신의 가치를 높이고, 자아의 실현을 완성해가는 것이다. 그리고 자아실현이란 부를 취하고 높은 자리에 오르는 것이 아니라, 자기가 이룬 것을 통해 삶의 의미와 목적을 이루어가는 것이다.

"배우지 않으면 재능을 펼칠 수 없고 뜻이 없으면 학문을 성취할 수 없다."

올바른 배움의 길을 권유할 때 인용하면 좋은 글이다. 오직 직업적인 성공을 위해 전문지식을 공부하는 데에만 열중하는 사람들에게, 폭넓은 교양을 위한 인문학 공부도 함께할 것을 권하며 쓸 수 있는 말이기도 하다.

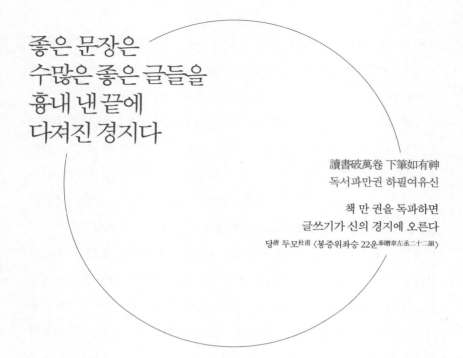

좋은 문장은
수많은 좋은 글들을
흉내 낸 끝에
다져진 경지다

讀書破萬卷 下筆如有神
독서파만권 하필여유신

책 만 권을 독파하면
글쓰기가 신의 경지에 오른다
당唐 두보杜甫 〈봉증위좌승 22운奉贈韋左丞二十二韻〉

'독서백편의자현讀書百遍義自見.' 후한 말부터 삼국시대 위나라까지 활동했던 동우董遇라는 대학자가 했던 말로, '책을 백 번 읽으면 저절로 그 의미를 알게 된다'는 뜻이다. 당시 명성이 높았던 그에게 많은 이들이 제자가 되려고 몰려들었는데, 그때 찾아온 한 사람에게 '먼저 책을 읽으라'며 권했던 가르침이다. 동우는 '책은 완전히 그 뜻을 알기까지 백 번이라도 반복해서 읽어야 한다'며 '깊은 공부'를 말하고 있다.

반면에 이 구절은 '넓은 공부' 즉, '책 만 권을 읽을 정도로 폭넓게 공부해야 한다'는 의미다. 시성詩聖으로 불리며 이백과 함께 중국 최고의 시인으로 꼽히는 두보의 시 〈봉증위좌승奉贈韋左丞〉, '위 좌승에게 드리는 글'에 있는 한 구절이다. 두보는 벼슬에 오르지 못하는 자신의 신세를 한탄하며 시를 썼지

천년의 내공

만, 이 시 속에는 공부에 대한 통찰이 숨어 있다. 두보는 시에서 '책 만 권을 읽었던' 공부를 통해 신의 경지에 오를 정도의 글쓰기 능력을 얻었다고 말하고 있다. 두보의 시는 특별한 비법이 있는 것이 아니라 수많은 독서의 산물이었던 것이다.

이처럼 고전에서는 '깊은 공부'와 '넓은 공부'를 두루 이야기하고 있지만 반드시 어느 방법이 옳다고 볼 수는 없다. 두 공부의 적절한 균형이 필요하다. 깊은 독서는 전문가적인 관점에서 필요한 공부로, 반드시 끝을 본다는 생각으로 깊이 파야 한다. 마치 우물을 파듯이, 물이 나올 때까지 팔 수 있어야 자신의 전문성을 확립할 수 있다. 하지만 전문분야에만 몰입해 다른 분야에 대해서는 전혀 관심도, 이해도 없다면 그 전문성 또한 폐쇄적이고 편협할 수밖에 없다.

폭넓은 공부는 인문학적 교양과 폭넓은 상식을 얻기 위해 필요하다. 자신의 전문분야와 결합해 창의적인 결과를 만드는 융합의 기반이 되는 것이다. 하지만 뚜렷한 전문성을 갖추지 못한 상태에서 폭넓은 공부만을 고집한다면, 중심이 없는 산만한 공부가 된다. 번드르르한 미사여구와 넓고 얕은 지식만 남발하는 사람이 될 수도 있다.

요즘은 말하기와 글쓰기 등 자신을 제대로 표현할 수 있어야 성공하는 시대다. 많은 이들이 말하기와 글쓰기를 잘하기 위해 열심히 노력한다. 관련된 책을 읽기도 하고 경제적 여유가 있는 사람은 개인교습을 받기도 한다. 하지만 말하기와 글쓰기에서 가장 중요한 것은 테크닉이 아니라 진실함이다. 진실하게 말하고 정직하게 쓸 수 있어야 내 마음을 제대로 드러낼 수 있고, 사람들을 감동시킬 수 있다. 겉으로 보기에 아무리 아름다운 글을 쓴다고 해도 그 글속에 진실이 없으면 공허한 울림이 되고 만다. 설사 당장 사람들을 현혹시킬 수는 있을지 몰라도 곧 거짓이 드러난다.

자기표현은 충실한 지식기반이 있어야 그 내면으로부터 쏟아져 나올 수 있다. 자기 분야의 전문성은 물론 폭넓은 인문교양이 말과 글을 알차게 만드는 것이다.

"만 권의 책을 읽으면 글쓰기가 신의 경지에 오를 수 있다"고 하지만 평범한 우리가 그만한 책을 읽기란 결코 쉽지 않은 일이다. 하지만 최소한 스마트폰이나 오락에 빠져 있는 시간을 아낀다면 책에 투자할 시간을 얻을 수 있다. 동우는 "책을 읽을 시간이 없다"는 사람들에게, "세 가지 여가 즉 겨울, 밤, 비오는 날만 있으면 책을 읽을 수 있다"고 했다. 시간이 없는 것이 아니라 책을 읽을 마음과 정성이 없는 사람들의 나태함을 꾸짖은 것이다.

사람들은 말하기와 글쓰기를 잘하고 싶다고 하면서 정작 그 기반이 되는 책은 읽지 않는다. 개인의 역량이 곧 조직의 역량이라는 점을 감안한다면, 리더는 자신은 물론 이끄는 사람들도 책을 읽도록 해야 한다. 그 기반은 말이 아니라 솔선수범이다. 리더가 먼저 틈날 때마다 책을 펴는 모습을 보이면 자연스럽게 모든 사람들이 책을 읽는 풍토를 만들 수 있다. 《맹자》에는 이런 말이 실려 있다.

"윗사람이 좋아하는 것은 아랫사람이 반드시 더 좋아하게 된다."

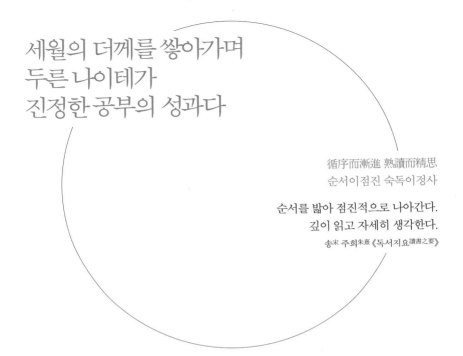

세월의 더께를 쌓아가며 두른 나이테가 진정한 공부의 성과다

循序而漸進 熟讀而精思
순서이점진 숙독이정사

순서를 밟아 점진적으로 나아간다.
깊이 읽고 자세히 생각한다.
송宋 주희朱熹 《독서지요讀書之要》

'호학好學.' 공부는 공자와 맹자를 비롯해 현자들이 평생을 두고 추구했고, 실천했던 덕목이다. 공자는 심지어 '책을 묶은 가죽 끈이 세 번이나 끊어질 정도(위편삼절韋編三絶)'로 《주역》을 읽었고, 공부에 의욕이 생기면 '먹는 것도 잊고, 즐거움에 근심도 잊어, 늙음이 다가오는 것도 몰랐다'고 할 정도였다.

공부를 맹렬하게 추구했던 것은 우리네 선비들도 마찬가지여서 율곡 이이 선생은 〈자경문自警文〉에서 "공부에 힘쓰되 느리게도 급하게도 하지 말며 죽은 뒤에야 그치는 것이다"라고 하며 공부란 평생을 두고 추구하는 것이라고 가르쳐줬다. 또한 김득신 같은 이는 다독가로 유명해 〈독수기讀數記〉에서 '만 번 이상 읽은 책이 36편이고, 특히 좋아했던 〈백이전〉은 무려 11만 3,000번이나 읽었다'고 말했다. 대단한 열정이고 도저히 평범한 사람들이 따를 수 없는 경지다.

우리 또한 공부가 '평생을 두고 추구해야 할 일'이라는 것쯤은 안다. 이러한 인식을 바탕으로 공부를 해야겠다는 의욕을 불러일으키기도 한다. 하지만 한 가지 의문이 들기도 한다. 그렇다면 이렇게 중요한 공부를 어떻게 해야 할까? 공부를 해야 하는 당위성과 공부를 대하는 태도를 알려주는 고전은 많지만, 어떻게 공부해야 하는지에 대해 알려주는 고전은 드물다.

이 구절은 유학을 집대성했던 대학자 주자가 알려주는 제대로 공부하는 방법이다.

주자는 자신의 공부법으로 크게 두 가지를 말해주고 있다. 그 첫째는 순서를 밟아서 점점 더 깊이 공부해야 한다는 것이다. 흔히 공부를 잘하고 싶고, 갑자기 공부하고 싶다는 의욕이 솟구칠 때 곧바로 일정한 경지에 이르려는 욕심을 부리게 된다. 하지만 순서와 절차를 무시하고 높은 차원의 책부터 집는다면 그 뜻을 이해하기도 어렵고 오히려 '공부는 어렵고 힘든 것'이라는 편견만 머릿속에 심게 된다. 공부는 그렇게 포기를 당하는 것이다. 《춘추좌전》에는 "가죽이 없는데 털을 어디에 심을 것인가?"라고 실려 있다. 먼저 기초와 근본을 튼튼히 해야 더 크게 발전할 수 있는 길이 열린다.

주자는 그 다음으로 깊이 읽고 자세히 생각해야 한다고 가르쳐준다. 책에 담긴 깊은 뜻을 제대로 알기 위해서는 책을 몰입해서 읽어야 하고, 깊은 생각을 통해 그 내용을 되새기며 자신만의 답을 찾아야 한다. 퇴계 이황 선생도 "낮에 책을 읽었다면 반드시 밤에는 생각하는 시간을 가지라"고 권하며, 그 시간까지 정해주며 생각의 중요성을 강조하고 있다. 이 둘 가운데 한 가지만 부족해도 공부가 온전한 자신의 것이 될 수 없다.

우리는 공부를 단순히 지식을 쌓는 것으로 이해하고 있다. 입시에서 좋은 결과를 얻기 위해 공부를 기술처럼 익히려고 하기 때문이다. 이런 공부는 정해져 있는 답을 찾기에만 매몰되기 때문에 스스로 생각해서 자신만의 해답을 찾는 과정은 생략된다. 결국 대학에서 실제 사회나 회사에서는 전혀 쓸모없는 지식만 배우는 결과를 낳고 만다. 학교에서와 달리 사회에서는 정답이 없는 문제를 해결하는 문제해결력과 새로운 상황에 대처하는 창의력이 필요하다. 이때 필요한 것이 바로 이 구절에 담겨 있는 지혜다.

새로운 업무와 환경에 대처하지 못해 어려움을 겪는 사회초년생들에게 주면 좋을 말이다.

"빠른 결과를 만들기 위해 조급해하지 말고, 차근차근 기초를 다져 실력을 쌓아나가라. 다양한 상황과 정답이 없는 문제에 닥치게 되면 당황하지 말고 깊이 생각하고 자세히 살펴라."

7

위기에
꺼내는
비장의 한수

수중혜 手中慧

합리와 공평을
보완할 수 있는 힘,
감성

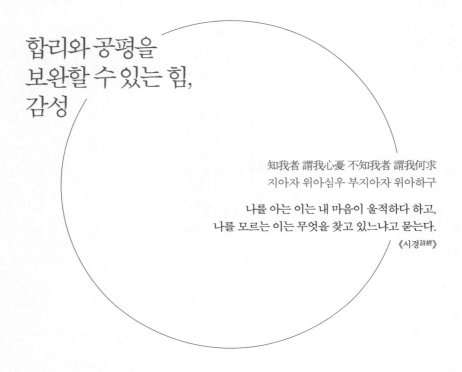

知我者 謂我心憂 不知我者 謂我何求
지아자 위아심우 부지아자 위아하구

나를 아는 이는 내 마음이 울적하다 하고,
나를 모르는 이는 무엇을 찾고 있느냐고 묻는다.
《시경詩經》

《사기》의 저자 사마천은 "시 삼백 편은 거의가 옛 성인과 현인들의 한에서
비롯된 것이다"라고 했다. 《시경》의 시 삼백 편은 단지 아름다운 서정에 그
치지 않고, 거의 모두가 현실과 세태를 반영한 현실참여의 한 방편으로 지어
졌다는 것이다. 살아가며 겪는 고초는 물론, 힘없는 민초들이 억압과 폭정에
시달릴 때 시인들은 시를 통해 그들의 아픔을 대변하고 울분과 한을 풀어내
었다. 물론 이러한 시인들의 시는 암울한 압제의 시대에 작은 신음에 불과할
수도 있다. 하지만 그 울음과 신음이 많은 사람의 마음을 움직여 거대한 저
항의 도화선이 되기도 한다. 그래서 시는 '시대의 울음'이라고 불리고, '무
력하기에 위대하다'고 하는 것이다.

이 명구절 역시 겉으로 보기에는 풍경을 바라보는 한 나그네의 심경을 이

천년의 내공

야기한 것이지만 그 속에는 한 시대의 쇠락을 안타까워하는 마음이 담겨 있다. 주나라의 옛 수도였던 호경鎬京의 궁이 있던 자리에 잡초만 자라고 있는 광경을 보았던 마음을 시인이 표현했다. 시인은 "한때 그토록 번영했던 이곳을 폐허로 만든 것은 도대체 누구인가?"라는 탄식을 하고 있다. 주나라는 중국의 종주국으로서 많은 제후국들을 실질적으로 지배하던 천자의 나라였다. 하지만 계속되는 전쟁과 지배층의 사치로 인해 국민들의 삶이 피폐해지고, 결국 이민족의 침입을 자초해 호경에서 낙읍洛邑으로 도읍을 옮길 수밖에 없었다.

소설에나 나오는 이상적인 국가나 신화 속 무릉도원이 아닌 이상 모든 사람들이 만족하는 현실은 이루어지기 어렵다. 인류 역사를 보더라도 아무리 번창했던 나라, 이상적인 국가라고 해도 결국 새로운 나라에 의해 대체되고 말았다. 하지만 대부분의 경우 더 강력한 상대가 출현해서라기보다는 내부의 붕괴에 의해 이미 서서히 무너지고 있었다. 주나라 역시 멸망 직전에 지도층의 부패와 사치, 그리고 피폐한 백성의 삶으로 대비되는 극심한 양극화로 썩어 들어가기 시작했다. 특히 극심한 가난과 폭정을 피해 본거지를 떠나는 사람들로 인해 유랑자가 늘어났고, 가정을 꾸리지 못하는 젊은이들이 넘쳐났다. 나라와 사회의 지도층들이 영화에 취해서 덕을 베풀지 못할 때 나라가 무너지고 수많은 백성들이 엄청난 고난을 겪게 되는 것이다.

"나를 아는 이는 내 마음이 울적하다 하고, 나를 모르는 이는 무엇을 찾고 있느냐고 묻는다."

이 명구절은 중국 공산당 2대 총서기 취추바이瞿秋白가 자서전《다여적화多

餘的話》의 첫 문장으로 인용해서 유명해진 말이다. '다여적화'는 불필요한 말, 잡담 등의 뜻인데 권력을 잃고 교도소에서 자신의 마지막을 준비하던 쓸쓸한 심경을 나타낸 제목이다. 취추바이는 1927년 28세의 젊은 나이에 천듀수 陳獨秀의 '우경 기회주의'를 비판하고 중국공산당 총서기에 취임했으나, 바로 그 다음 해 '좌경 모험주의자'라는 비판을 받고 물러나게 된다. 그 이후 재기해 중국공산당의 지도부로 활동했으나, 다시 실각해 1935년 처형당했다.

리더의 말은 천금처럼 무거워야 한다. 이성적이고 합리적이며 논리적으로 합당해야 하는 것도 당연하다. 하지만 매번 틀에 짜인 말만 한다면 답답하고 지루하다. 항상 똑같은 어투로 비슷한 이야기만 한다면 누구라도 예측 가능한 말이 되고 만다. 듣고 있는 사람들이 '아, 또 저 얘기!' 한다면 그것처럼 안타까운 일은 없을 것이다. 드라마나 소설에서도 예측 가능한 것만큼 시시한 결말은 없지 않은가?

때로는 시인의 감성으로 인간적인 면모를 나타내야 할 때도 있다. 항상 반듯하고 빈틈없어 보이는 리더가 살짝 내보이는 솔직한 감상이 사람의 마음을 흔들고 끌어들인다. 그때 필요한 것이 바로 이 명언과 같은 시의 한 구절이다. 어려움에 닥칠 때나 외로운 결단의 순간, 이 한 마디로 심경을 표현하면 어떨까? 혹은 오랜 시간 진전이 없는 협상테이블에서 답답한 마음을 이 한 마디로 표현할 수 있다면 상쾌한 반전이 될 수도 있을 것이다.

천년의 내공

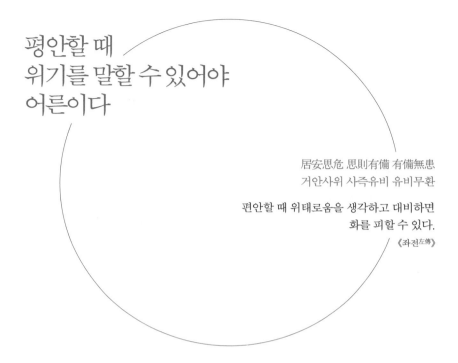

평안할 때
위기를 말할 수 있어야
어른이다

居安思危 思則有備 有備無患
거안사위 사즉유비 유비무환

편안할 때 위태로움을 생각하고 대비하면
화를 피할 수 있다.

《좌전左傳》

'미리 대비하면 화를 피할 수 있다'는 뜻을 가진 유비무환有備無患의 전체 구절
이다. 유비무환은 우리가 가장 많이 쓰는 성어 가운데 하나로 특히 안보의식
을 고취할 때 많이 쓰고 있다. 이 말의 출전인《좌전》에 실린 고사를 보면 왜
그런지 잘 알 수 있다.

춘추시대 진晉의 도공에게는 사마위강이라는 신하가 있었다. 그는 사심
없이 법을 적용하는 강직한 신하였는데, 도공의 동생인 양간이 법을 어기자
그의 마부 목을 베었다. 왕의 동생을 직접 처벌할 수 없었기에 수하인 마부
에게 책임을 물은 것이다. 양간이 이에 불만을 품고 도공에게 '마부의 목을
벤 것은 왕실을 무시하고 욕보이는 처사'라고 하며 사마위강의 처벌을 원했
다. 하지만 도공은 정확하게 그 경위를 조사해 진상을 알게 된 다음 더욱 사

마위강을 신임하게 되었다.

얼마 후 사마위강은 나라 간의 분쟁을 잘 해결했고, 그 답례로 이웃나라에서 보내온 선물의 절반을 도공으로부터 하사받게 되었다. 그러자 사마위강은 그 선물을 거절하며 이와 같은 명언을 한다.

"편안할 때 위기를 생각하면, 그 위기에 대비할 수 있고, 어떠한 화도 피할 수 있습니다."

흔히 '유비무환'이라고 하면 앞으로 닥쳐올 수도 있는 위기에 대비하는 것으로 알고 있다. 회사나 조직의 경우라면 앞으로 닥쳐올 상황을 잘 읽고 대비하는 것이 되겠고, 군대라면 군비를 증강하고 국경선을 강화해 경계태세를 늦추지 않는 것이 되겠다. 하지만 사마위강에 따르면 위기에 대처하는 전제 조건은 평상시에 조직의 기강이 바로 서 있어야 한다는 것이다. 지도층이 자신의 특권을 믿고 전횡을 하는데도 처벌을 받지 않고 무소불위의 권력을 휘두른다면 그 조직은 건강할 수 없다. 당연히 리더는 부하들의 신임을 받을 수 없게 되고 조직은 내부에서부터 무너질 수밖에 없다. 결국 외부로부터 다가오는 위기에도 대비할 수 없고, 조직은 망하고 마는 것이다.

직원들은 일에 정통해야 하고 열심히 맡겨진 일을 잘 해내는 것이 직장인으로서 가장 중요한 책무다. 하지만 리더는 직원들이 일을 잘 할 수 있는 여건을 만들어주고, 그들이 바른 방향으로 나아가도록 이끌어야 한다. 그와 함께 조직의 비전을 제시하고, 위기를 전망하고 미리 대비하도록 이끄는 것 역시 가장 중요한 책무 가운데 하나다. 노자의 말인 "일이 생기기 전에 미리 처리하고 어려워지기 전에 다스려라"는 바로 이를 이른 것이다. 그 기반은 내부적으로 정의롭고 올바르게 다스려져야 하는 기강이다. 공정하게 다스려진다면, 직원들로부터 강한 신뢰를 얻을 수 있음은 물론 어떠한 위기에도 흔들리지 않는 강건한 조직이 될 수 있다. 당연히 리더의 명命도 바로설 수 있게 된다.

"편안할 때 위태로움을 생각하고 대비하면 화를 피할 수 있다."

리커창李克强 중국 국무원 총리는 외국 기자들과의 회견 자리에서 중국 경제문제에 답하면서 이 말을 인용했다. 지금 우리나라의 상황을 보더라도 이 말이 꼭 필요한 시기다. 북한의 위협은 물론, 한반도 상황을 보더라도 주변 사대국의 주도권 쟁탈전 한가운데 서 있는 것 같은 상황이다. 테러 위협에 있어서도 결코 자유로운 입장이 아니다. 경제적으로도 세계적인 침체로 인해 많은 분야들에서 어려움을 겪고 있다. 이때 필요한 것이 바로 고전이 말해주는 '유비무환'이다.

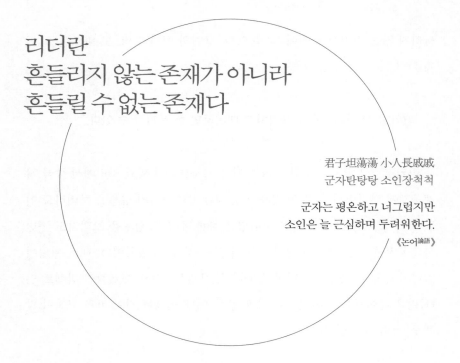

리더란
흔들리지 않는 존재가 아니라
흔들릴 수 없는 존재다

君子坦蕩蕩 小人長戚戚
군자탄탕탕 소인장척척

군자는 평온하고 너그럽지만
소인은 늘 근심하며 두려워한다.
《논어論語》

공자가 이상적인 사람이라고 했던 '군자'와 평범한 사람인 '소인'의 차이를
말해주고 있다.《논어》〈술이〉에는 이 글에 이어서, "공자는 온화하면서도
엄숙하고, 위엄이 있으면서도 사납지 않고, 공손하면서도 편안했다"는 평가
가 나온다. 공자가 아니더라도 평상시 모습이 평온하고 너그러운지, 작은 일
에도 두려워하며 늘 근심하고 사는지를 보면 그 사람의 됨됨이를 알 수 있
다. 평온하고 너그러운 사람은 대의를 좇는 사람으로, 이런 사람은 더 크고
중요한 일에 뜻을 두고 있기에 눈앞의 일과 작은 이익에 일희일비하지 않는
다. 하지만 항상 작은 이익을 탐하고, 일신의 안전만 꾀하는 사람은 감정의
기복이 심할 뿐더러 작은 일에도 쉽게 동요하고 근심하게 된다.

군자의 진면목은 평상시보다는 위기나 어려움에 처했을 때 가장 확실하

천년의 내공

게 드러난다. 다음의 고사를 보자.

공자가 위나라에서 진陳나라로 가는 도중에 광匡 땅에서 위험에 빠졌다. 공자와 겉모습이 닮은 노나라의 실권자인 양호에게 원한을 가진 사람들이 공자 일행을 양호 일행으로 착각해 공격했던 것이다. 공자가 극도의 위기 속에서도 태연히 거문고를 타고 있는 것을 보고 제자 자로가 물었다.

"스승께서는 어떻게 이 와중에도 즐거울 수가 있습니까?"

그때 공자는 이렇게 대답했다.

"곤궁에는 운명이 있음을 알고, 형통에는 때가 있음을 알고, 큰 어려움에 처해도 두려워하지 않는 것이 성인의 용기다."

공자는 뜻하지 않게 발생했지만 피할 수 없는 고난이라면 담담하게 받아들일 수 있어야 한다고 말하고 있다. '곤궁에는 운명이 있다'는 것이다. 그렇다고 공자가 어차피 고난과 형통 모두가 운명이기에 손을 놓고 있어도 괜찮다는 말을 한 것은 아니다. 어떤 어려움 속에서도 좌절하거나 두려워하지 않고 조용히 상황을 관조할 수 있다면 반드시 고난을 극복할 기회를 얻게 되고 힘도 생긴다. '형통에 때가 있음을 안다'는 말이 바로 그것이다.

그리고 '큰 어려움에 처해도 두려워하지 않는 것이 성인의 용기다'는 말은 자신이 올바르고 정의롭다면 어떤 위기에도 두려워할 필요가 없다는 뜻이다. 실제로 공자를 포위해 공격하던 사람들은 공자가 타는 거문고 소리를 듣고는 자신들이 오해했음을 깨닫고 물러났다. 양호와 같은 나쁜 사람이 이처럼 아름다운 음악을 연주할 리가 없다고 판단한 것이다.

주변을 둘러보면 모든 상황을 비관적으로 보며 걱정과 근심을 달고 사는 사람이 하나쯤 있을 것이다. 조직 안에서 이런 사람은 장차 조직의 문제가 되기 쉽다. 부정적인 감정은 바이러스처럼 사람들에게 쉽게 전염되기 때문이다. 실제로 문제가 생겼거나 위기에 처하게 되면 이런 사람들은 더 나쁜 영향을 끼친다. 차분하게 대처해야 할 순간에 과장되고 호들갑스럽거나 절망적인 행동으로 다른 사람까지 동요하게 만들기도 한다. 사람의 태도란 한 번에 고치기는 어렵기 때문에, 리더는 이런 사람들이 대범하게 상황에 대처할 수 있도록 끊임없이 가르쳐야 한다. 그때 줄 수 있는 말이 바로 이와 같은 명언이다.

일본과 중국 사이에 센카쿠(댜오위다오) 영토 분쟁으로 인해 갈등이 심화되고 있다. 2013년에도 태평양 이오지마에 일본이 감청시설을 만들어 이 인근을 지나는 함선과 항공기에 대한 감시를 강화하겠다고 하자 중국 내에서 우려의 목소리가 높았다. 중국 국방부 대변인 경옌성耿雁生은 대처방안을 묻는 기자들의 질문에 '중국군은 변함없이 국제법에 따라 이 지역에서 훈련을 진행하겠다'는 의지를 표하며 이 말을 인용했다.

천년의 내공

말은 미래를 부르고
사람의 그릇을
결정한다

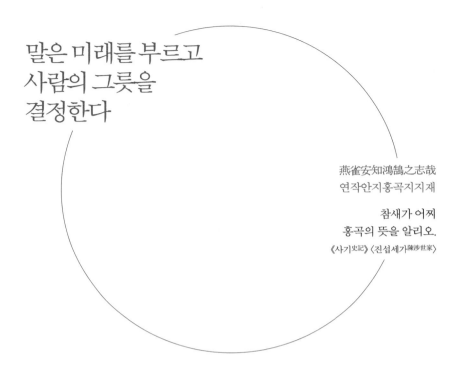

燕雀安知鴻鵠之志哉
연작안지홍곡지지재

참새가 어찌
홍곡의 뜻을 알리오.
《사기史記》〈진섭세가陳涉世家〉

진秦제국의 혼란기에 농민반란을 주도했던 진승陳勝이 했던 말로, 《사기》〈진섭세가〉에 실려 있다. 여기서 연작燕雀은 제비와 참새이고, 홍곡鴻鵠은 기러기와 고니로 큰 새를 일컫는다. 작은 새들이 큰 새들이 하는 행동을 이해할 수 없듯이, 됨됨이가 작은 사람들은 큰 인물의 생각과 포부를 이해할 수 없다.

진승은 원래 머슴살이를 하던 신분이었는데, 그가 평소에 신분에 어울리지 않는 큰 포부를 이야기하자 동료들이 모두 비웃었다. 바로 그때 자신의 웅지를 살짝 내비쳤던 말이다. 실제로 포부가 큰 사람의 행동은 평범한 사람들이 볼 때는 어리석어 보일 수 있다. 주위에서는 '도무지 주제를 모르는 사람'이라고 비웃는다. 물론 제대로 된 실력과 포부도 없이 큰소리만 치는 사람도 있다. 그러나 진승은 단순히 허풍을 치는 사람이 아니라 실제로 확고한 의지를 갖추고 있었다. 훗날 그는 진에 대항해 군사를 일으켰고, 장초張楚라는 국호를 가진 나라를 창업했다.

진승이 했던 말 가운데 우리가 잘 아는 유명한 성어가 또 있는데, 바로 "왕후장상의 씨앗이 따로 있다더냐?(왕후장상녕유종호王侯將相寧有種乎)"다. 그가 군사를 일으키며 병사들을 격려하기 위해 했던 말인데, 당시 시대상으로 미루어볼 때 보통 담대한 말이 아니다. 그에게 '사람은 태어날 때부터 평등하다'는 분명한 철학과 의식이 있었는지는 알 수 없다. 다만 평생을 핍박 속에서 살아왔던 병사들의 마음을 자극하기에는 충분했을 것이다.

우리는 진의 압제에 대항하는 전쟁이었던 초한전쟁에서 유방과 항우의 이름을 가장 먼저 떠올리기 쉽다. 또한 명장 한신韓信의 이름을 꼽기도 한다. 하지만 그보다 먼저 진승이라는 농부 출신의 혁명가가 있었다는 사실은 잘 모른다. 진승은 자신의 나라를 세우기는 했지만 곧 진에 멸망을 당하고, 그 역시 자신의 마부에게 죽임을 당하고 만다. 기개와 의욕은 넘쳤지만 큰 나라를 다스릴 만한 인물이 되기에는 부족했던 것이다. 하지만 그가 진나라의 폭정에 대항하는 작은 실마리가 되었음은 분명하다. 그로 인해 천하를 꿈꾸는 많은 사람들이 일어났으니, 그 가운데에는 항우도 있었고 훗날 최후의 승자가 되는 유방도 있었다. 그래서 사마천은 제후들의 역사서인 〈세가〉에서 그를 소개하며 한낱 도둑의 수령이 아니라 한 사람의 제후로서 인정했다. 그의 능력이나 그릇은 미치지 못하지만 그 기개와 포부는 높게 평가했던 것이다.

누구라도 지금 처해 있는 환경으로부터 자유로울 수는 없다. 처해 있는 환경과 상황이 어려울 때는 의기소침하게 될 수밖에 없고, '큰 그릇은 늦게 이루어지는 법이니 포기하지 말고 노력하라(대기만성大器晚成)'는 격려조차 사치라고 생각할 수도 있다. 당장 어려움에 처한 처지에서는 그 어려움에 매몰

천년의 내공

될 수밖에 없기 때문이다. 하지만 한 사람의 미래는 현재 그가 처해 있는 상황이 아니라 그가 어떻게 그 상황에 대처하느냐에 달려 있다. 그리고 그 꿈을 이루기 위해 얼마나 끊임없는 노력과 철저한 준비를 하느냐에 달려 있다. 진승은 비천한 신분이었지만 담대한 포부가 있었기에 나라를 세울 수 있었다. 비록 능력과 세심함이 뒷받침되지 못해 나라를 유지하지는 못했지만, 한 시대를 풍미했다.

　사람은 평소에 하는 말을 보면 그 미래를 예측할 수 있다. 확신을 가지고 큰 꿈과 포부를 말하는 사람은 그것을 이루게 되고, 소극적이며 비관적인 말을 입에 달고 있는 사람은 큰 인물이 될 수 없다. 유방은 마흔이 되도록 무위도식하는 한량이었지만, 진시황의 행차를 보고 이렇게 말했다. "사내라면 응당 저렇게 되어야지!" 비록 현실은 구차했지만 그 포부는 담대했던 것이다. 이런 포부와 기개, 그리고 꿈을 이루기 위한 노력이 있었기에 유방은 강력한 상대였던 항우와의 경쟁에서 이겨 한나라를 건립할 수 있었다. 다른 사람에게는 물론 스스로에게 하는 말에 있어서도 항상 긍정과 희망의 메시지를 새길 수 있어야 한다.

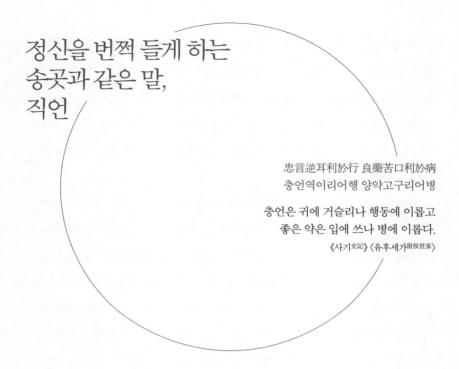

정신을 번쩍 들게 하는
송곳과 같은 말,
직언

忠言逆耳利於行 良藥苦口利於病
충언역이리어행 양약고구리어병

충언은 귀에 거슬리나 행동에 이롭고
좋은 약은 입에 쓰나 병에 이롭다.

《사기史記》〈유후세가留侯世家〉

항우와 천하 쟁패전을 벌이던 유방은 함양에 먼저 입성한다. 화려한 궁전과 진귀한 보물들, 그리고 아름다운 여인들에 취한 유방은 그곳에 머물러 있기 원했다. 그때 신하 번쾌가 충언을 올린다.

"주군께서 화려한 궁전에 취해 이곳에 머물러 있다면 그동안 피땀 흘려 이룩한 공로가 수포가 됩니다. 천하 대권을 포기하실 셈입니까?"

하지만 유방은 번쾌의 말이 탐탁지 않았다. 치열한 전쟁에 지친 몸과 마음이 안락함과 화려함의 유혹을 뿌리치기 어려웠던 것이다. 그러자 책사 장량이 다시 이야기한다.

"원래 충언은 귀에 거슬리나 행동에는 이롭고, 좋은 약은 입에 쓰나 병에는 이로운 법입니다. 부디 번쾌의 진언을 따르기 바랍니다."

장량의 이 말을 듣고 정신을 차린 유방은 미련을 떨치고 궁에서 벗어날 수 있었다.

우리는 이 고사에서 지도자와 그를 모시는 부하들의 자세, 두 가지 모두에 대한 좋은 가르침을 얻는다. 먼저 지도자라면 설사 내키지 않은 일이라고 해도 간언을 받아들일 수 있어야 한다. 물론 아무리 뛰어난 인물이라고 해도 자신의 뜻에 반하는 충언은 귀에 거슬리기 마련이다. 설사 그 말이 옳다고 생각되어도, 자신의 뜻을 그 자리에서 굽히기는 자존심이 허락하지 않는다. 하지만 자신의 감정을 누르고 부하의 충언을 받아들일 수 있어야 자신은 물론 이끄는 조직도 살아남는다. 《서경》에서는 이를 일러 "나무는 먹줄을 따르면 반듯해지고, 군주는 간하는 말을 들어야 성군이 된다"고 했다.

만약 유방이 계속 그곳에 머물러 있었다면 압도적인 병력을 가진 항우에 의해 패망했을 것이고, 역사는 지금과는 다른 모습으로 바뀌었을지도 모른다. 유방은 부하의 말에 귀를 기울일 줄 아는 습관이 있었기에 역발산의 기개를 자랑하는 항우를 이길 수 있었다. 유방과 항우의 승패를 가른 가장 결정적인 차이는 부하들의 쓴소리에 귀를 기울일 수 있었는지에 달려 있었다고 해도 과언이 아니다.

그 다음으로 리더를 모시는 부하의 입장을 생각해보자. 오늘날에도 윗사람에게 직언을 한다는 것은 보통 어려운 일이 아니다. 더구나 상대가 유방과 같이 높은 지위에 있는 사람이라면 아무리 옳은 말이라고 해도 의사에 반하는 간언을 하기는 어렵다. 하지만 반드시 간언을 해야 할 때가 있다. 조직의 존립에 영향을 줄 수 있는 시급한 일이거나, 상사의 안위에 영향을 줄 수 있는 중대한 일이라면 반드시 즉각적인 간언을 통해 바로잡아야 한다. 그리고 위의 고사에서 번쾌와 장량처럼 만약 한 사람의 간언이 통하지 않으면 또

다른 사람이 나설 수 있어야 한다. "사람들이 입을 모으면 쇠도 녹일 수 있다(중구삭금衆口鑠金)."

　다른 사람을 설득할 때는 무턱대고 내 주장만 해서는 통하지 않는다. 우리는 흔히 내 마음이 바르고 충성스럽다면 강직하게 나를 표현해도 흠이 되지 않는다고 생각한다. 하지만 현명한 사람이라면 상대방의 감정을 상하게 하지 않으면서 내 뜻을 전달할 수 있어야 한다. 설득이란 반드시 이성적으로만 이뤄지는 과정이 아니다. 앞의 고사에서처럼 고전의 명언을 인용한다면 훨씬 더 손쉽게 상대의 마음을 열 수 있을 것이다.

　"충언은 귀에 거슬리나 행동에 이롭고 좋은 약은 입에 쓰나 병에 이롭다."

　만약 상사와 의견이 잘 맞지 않아 갈등을 일으키고 있다면, 이 명구를 넌지시 말해보는 것은 어떨까.

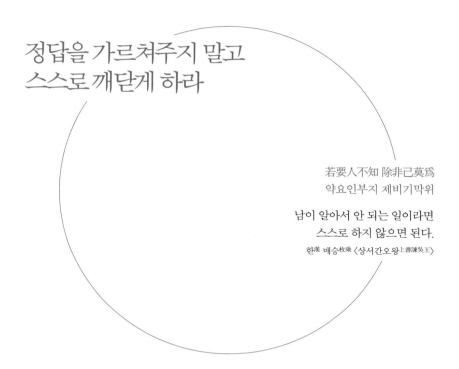

정답을 가르쳐주지 말고 스스로 깨닫게 하라

若要人不知 除非己莫爲
약요인부지 제비기막위

남이 알아서 안 되는 일이라면
스스로 하지 않으면 된다.

한漢 매승枚乘 〈상서간오왕上書諫吳王〉

한 경제景帝 때 제후인 오왕 유비吳王 劉濞가 반란을 도모하려 하자 그 밑에서 낭중 벼슬을 하던 매승枚乘이 〈상서간오왕上書諫吳王〉이라는 상소를 올린다. 그 글은 대단한 명문으로 매승의 이름이 세상에 알려지는 계기가 되었지만, 오왕을 설득하는 데에는 실패했다. 결국 매승은 오왕의 곁을 떠나 양나라로 갔고, 오왕은 반란에 실패하고 죽게 된다. 이 명구절이 있는 상소문의 일부를 살펴보자.

"진실로 왕께서 충언을 들으시면 모든 재앙을 피할 수 있을 것입니다.

하지만 기어이 하고 싶은 대로 하신다면 그 위험은 계란을 쌓아 놓은 것과 같고, 성공은 하늘에 오르는 것보다 더 어려울 것입니다.

그러나 하고 싶은 바를 고치시기만 하면 손바닥 뒤집듯 쉬울 것이요, 태산보다 더 든든할 것입니다.

남들이 듣지 못하게 하려면 애초에 말을 하지 않으면 되고,

남이 알아서 안 되는 일이라면 스스로 하지 않으면 됩니다."

매승은 위의 상소문에서 '역모', '반란' 등의 직접적인 용어를 전혀 쓰지 않고, 오직 비유를 통해서 자신의 간곡한 충정을 왕에게 호소하고 있다. 역모는 곧 죽음이라는 시대상황에서 함부로 그 단어를 쓸 수 없는 사정도 있었지만, 왕은 물론 자신 또한 그 단어를 쓰기에는 부담이 되었을 것이다. 하지만 그는 다양한 비유를 통해 자신이 하고 싶은 이야기를 효과적으로 전하고 있다. 역모의 위험성과 성공 가능성이 전혀 없다는 사실을 통렬하게 지적하면서, 그 부당성을 분명하게 제시했다.

비록 매승의 간언은 실패했지만, 이 글은 역사에 전해져 수많은 사람들에게 사람을 설득하는 지혜를 가르쳐주고 있다. 직접적으로 하기 어려운 말이라고 해도 반드시 해야 할 말은 하되, 비유와 인용을 통해 마음을 움직이는 능력이 필요한 것이다.《한비자》에는 "알지 못하면서 말하는 것은 무지함이며 알면서도 말하지 않는 것은 불충이다"라고 실려 있다. 말하기 곤란하지만 반드시 말하지 않으면 안 되는 상황이라면, 다른 곳을 두들겨 스스로 깨닫게 하는 매승의 지혜를 참고할 필요가 있다. 스스로가 충직하다는 자부심이 있는 이들은 직언을 통해 상대를 설득하려고 하는 경우가 많다. 그러나 설득에서 상대의 감정이나 생각을 고려하지 않고 자기주장만 하는 것은 미련한 짓이다. 인간은 언제나 이성적인 존재일 수 없다. 아무리 포용심이 큰 사람이라고 해도 감정을 건드리는 사람에게 무조건 호응하지는 않는다.

상소문에서 매승은 '세상에 완전한 비밀은 있을 수 없다'는 이치를 말하고 있다. 일단 자신의 입 밖으로 나온 말은 자신의 통제를 벗어나는 것이므

로, 어떠한 경우에도 되돌릴 수 없다. 그래서 반드시 지켜야 할 비밀이라면 심중에만 간직하고 밖으로 꺼내지 말아야 한다. 《시경》을 보면 "군자는 말을 가볍게 하지 마라. 귀는 담에도 붙어 있다(군자무이유언 이속우원君子無易由言 耳屬于垣)"고 나온다. 또 한 가지, '남이 알아서 안 되는 일'이라는 말에는 그 일이 도덕적으로 타당하지 않다는 의미가 내포되어 있다. 오왕이 반란을 일으킨 계기는 뚜렷한 대의명분이 있어서가 아니라, 자국의 이익에 반하는 정책에 반발했기 때문이었다. 매승의 상소문에는 바로 이런 뜻이 내포되어 있다. 남들이 알아서 부끄러운 일이라면 스스로 자제함이 좋다고 간언한 것이다.

"남이 알아서 안 되는 일이라면 스스로 하지 않으면 된다."

2006년 마잉주馬英九 대만 총통이 "천수이볜陳水扁 전 총통의 돈세탁 부정에 대해 어떻게 생각하느냐?"는 언론의 질문을 받자 이 명구를 인용해 답했다. 이처럼 조직에 부정과 부패 사건이 발생했을 때 이를 경계하며 인용하면 좋은 말이다. 거래 상대방이 부정한 거래를 원하거나 부당한 요구조건을 내걸 때 역시 은근한 거절의 뜻을 담아 말할 수 있겠다.

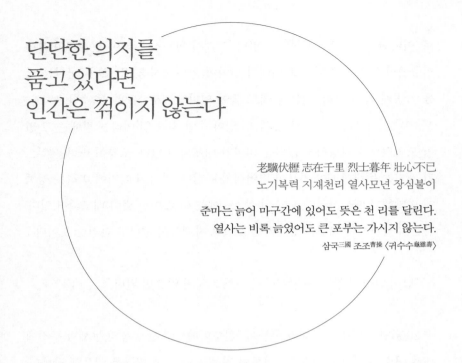

단단한 의지를
품고 있다면
인간은 꺾이지 않는다

老驥伏櫪 志在千里 烈士暮年 壯心不已
노기복력 지재천리 열사모년 장심불이

준마는 늙어 마구간에 있어도 뜻은 천 리를 달린다.
열사는 비록 늙었어도 큰 포부는 가시지 않는다.

삼국三國 조조曹操 〈귀수수龜雖壽〉

조조는 '난세의 간웅'이라는 별칭으로 잘 알려져 있다.《삼국지연의》에는
승리를 위해 수단과 방법을 가리지 않는 냉혹한 인물로 나오지만, 의외로 풍
부한 감성 또한 지닌 인물이었다. 거친 전쟁터에서도 멋진 시로 지친 몸과
마음을 달래는 낭만적인 면을 보이기도 했다. 이 명구절은 조조가 치열한 전
쟁 중에 지은 시 〈귀수수龜雖壽〉의 한 구절로, 결코 나이에 꺾이지 않겠다는 조
조의 강인한 의지를 보여준다. 다음에 이어지는 구절을 보면 조조의 달관한
심경을 잘 알 수 있다.

"차고 이지러짐이 하늘에만 달린 게 아니라네. (영축지기 불단재천盈縮之期 不
但在天)

기뻐하는 마음으로 산다면 영겁인들 못 살겠는가. (양이지복 가득영년養怡之

천년의 내공

福 可得永年)

이 얼마나 행복한가 내 뜻을 노래하리. (행심지재 가이영지幸甚至哉 歌以詠志)"

나이가 드는 것은 어쩔 수 없는 하늘의 섭리다. 하지만 이 시에는 사람의 의지와 마음에 따라서 얼마든지 그 한계를 극복할 수 있다는 철학이 담겨 있다. 평균 연령이 마흔에도 미치지 못했던 당시에도 나라를 다스리는 일과 같은 중책을 맡길 때에는 나이와 관계없이 현명한 사람을 발탁했다. 그동안 닦아왔던 학문과 다양한 경험에서 얻은 지혜가 나라를 경영하는 데 가장 큰 역량이 된다는 것을 알았기 때문이다.

강태공이 위수강가에서 낚시를 하다가 주 문왕을 만났던 때가 그의 나이 여든이었다. 백리해가 진 목공을 만났을 때는 일흔 살이었다. 진 목공이 그의 나이가 많음을 알고 난감해 하자, 백리해는 "공이 만약 저에게 호랑이를 잡아오라고 이르신다면 저는 못할 것입니다. 하지만 저와 함께 국사를 논하고자 한다면 저는 강태공보다 열 살이나 적습니다"라고 말했다. 강태공은 여든 살이 되도록 일정한 직업도 없이 무위도식했고, 백리해는 섬기던 우나라가 망한 뒤 초에서 노예생활을 했다. 하지만 이들은 자신에 대한 확신과 세상에 뜻을 펼치고자 하는 열정이 있었기에 기회를 잡을 수 있었다. 결국 강태공은 주나라의 천하통일을 이루었고, 백리해는 진나라를 천하의 패권국으로 만들었다.

《한비자》에는 '노마지지老馬之智', '늙은 말의 지혜'라는 고사가 실려 있다. 제의 관중이 고죽국을 정벌하고 돌아오는 길에 산에서 길을 잃었던 적이 있었다. 그때 관중은 "이런 때는 늙은 말의 지혜를 빌리면 된다"고 하며 늙은 말을 풀어줬다. 자유롭게 달릴 수 있게 된 늙은 말은 산길을 벗어나 제대로 된 길을 찾았고, 군대는 위기를 벗어날 수 있었다. 늙은 말은 기력이 약해 전쟁에서는 전혀 쓸모가 없다. 하지만 오랜 경험과 지혜로 위기상황을 해결하는 데 큰 도움을 줄 수 있다. 생물학적인 나이는 문제가 아니다. 뜨거운 열정과 큰 포부가 있다면 나이는 물론 어떠한 제약도 이루고자 하는 일에 제한이 될 수는 없다.

조조의 이 시는 마오쩌둥이 특히 좋아해 자주 읊었고, 다른 사람에게 소개하기도 했다고 한다. 세계 1위 반도체 위탁생산기업인 TSMC의 회장 모리스 창이 자기 삶의 자세를 이 구절에 비유했다. 그는 1931년생이지만 여전히 활발하게 현역에서 활동하고 있다.

오늘날 40~50대 세대들은 가장 힘든 상황에 처해 있다. 직장에서는 치고 올라오는 후배들로 인해 자리를 비켜줘야 하고, 집안에서도 사춘기 아이들과 갱년기를 맞이한 배우자 때문에 편치 않다. 가장 짐이 많은 시기인 이때 필요한 것이 바로 자신의 힘을 믿고, 닥쳐온 상황에 맞설 수 있는 패기와 자신감이다.

자연의 섭리는 하나의 존재에게 무겁고 어려운 짐을 준다면, 그것을 해결할 능력까지 준다고 한다. 중년에게는 오랜 경험과 위험에 맞서는 정신력, 그리고 청년시절과는 비교할 수 없는 능력이 있다. 단지 지금 필요한 것은 자신을 믿는 믿음과 더 큰일을 이루고자 하는 담대한 포부다.

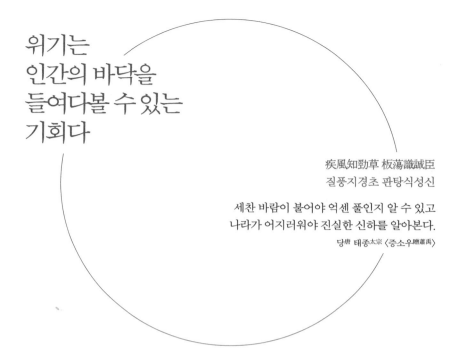

위기는
인간의 바닥을
들여다볼 수 있는
기회다

疾風知勁草 板蕩識誠臣
질풍지경초 판탕식성신

세찬 바람이 불어야 억센 풀인지 알 수 있고
나라가 어지러워야 진실한 신하를 알아본다.

당唐 태종太宗 〈증소우贈蕭禹〉

당 태종 이세민이 충직한 신하 소우蕭瑀에게 주었던 시의 한 구절이다.

겉으로는 비슷해 보이는 나무와 풀이라도 강한 풍파가 닥치면 뿌리가 굳건하고 강건한 식물만 살아남는다는 것은 자연의 이치다. 사람 역시 마찬가지로 평상시에는 그 진가를 알 수 없지만 어려운 시기가 닥치게 되면 그 진면목이 드러난다. 가장 어려운 시기에 평소에 신뢰했던 사람이 변절하는 것이나, 평소에는 별로 두각을 나타내지 않았던 사람이 묵묵히 함께 고난을 감내하는 상황이 그렇다. 특히 외부에서 재물과 권력의 유혹이 있을 때 흔들리지 않는 사람이 신의를 지키는 사람이다. 이 구절에서 판탕板蕩은 어려운 시기, 난세를 뜻한다.《시경》〈대아〉의 판板과 탕蕩 두 편의 시가 모두 어지럽고 혼탁한 세상을 풍자했던 데에서 나온 말이다.

"사람을 의심하면 쓰지 말고, 썼으면 의심하지 마라." 삼성의 창업자 이병철 회장도 즐겨 했던 말이다.《명심보감》에 나오는 말로, 반드시 신뢰할 수 있는 사람을 쓰고, 일단 썼으면 끝까지 신뢰를 해야 한다는 뜻이다. 공연한 의심으로 인해 훌륭한 인재가 떠나게 되고, 의욕을 잃게 만드는 폐해가 있으니 잘 새겨들어야 할 말들이다. 이 말은 휘하에 있는 사람을 믿고 의심하지 말라는 데 방점이 찍혀 있지만, 그 전제는 사람을 잘 판단해서 의심이 갈 만한 사람은 쓰지 말라는 것이다. 따라서 사람을 쓰는 위치에 있다면 반드시 평소에 훌륭한 인재를 식별할 수 있는 능력을 키워야 한다. 예기치 못한 상황이나 위기의 순간이 닥쳤을 때 취하는 행동을 보고 됨됨이를 판단하려고 한다면 이미 때를 놓쳤을 수도 있다. 이런 사람일수록 스스로를 감추고 포장하는 데 능수능란하다.

당 태종은 그 자신도 뛰어난 인물이었지만 위징, 방현령, 두여회, 왕규 등 역사적으로 훌륭한 신하들을 많이 거느리고 있었다. 소우 역시 그 가운데 한 사람이었다. 소우는 당 태종이 형제들을 죽이고 아버지로부터 황제의 자리를 받아낼 때 선황제 이연에게 "진왕(당 태종)의 공이 크니 이제는 그에게 국사를 맡기는 것이 좋겠습니다"라고 말함으로써 당 태종을 도왔던 공신이었다. 소우는 이후 다른 신하와의 갈등으로 권력을 잃기도 했지만, 태종은 잦은 탄핵에도 불구하고 끝까지 소우에 대한 믿음을 잃지 않았다. 어려울 때 자신을 도왔던 신하에 대한 신뢰를 끝까지 지켰던 것이다.

"무덕 6년 이후에 태상황께서 황태자를 폐위하려고 하셨다. 나는 그때 형제들에게 용납되지 못했으니, 공은 높았으나 상을 받지 못할 것이라는 두려움이 있었다. 당시 소우는 많은 재물의 유혹과 형벌의 위협에도 흔들리지 않고 시종일관 짐을 지지하였으니 사직社稷을 지킨 신하다."

천년의 내공

태종은 신하 방현령에게 이렇게 소우를 칭찬하고, 소우에게는 시를 내렸는데, 그 시에 바로 이 명구절이 들어 있었다.

황금과 땅 등 재물로 상을 내리는 것은 신하들에게 큰 감동을 줄 수 있고, 부하들의 사기도 올라가게 된다. 당연히 조직도 활기차게 되고 큰 발전도 도모할 수 있다. 하지만 의외로 사람들이 물질보다 더 크게 여기는 것이 있다. 바로 신뢰와 관심이다. 누군가 건넨 따뜻한 말 한마디, 작은 몸짓 하나가 두고두고 마음에 남는 경우가 많다. 사람에게 관심을 기울일 때 사람의 내적 동기를 움직일 수 있고 놀라운 결과를 만들어낼 수 있게 된다. 태종이 소우에게 선물한 시가 바로 그런 결과를 만들었다. 소우는 태종으로부터 시를 선물받고 자신이 죽는 날까지 충심이 변함이 없을 것이라고 맹세를 했다.

"세찬 바람이 불어야 억센 풀인지 알 수 있고 나라가 어지러워야 진실한 신하를 알아본다."

2014년 11월 량전잉梁振英 홍콩 수반을 만난 시진핑 국가주석이 인용했다. 누군가에게 굳건한 신임을 표할 때 인용하면 좋은 구절이다.

작은 것에 매몰되면
큰 것을
놓치게 된다

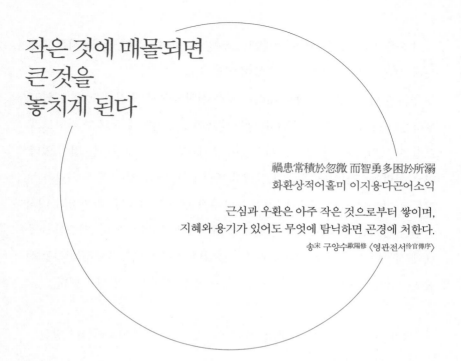

禍患常積於忽微 而智勇多困於所溺
화환상적어홀미 이지용다곤어소익

근심과 우환은 아주 작은 것으로부터 쌓이며,
지혜와 용기가 있어도 무엇에 탐닉하면 곤경에 처한다.

송宋 구양수歐陽修 〈영관전서伶官傳序〉

후당의 장종莊宗은 연극을 좋아해 신하들보다 연극배우를 총애했다. 심지어 스스로 이천하李天下라는 예명으로 연극에 직접 출연하기도 했다. 후기 양나라를 멸망시키고 나라를 일으켜 세우는 데는 큰 능력을 발휘했지만, 나라를 잘 다스리는 법은 알지 못했다. 결국 문란한 국정에 반란이 일어났고, 장종은 반란군에 의해 목숨을 잃고 말았다. 장종이 나라를 세우고 재위에 머문 기간이 겨우 2년 반에 불과했으니 '창업은 어렵고 수성도 쉽지 않다'는 말은 참으로 적절한 표현이 아닐 수 없다.

　송시대 정치가이자 문인이었던 구양수歐陽脩는 장종의 잘못된 통치를 아쉬워하며 〈영관전伶官傳〉을 지었는데, 영관이란 광대, 악공樂工을 가리킨다. 연극배우에 빠져 나라를 잃어버린 장종의 역사를 후세의 귀감으로 삼고자 글

로 남긴 것이다. 훗날 이 글은 '시대를 초월한 빼어난 문장(천고절조千古絶調)'
으로 꼽힐 정도로 명성이 높았는데, 이 명구절과 함께 지금도 많은 사람이
좋아하는 훌륭한 구절들이 많이 실려 있다. "근심하고 애쓰면 나라를 일으
킬 수 있지만 안일하고 향락에 빠지면 몸을 망치게 된다(우로가이흥국 일예가
이망신憂勞可以興國 逸豫可以亡身)"도 그 가운데 하나다.

　사람들은 크고 대단한 일을 좇느라 사소하고 미세한 징조에는 관심조차
가지지 않는 경우가 많다. 하지만 정작 모든 큰일들은 작은 일에서부터 비롯
된다. 사소하다고 지나쳐버린 일 때문에 조직의 존립을 뒤흔들 수도 있는 엄
청난 사고가 발생하기도 한다. 그래서 고전에서는 이러한 일을 거듭해서 경
계하고 있다. 《여씨춘추》에는 "사람들은 산에 걸려 넘어지지 않지만 개미 언
덕에 걸려 넘어진다"고 실려 있다. 《육도》에 실려 있는 "졸졸 흐를 때 막지
않으면 장차 큰 강을 이룬다"는 말도 바로 이를 조심하라는 간곡한 당부다.

　지도자들이 함정에 빠지기 가장 쉬운 순간은 바로 무언가에 탐닉할 때다.
특히 옛날 군주들은 무소불위의 권력을 가졌기 때문에 마음껏 세상의 즐거
움에 취하고 싶은 유혹에 빠지기 쉬웠다. 이런 환락에 빠지게 되면 외부의
위기에 적절하게 대처하지 못하게 된다. 그 결과는 바로 패망이다. 상商나라
주왕紂王이 상아로 만든 젓가락과 옥으로 만든 술잔인 상저옥배象箸玉杯를 사용
하는 것을 보고, 신하였던 기자箕子는 "사치와 방탕이 나라를 망하게 하니 절
제해야 한다"고 간언을 하다가 받아들여지지 않자 은둔을 했다. 결국 상나
라는 오래지 않아 패망하고 말았다.

　여기서 리더가 꼭 갖춰야 할 두 가지를 짚어본다. 먼저 조직을 이끄는 어
른이라면 작은 징조를 보고 미래를 예측하고 대비하는 통찰력이 있어야 한
다. 조직과 그 구성원들의 안위를 책임지는 사람에게는 여느 사람과는 다르

게 생각하고 살피는 능력이 반드시 필요하다.

그리고 사치나 방탕을 비롯해 미혹으로 이끄는 것들은 아무리 작은 것이라도 절제할 수 있는 강한 자제력이 필요하다. 자제하는 힘이 부족한 사람은 아무리 능력이 뛰어나다고 해도 무너지고 만다. 졸졸 흐르는 작은 구멍에서 거대한 둑이 무너지고, 작은 불티로 큰 화재가 일어난다. 리더라면 특히 조직 안에서 이런 분위기가 감지될 때 강력한 한마디로 경고할 수 있어야 한다.

어른의 말은 당연히 힘이 있고 무거워야 하기에 아껴야 한다. 하지만 가장 적절할 때 적절한 말로 경각심을 불러일으키는 비장의 한마디를 놓쳐서는 안 된다. 가장 적절한 순간에 핵심을 찌르는 '일침견혈一針見血'의 한마디, 이것이 바로 어른이 해야 할 말이고, 심어줄 정신이다.

> "근심과 우환은 아주 작은 것으로부터 쌓이며, 지혜와 용기가 있어도
> 무엇에 탐닉하면 곤경에 처한다."

시진핑 주석이 2013년 군중노선 교육실천활동 공작회의에서 이 구절을 인용했다.

천년의 내공

"전체의 결정이라는 말은
리더의 책임을 회피하는 태도입니다."

마쓰시타 고노스케 松下幸之助

기:
氣

단 한마디로
가로질러 제압하는
단단한 힘

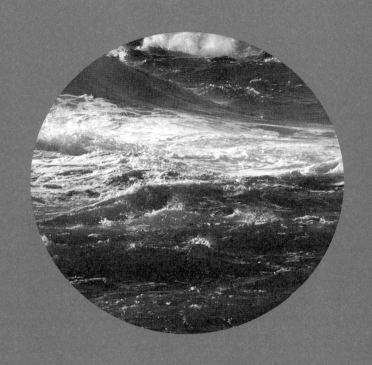

8

화를
잘 낼 줄 아는 것이
현명함이다

음오질타 喑噁叱咤

어른답게 분노하고
어른답게 다스려라

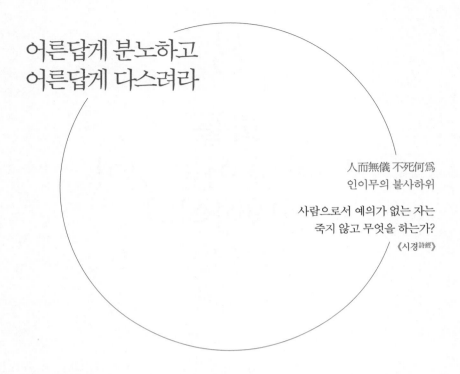

人而無儀 不死何爲
인이무의 불사하위

사람으로서 예의가 없는 자는
죽지 않고 무엇을 하는가?
《시경詩經》

《시경》에 실려 있는 〈쥐를 보라(상서相鼠)〉의 일부다. 이 구절의 앞에는 '상서
유피 인이무의相鼠有皮 人而無儀', '쥐에도 가죽이 있는데 사람이 예의가 없다'라
는 글이 실려 있다. 미물인 쥐도 가죽이 있어 주위의 이목을 가리는데, 사람
이 예의가 없으면 쥐보다 못하니 차라리 죽는 것이 더 낫다는 내용이다. 그
원망이 보통 심각하지 않다. 그 당시에는 어려운 백성을 수탈하고 탐욕을 채
우는 관리들을 쥐에 비유한 글이 많았다. 같은 《시경》에 실려 있는 〈큰 쥐야
큰 쥐야, 내 기장을 먹지 마라(석서석서 무식아서碩鼠碩鼠 無食我黍)〉란 시 역시 가
난한 백성이 탐욕적인 위정자들을 원망하는 글이다.

당시 시는 세태를 풍자하고 비난하는 수단으로 현실에 대한 한과 불만을
은유적으로 빚어낸 결정체였다. 지식인들은 시를 지어 위정자에 대한 불만

을 표했고, 보통사람들 역시 그 시를 읽고 인용함으로써 마음속의 한을 표현했다. 또한 노래로 만들어 썩은 세상과 가진 자들의 횡포를 비웃기도 했다. 물론 사람을 두고 '죽었으면 좋겠다'고까지 원망하는 것은 좀 심한 심보라고 생각할 수도 있다. 하지만 그 당시 피폐했던 백성들을 더 쥐어짜서 자신의 탐욕만을 채우는 관리들과 그 위정자들에 대한 원망밖에는 아무것도 할 수 없었던 백성들의 처지는 더 절실했다.

이 명구절 역시 겉은 번지르르하지만 그 내면은 쥐보다도 못한 지도층 인사들에 대한 통렬한 풍자다. 실제로 권력과 부의 탐욕에 젖은 인사들은 자신의 면전에서 이 시를 읊으며 비웃어도 자신을 두고 한 뼈 있는 말이라는 것을 모르는 경우가 많았다.《좌전》〈노양공〉에 있는 고사를 보자.

제나라 장공을 살해하고 정권을 잡은 최저는 측근이었던 경봉을 노나라에 사절로 보냈다. 경봉은 권력을 자랑하듯 화려한 수레를 타고 나타났지만, 공자를 배출할 정도로 도덕과 예의를 중시하던 노나라 사람들에게는 무식한 겉치레로밖에는 보이지 않았다. 노나라 재상이 경봉을 초대해 연회를 베풀었지만 경봉은 매번 결례를 저질렀다. 그러자 노나라 재상 숙손표는 건배를 제의하며 위의 문장이 담긴 〈상서〉를 읊었다. 사람들은 모두 이 시가 무식한 경봉을 가리키는 것임을 알고 웃었지만, 오직 경봉만이 그 뜻을 몰라 덩달아 좋아했다. 그래서 더 비웃음거리가 될 수밖에 없었다.

부와 권력은 결코 그 사람의 진정한 가치를 말해주는 증표가 될 수 없다. 사람의 가치는 얼마나 가지고 있느냐로 판가름되지 않는다. 부와 권력 그 자체가 가치 있는 것이 아니라 그것을 통해 얼마만큼 뜻 깊고 의미 있는 일을 하느냐에 따라 사람의 가치가 매겨진다.

우리는 사회생활을 하며 다양한 사람들을 만나게 된다. 그 가운데 도저히 받아들이기 어려울 만큼 무례하고 기본적인 인성조차 갖추지 못한 사람과 마주할 때도 있다. 참을 수 없는 상황에서 감정대로 말을 한다면 분쟁이 일어날 수밖에 없고, 결국 함께 품격 없는 사람이 되고 만다. 상대의 지위가 높지 않더라도 어른으로서 날것 그대로의 감정을 표출하면 어른답지 못하다는 평가를 받게 된다. 그런 상황에서는 이 명구처럼 비유로 꾸짖는 방법이 있다. 고전의 시는 다양한 고사를 담고 있을 뿐 아니라 그 자체로 깊은 뜻을 내포하고 있을 때가 많다. 분노를 정직하게 드러내서 스스로의 격을 떨어뜨릴 필요가 전혀 없다. 멋진 비유로도 무례를 꾸짖을 수 있다. 분노하는 것은 어렵지 않다. 분노해야 하는 상황에서 잘 분노하는 것이 쉽지 않을 뿐이다. 노련하게 화를 낼 줄 아는 것, 그것이 바로 내공이다.

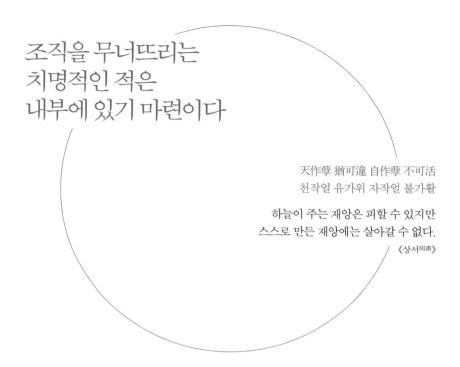

조직을 무너뜨리는
치명적인 적은
내부에 있기 마련이다

天作孽 猶可違 自作孽 不可活
천작얼 유가위 자작얼 불가활

하늘이 주는 재앙은 피할 수 있지만
스스로 만든 재앙에는 살아갈 수 없다.

《상서尙書》

《상서》에 실린 명구로 《맹자》에서도 인용되었다. 《맹자》에 실려 있는 이 글의 앞부분을 보면 그 뜻이 잘 이해된다.

"무릇 사람은 반드시 스스로 업신여긴 후에야 남들이 업신여기며, 집안 역시 스스로 무너뜨린 후에야 남들이 무너뜨리며, 나라 역시 스스로를 친 후에 다른 나라가 공격하는 것이다."

개인이든 집안이든 나라든 크기와 상관없이 망하는 것은 모두 자신에게 달려 있다. 만약 스스로를 잘 지키고 다스린다면 어느 누구도 쉽게 넘볼 수 없다. 하지만 속에서부터 부패하고 무너진다면 외부의 공격을 불러들이게 된다. 멸망의 직접적인 원인이 외부의 공격이더라도, 그 실상을 살펴보면 이미 속에서부터 부정과 부패로 썩어 들어가고 있는 경우가 상당수임을 역사가 증명하고 있다.

우리가 살아가면서 겪는 재앙을 단순하게 구분해 나눌 수는 없다. 위기란 수많은 상황과 이유 속에서 다양하게 발생하기 때문이다. 아리스토텔레스가 《니코마코스 윤리학》에서 인용했던 말이 이것을 잘 말해주고 있다.

"사람들은 한 가지 방법으로 좋지만, 온갖 방법으로 나쁘다."

좋은 것은 바른 도덕성이 기반이 되어야 하므로 오직 한 가지 길이라고 할 수 있다. 하지만 망할 때는 다양한 잘못에 의해 무너진다. 그럼에도 굳이 재앙의 원인을 크게 둘로 나눈다면 외부환경에 의한 것과 스스로 초래한 것으로 분류할 수 있다.

외부 환경에 의한 재앙은 내가 통제할 수 없는 것이 예기치 않게 다가오는 경우다. 한국의 역사에서 수없이 되풀이되었던 외세의 침입이나, 2008년에 발생했던 세계금융위기가 당장 꼽을 수 있는 실례다. '하늘이 주는 재앙'은 바로 이런 것으로, 나의 통제 밖에 있는 외부적 요인에 의해 발생하는 것이다. 하지만 이러한 재앙은 미리 대비하고, 힘을 합쳐 노력한다면 얼마든지 극복해나갈 수 있다. 오늘날 번영을 누리고 있는 우리의 모습이 바로 그 증거다. 그동안 겪었던 고난들을 모두 극복해낼 수 있었기에 우리의 오늘이 가능했던 것이다.

한편 스스로 만든 재앙은 그 재앙의 원인이 나에게 있음을 가리킨다. 수많은 나라들이 내부의 혼란과 부정부패, 권력자의 탐욕, 지도층의 무능으로 인해 망했던 역사가 이를 잘 보여준다. 《역경》에는 '실지호리 차이천리失之毫厘 差以千里'라는 말이 나온다. 티끌만한 실수가 엄청난 차이를 만든다는 말로, 극히 작은 실수로 인해 나라가 망하는 엄청난 일이 벌어진다는 뜻이다. 이처럼 지극히 작은 실수로도 나라가 망하는데, 내부적으로 부패가 만연한다면 그 결과는 보지 않아도 뻔하다.

하지만 대부분의 경우 안타깝게도 사람들은 내부의 문제로 인해 무너지고 있다는 것을 자각하지 못한다. 지금 누리고 있는 쾌락과 즐거움에 취해 기둥이 썩고 있는 것을 모르는 것이다. 이런 문제를 먼저 깨닫고 개선해야 하는 것이 바로 리더의 책무다.《육도》에서는 "아는 것이 남과 다름이 없다면 나라의 스승이 될 수 없다"고 했다. 리더라면 다른 사람들이 보지 못하는 위기를 보고 대비할 수 있어야 한다.

"하늘이 주는 재앙은 피할 수 있지만 스스로 만든 재앙에는 살아갈 수 없다."

2008년 중국의 유명한 축구 해설가인 황젠샹이 중국 국가대표팀이 카타르에게 진 것은 당연한 결과라며 이 말을 인용했다. 공한증恐韓症에 시달릴 정도로 축구에서만은 약소국인 중국의 괴로운 심경을 이 말을 통해 충분히 짐작할 수 있다. 개인은 물론, 속해 있는 조직 내부에 스스로 무너지고 있는 조짐이 보인다면 초반에 강하게 질타해 바로잡을 수 있어야 한다. 그때 떠올릴 수 있는 말이다.

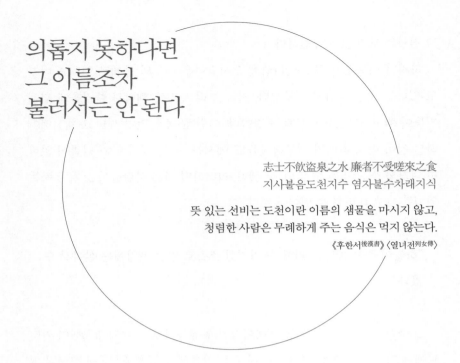

의롭지 못하다면
그 이름조차
불러서는 안 된다

志士不飲盜泉之水 廉者不受嗟來之食
지사불음도천지수 염자불수차래지식

뜻 있는 선비는 도천이란 이름의 샘물을 마시지 않고,
청렴한 사람은 무례하게 주는 음식은 먹지 않는다.

《후한서後漢書》〈열녀전列女傳〉

도천盜泉은 '도둑의 샘물'이란 뜻으로, 공자와 관련한 일화가《설원》에 실려 있다.

공자가 목이 몹시 말랐으나 마침 찾은 샘물의 이름이 도천이라는 것을 알고는 마시지 않았다. 또한 날이 저물어 도착한 마을의 이름이 '어머니를 이기다,' 즉 승모勝母임을 듣고는 그 마을에 머물지 않고 떠났다고 한다.

공자의 일화와 비슷한 이야기가 동한시대에도 있었다.

동한시대 악양樂羊이라는 사람이 우연히 황금을 줍자 크게 기뻐하며 아내에게 자랑했다. 그러자 아내가 황금을 던져버리며 말했다.

"뜻이 있는 선비는志士 도천이라는 이름의 샘물을 마시지 않고, 청렴한 선비廉士는 예의를 갖추지 않은 음식은 먹지 않는다고 했습니다. 어찌 이런

천년의 내공

황금 따위로 그대의 인품을 더럽히려는 것입니까?"

이 고사에서 악양의 아내는 아마 공자의 일화를 인용해 이야기했던 것 같다. 도천은 현존하는 샘물로 중국 산둥성 사수현에 있다. 이름은 '도둑의 샘물'이지만 '의롭지 않은 방법으로 얻은 재물과 권세'라는 뜻으로도 많이 쓰이고 있다. '차래지식嗟來之食'은 《예기》에 실려 있는 고사에서 비롯된 말이다. 중국 제나라의 한 굶주린 사람이 부자가 예의를 차리지 않고 함부로 음식을 주자 받지 않고 굶어 죽었다는 이야기다. 그가 "가짜 선심은 그만 두라"고 외치며 의연히 떠나자, 부자가 곧 달려와 사죄를 했다. 하지만 그는 그 사과를 받아들이지 않고 가다가 쓰러져 죽고 말았다.

이 고사들을 오늘날 시각으로 보면 지나치게 명목에 매달린다고 생각할 수도 있다. 하지만 공자가 활동하던 당시에도 허울 좋은 명목에 매달리는 것을 무조건 좋게 보지만은 않았다. 공자의 제자 증자는 위의 고사를 듣고 "아, 가엽다. 그러한 태도로 음식을 주지 않았어야 하고, 달려와 사과를 했다면 그 사과를 받아들여야 했다"고 말했다. 만약 굶주린 사람이 그 사과를 받아들이고 부자가 주는 음식을 먹었다면 죽지 않았을 것이고, 재기할 수 있는 기회를 얻었을지도 모른다. 부자 역시 앞으로 자신의 행동을 가다듬을 수 있으니 두 사람에게 다 좋은 길이라고 할 수 있다. 하지만 사과를 받아들이지 않음으로써 한 사람은 죽고 또 한 사람은 평생 자책을 하며 살아야 하니 두 사람 모두에게 나쁜 결과를 가져오고 말았다.

흔히 사람을 꾸짖을 때 저지르기 쉬운 행동 두 가지가 있다. 감정을 다스리지 못해 흥분하면서 목소리가 커지는 것이 첫째다. 이때는 잘못한 상대에게 두려움을 심어줄 수는 있어도 스스로 생각해 행동을 고칠 기회를 뺏을 수 있다. 다음은 오랜 시간 앞에 세워두고 훈계를 계속하는 행동이다. 이렇게 행동하는 까닭은 잘못에 대한 반성을 유도하려는 게 아니라 그것을 지적하는 스스로에게 도취되었기 때문이다. 그러면 꾸짖음을 받는 사람들은 빨리 훈계가 끝나기만 기다리게 된다. 안타깝게도 이 두 가지 모습으로는 모두 상대방을 설득하기 어렵다. 마음을 건드리지도, 변화할 의욕을 만들어주지도 못한다. 꾸짖음의 목적은 나의 분노를 표출하는 것도, 상대에게 지식을 전달해주는 것도 아니다. 스스로 생각을 바꾸고 행동을 변화하도록 유도해야 한다.

"뜻 있는 선비는 도천이란 이름의 샘물을 마시지 않고, 청렴한 사람은
무례하게 주는 음식은 먹지 않는다."

조직에 부정부패의 조짐이 있다면 반드시 시초에 강하게 꾸짖어야 한다. 그때 이 말을 떠올리면 좋을 것이다. 하지만 말보다 더 소중하게 여겨야 할 것은 먼저 실천하는 자세다. 《논어》에서는 "먼저 실천하고 그 다음에 말하라"고 했다. 리더가 청렴의 가치를 평소에 보여주지 못한다면, "한 마디 말이 이치에 맞지 않으면 천 마디 말이 필요없다"는 《명심보감》의 경고가 준엄하게 다가올 것이다.

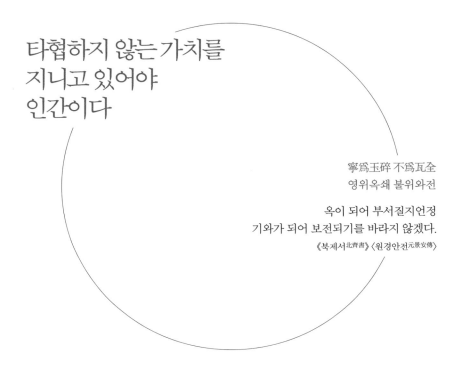

타협하지 않는 가치를
지니고 있어야
인간이다

寧爲玉碎 不爲瓦全
영위옥쇄 불위와전

옥이 되어 부서질지언정
기와가 되어 보전되기를 바라지 않겠다.

《북제서北齊書》〈원경안전元景安傳〉

옥은 오래 전부터 최고의 보물로 인정받은 보석이다. '화씨지벽華氏之璧'의 고사에서도 알 수 있듯이 좋은 옥은 열다섯 성城과도 바꾸지 않을 정도로 귀하게 여겨졌다. 하지만 귀한 보물이 되는 옥은 찾기도 어려울뿐더러 엄청난 공을 들여 다듬어야 한다. '화씨지벽' 역시 처음에는 왕으로부터 진가를 인정받지 못했다. 최초 발견자였던 화씨가 '왕을 속였다'는 죄목으로 두 발꿈치를 잘리는 형벌까지 받을 정도였다. 결국 화씨의 보물은 새로 부임한 왕이 옥을 잘 다듬는 장인의 손에 맡긴 다음에야 그 진가를 드러내었다. 이러한 특징 때문에 옥은 흔히 뛰어난 인재에 비견되기도 한다. 인재 역시 태생 그 자체로는 진가를 발휘할 수 없고 학문의 증진과 수양을 통해서만이 완성될 수 있다.

이 명구절에는 '옥쇄玉碎'라는 단어가 있다. 직역을 하면 '옥처럼 아름답게 부서진다'인데, '명예롭고 깨끗한 죽음'을 의미한다. 글 자체로는 아름답지만 우리에게는 그리 좋게 다가오지 않는 말이다. 2차 세계대전 말기 일본이 자기나라뿐 아니라 강점했던 우리 청년들까지 동원하기 위해 '일억옥쇄一億玉碎'라는 표현을 썼다. '내선일체'라는 허울 하에 수많은 우리 청년들이 엉뚱한 남의 나라 전쟁에서 희생당해야 했던 역사가 지금도 뼈아프게 남아 있다.

'옥쇄'라는 말의 출전은 다음에 소개하는 고사다.

남북조의 혼란스러운 시대에 위나라에서 서안장군西安將軍의 직위를 맡고 있던 원경안이라는 사람이 있었다. 그는 위나라 왕실의 혈족으로서 부친과 조부가 모두 고관대작을 지냈던 명문가의 일원이었다. 북제北齊의 고양高洋에 의해 위나라가 망하자, 그는 문선제文宣帝가 된 고양에게 자신의 성씨를 황제와 같은 고씨로 바꾸겠다고 하며 비위를 맞췄다. 그의 사촌동생 원경호가 그 말을 듣고 이렇게 말했다.

"어찌하여 본성本姓을 버리고 다른 사람의 성을 따를 수가 있습니까? 대장부는 옥이 되어 부서질지언정 기와가 되어 보전되기를 바라지 않습니다!"

원경안은 그 말을 듣고 부끄러워하기는커녕 문선제에게 바로 가서 고자질을 했다. 결국 원경호는 처형을 당했고 그의 가족들까지 오지로 쫓겨나고 말았다. 원경안은 그 일로 문선제에게 크게 치하를 받고, 출세를 거듭해 대장군의 자리에까지 올랐다. 옥과 같이 청렴했던 원경호는 크게 부서져 사라졌고, 원경안은 기와처럼 오래 살아남아 높은 관직까지 차지하게 된 것이다. 이 고사를 보면서 우리는 현실을 되돌아보게 된다. 권력과 이권을 위해 쉽게 지조를 저버리고 불의와 타협하는 행태를 지금도 흔히 볼 수 있다. 의로움과 불의함과는 별개로 처세를 잘하고 줄을 잘 타는 사람들이 다른 사람보다 더 성공하기도 한다.

물론 지금은 시대가 바뀌었다. 어떤 일을 위해 굳이 옥쇄를 할 필요도 없고 그런 선택 자체가 어리석은 일일지도 모른다. 현실을 제대로 읽고 상황을 정확하게 판단해 적절하게 처신하는 것이 오늘을 살아가는 자세로 더 바람직하다. 하지만 옳고 그름에 있어서만큼은 결코 타협해서는 안 된다. 지켜야 할 귀한 가치가 있고 내 삶의 소중한 의미가 있다면 반드시 지켜내야 한다. 그래야 스스로의 삶을 되짚어봤을 때 부끄럽지 않게 된다.

"옥이 되어 부서질지언정 기와가 되어 보전되기를 바라지 않겠다."

사람들과 조직을 이끌어가는 리더에게는 수많은 유혹이 따를 수밖에 없다. 권력을 좇아, 사적인 이익을 위해 많은 사람들이 줄을 대려고 하기 때문이다. 이럴 때 유혹에 흔들리지 않는 단호한 모습을 보이기에 좋은 말이다. 상대에게는 '불의로 유혹하지 말라'는 경각심을 줄 수 있고, 스스로 흔들리는 마음을 다잡을 수 있는 자기선언의 말이 될 수도 있다. 수단과 방법을 가리지 않고 오직 성공만을 추구하는 사람이나, 권력자와의 친분, 실속 없는 인기, 실력이 뒷받침하지 않는 학식 등 허명만을 좇는 사람을 꾸짖을 때도 좋다.

담대하게 꿈을 꾸고
세심하게 표현하라

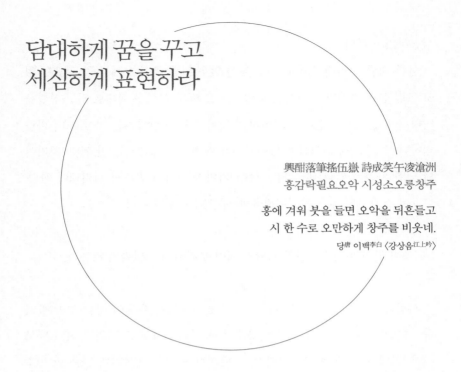

興酣落筆搖伍嶽 詩成笑午凌滄洲
흥감락필요오악 시성소오릉창주

흥에 겨워 붓을 들면 오악을 뒤흔들고
시 한 수로 오만하게 창주를 비웃네.

당唐 이백李白 〈강상음江上吟〉

이백의 대표적인 시 〈강상음江上吟〉의 한 구절이다. '강상음'이라는 제목이 말해주듯이 배를 타고 강을 유람하며 그 풍경과 흥취를 노래한 시다. 아름다운 시지만 그 내용을 살펴보면, 초나라의 대표적인 시인 굴원의 고사를 들어 세상의 명예와 권세의 허무함을 담고 있다. 그리고 시를 통해 영원히 이름을 남기는 시인으로서의 자부심을 보여주고 있다. 비록 시인의 힘은 미약하지만 글은 영원히 세상에 남고, 세상의 권세는 강해 보여도 곧 사라지고 만다는 것이다. 실제로 굴원은 귀양지에서 강에 몸을 던져 자살했지만 그의 시는 지금껏 빛을 발하고 있다. 반면에 굴원의 나라였던 초나라는 굴원이 죽은 지 50여 년 후 진나라에 의해 멸망해 그 노대와 정자마저 쇠락했다.

이 명구절에는 한 시대를 풍미했던 시인으로서 이백의 도도한 심사가 잘

천년의 내공

드러나 있다. 시인은 비록 세상의 권세는 없으나 붓을 놀려 시를 짓는다면 오악을 뒤흔들 수 있다고 담대하게 노래한다. 여기서 오악은 중국의 다섯 명 산으로 동쪽의 태산泰山, 서쪽의 화산華山, 남쪽의 형산衡山, 북쪽의 항산恒山, 중 앙의 숭산嵩山을 말한다. 중국 사람들은 예로부터 이 다섯 산을 하늘에 제사 를 올리는 장소로 여기는 등 신성시했다. 창주는 중국 동해의 먼 바다로 신 선이 산다는 곳이다.

천하에서 가장 높은 다섯 산을 뒤흔들 수도 있고, 신선이 산다는 창주마 저 웃으며 넘나들겠다는 것이니 세상의 권위에 흔들리지 않는 시인의 자부 심과 호방함이 멋지게 드러난다. 특히 뒤이어 "부귀와 공명이 영원하다면, 한수도 응당 서북으로 흐르리라"라고 노래한 구절 역시 압권이다. 지금 남 동쪽으로 흐르는 한수가 서북쪽으로 흐를 수 없는 것처럼 세상의 부귀와 영 화가 영원히 지속될 수 없다는 것이다. 이백은 자신의 시에서 바로 이러한 세상의 이치와 시인으로서의 자부심을 담았다. 비록 자신의 삶이 화려하지 도, 평탄하지도 않지만 시를 통해 세상을 뒤흔들고, 자신의 이름을 영원히 남기겠다고 말하고 있는 것이다.

굴원이 그랬던 것처럼 이백 역시 순탄한 삶을 살았던 것은 아니다. 비록 고난의 삶이었지만 타고난 풍류객이었던 만큼 세상의 성공과 출세에 연연 하지 않았다. 타고난 재능으로 그가 지었던 절구絶句는 '신품神品'이라고 평해 졌고, 그의 시재는 '천재天才'로 불렸다. 붓을 들면 시가 나올 정도의 놀라운 경지는 무려 1,100수라는 시를 세상에 남길 수 있었고, 그래서 오늘날에도 '시선詩仙'이라는 이름으로 불린다.

이때 이백이 가졌던 것이 《당서》에 실려 있는 담대심소膽大心小의 마음가짐 이다. 담대심소는 원래 당唐의 문인 손사막이 했던 말로, '담대함과 세심함을 함께 가지라'는 뜻이다. 문장을 지을 때 지녀야 하는 마음가짐을 말하지만, 삶에도 적용할 수 있는 소중한 덕목이다. 이백은 현실의 제한 속에서도 결코 주눅들지 않는 담대한 삶을 살았고, 섬세한 예술 감각으로 아름다운 시를 남겼다. 누구라도 항상 만족할 만한 삶을 살아가기는 힘들다. 다만 어려운 때일수록 당당한 자존감과 섬세한 감각을 잃지 않는 자세로 고난을 감내할 뿐이다.

"항하의 누런 물도 언젠가는 맑아질 것인데 어찌 사람에게 행운이 올 날이 없겠는가."《석시현문》에 실려 있는 글로, 지금은 비록 어려워도 언젠가는 행운처럼 기회가 찾아온다는 뜻이다. 위기 앞에 선 인간에게 진짜 문제는 지금 닥친 어려움이 아니다. 그 어려움에 얼마나 담대하게 맞설 수 있는지야말로 우리가 고민해야 하는 지점이다. 큰 포부가 있다면 작은 권세를 자랑하는 하찮은 사람들을 마음껏 비웃으며 꾸짖을 수 있다.

"흥에 겨워 붓을 들면 오악을 뒤흔들고 시 한 수로 오만하게 창주를 비웃네."

중국의 저명한 미술평론가 쉐용녠薛永年이 2013년 8월 29일자《동팡진바오東方今報》에 기고한 글에서 셰빙이謝冰毅의 그림을 평가할 때 인용했다. 훌륭한 예술작품을 바라볼 때 이 명구절을 떠올리는 것도 좋다.

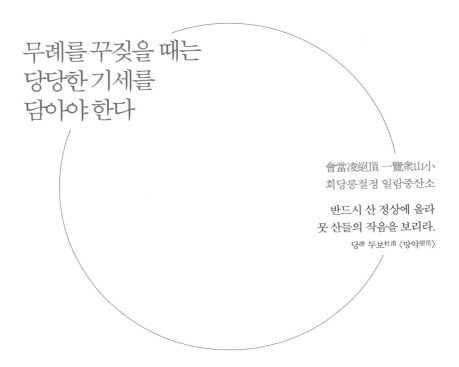

무례를 꾸짖을 때는 당당한 기세를 담아야 한다

會當凌絕頂 一覽衆山小
회당릉절정 일람중산소

반드시 산 정상에 올라
뭇 산들의 작음을 보리라.

당唐 두보杜甫 〈망악望岳〉

두보가 태산의 풍광을 본 감회를 적은 시 〈망악望岳〉의 마지막 구절이다. 두보의 초기작품으로, 29세가 되던 해 첫 번째 과거에서 낙방하고 천하를 주유하다 태산에 이르렀을 때 지었다. 과거에 낙방한 신세가 되었지만 결코 낙망하지 않고 웅장한 태산의 모습처럼 더 큰 꿈을 품겠다는 각오가 담겨 있다. 반드시 저 높은 산 정상에 올라 자신을 비웃는 세상을 내려다보고 말겠다는 것이다.

그 당시 두보의 심정을 정확히는 알 수 없지만, 자신의 참담한 실패를 순순히 받아들이기는 어려웠을 것이다. 만 권의 책을 읽고, 신의 경지에 이른 것과 같은 글 솜씨를 자랑하는 사람이 정작 과거에서 그 글재주를 인정받지 못한 현실을 수긍하기란 결코 쉽지 않다. 무언가 권력의 입김이나 세도가의 개입이 있지 않고서야 어떻게 자신보다 실력이 훨씬 못 미치는 사람들이 합격할 수 있다는 말인가. 이런 의문도 품었을 법하다.

두보가 활동하던 당시대에서 벼슬길로 나아가는 데에는 두 가지 방법이 있었다. 권력 있는 세도가의 자녀들이 추천에 의해 등용되는 음서제蔭敍制가 있었고, 보통사람들이 응시하는 과거제가 있었다. 하지만 과거제 역시 공정한 심사절차를 거치기보다는 권력자들의 입김에 좌우되는 경우가 많았다. 시험지의 이름을 가리지 않고 공개하는 등 엄밀한 제도적 장치가 뒷받침되지 않아 제대로 된 공정성을 보장받을 수 없었다. 음서제로 인해 등용의 문이 절반으로 줄어들었는데, 일반 시험조차 형편이 그 모양이니 돈과 권력이 없는 사람들이 과거에 급제하기는 바늘구멍보다 더 좁을 수밖에 없었다. 결국 두보와 같이 탁월한 인재들조차 과거의 문을 뚫지 못해 좌절하고 방황할 수밖에 없었다.

인간에게는 어려움을 이겨낼 근성과 용기가 있다. 사람에 따라 정도의 차이는 있지만 누구나 가지고 있는 의지력이다. 하지만 그 의지력이 발휘되기 위해서는 조건이 있는데, 그 일이 공정하고 정의로워야 한다는 것이다. 만약 자신이 처한 어려움과 고난이 공정하지 못한 경쟁과 정의롭지 못한 뒷거래의 결과라고 한다면 사람들은 좌절하게 된다. 자신의 힘으로 이겨내기 어렵다는 절망에 빠지기 때문이다.

흔히 어려울 때 해결해주는 사람이 리더라고 한다. 하지만 아무리 뛰어난 리더라고 해도 세상의 모든 문제를 해결할 수는 없다. 단지 솔선수범의 정신으로 행하고, 엄정하고 정의로운 처신을 하며, 공정한 경쟁의 장을 펼쳐준다면 부하들이 진심으로 믿고 따르는 리더는 될 수 있다. 그런 리더라면 머지않아 그 어려움도 이겨낼 수 있을 것이다.

천년의 내공

이 명구절은 중국의 지도층들이 상대방의 결례에 대한 꾸짖음을 담아 '언중유골言中有骨'의 한마디로 주로 사용하기도 한다. 2006년 후진타오胡錦濤 전 중국 주석이 미국을 방문했을 때 미국의 결례가 거듭되자 오찬 모임에서 이 말을 답례로 했다. 비록 지금은 미국이 세계의 중심으로 교만하게 행동하지만 언젠가는 미국을 압도하고 말겠다는 뜻을 담아 했던 것이다. 물론 후진타오의 정확한 본심을 알기는 어렵다. 하지만 강대국 미국 앞에서 당당하게 이 말을 할 수 있는 배포가 부럽기는 하다.

사회생활을 하다 보면 다양한 상황에 처하게 된다. 대부분의 경우 의전과 예법에 의해 정당한 대우를 받지만 때로는 알게 모르게 부당한 처우를 받기도 한다. 이때 쉽게 감정을 드러내거나 흥분하게 되면 중요한 행사를 망치는 결과를 초래할 수 있다. 하지만 무조건 참고 인내하는 것 역시 바람직하지 않다. 특히 의도적으로 폄하하려고 할 때는 가만히 있는 것이 오히려 상대의 의도에 말려드는 것일 수도 있다. 반드시 상대의 부당함을 꾸짖고, 예의 없음을 질타하는 단호한 한마디를 할 수 있어야 한다. 품격을 잃지 않으면서도 당당한 기세로 상대를 제압할 수 있는 말의 힘, 어른에게는 이러한 내공이 있어야 한다.

작은 불의를
양보하면
큰 불의를
불러들이게 된다

新松恨不高千尺 惡竹應須斬萬竿
신송한불고천척 악죽응수참만간

어린 소나무는 천 척 높이로 뻗지 못하는 것을 한스러워하고
제멋대로 자란 대나무는 만 그루라도 잘라내야 한다.

당唐 두보杜甫

두보는 안사의 난(안녹산과 사사명의 난)을 피해 전국을 방랑해야 했다. 오랜 방랑 끝에 성도로 와서 친구 엄무嚴武(엄정공)의 도움으로 초당을 얻어 그곳에 기거하게 된다. 두보는 잠시 떠났던 초당에 다시 돌아가면서 엄무에게 감사의 마음을 담아 다섯 수의 시를 지었는데, 바로 〈장부성도초당도중유작선기엄정공오수將赴成都草堂途中有作 先寄嚴鄭公五首〉라는 긴 제목의 시다. 이 명구절은 그 가운데 제4수에 실려 있는 글이다. 시의 시작은 이렇다.

"늘 모래 사태에 약초밭이 상할까 걱정했는데 강 자락 난간으로 풍랑을 잠재웠네. (상고사붕손약란 야종강함낙풍단常苦沙崩損藥欄 也從江檻落風湍)"

두보는 시의 앞부분에서 부정부패와 난리로 망해가는 나라를 걱정하고 있다. 약초꾼들은 으레 모래사태로 약초가 상하지 않을까 염려해 대비한다.

268

그래서 강가에 난간을 설치해 바람과 풍랑의 피해를 막으려 한다. 두보는 이를 국가 상황에 비유해 부정부패가 만연하지 않도록 미리 대비해야 한다고 말하고 있다.

그 다음은 이미 만연한 부정부패를 척결하는 방법이다. 예로부터 '송죽지절松竹之節'이라고 해서 소나무와 대나무는 변하지 않는 충절을 상징했다. 하지만 이 시에서는 해석이 다르다. 비온 후에 마구 자라난 대나무로 인해 새로 심은 어린 소나무들이 뻗지 못하는 것을 안타까워한다. 두보는 이 나쁜 대나무를 모두 잘라버려야 어린 소나무들이 제대로 자랄 수 있다고 한다. 시에서 대나무는 사회를 어지럽히는 부정부패이고, 어린 소나무는 키워나가야 할 사회의 정의다.

권력이 있는 곳에는 부패의 싹이 자라기 쉽다. 자신의 권력을 의무가 아니라 사욕을 채우는 도구로 생각하는 사람들이 있기 때문이다. 이런 기득권층의 부정부패는 과감히 뿌리째 잘라내어야 근절된다. 율곡 이이는 〈격몽요결擊蒙要訣〉에서 나쁜 습관을 고치기 위해서는 "한칼에 잘라버리듯이 뿌리째 뽑아야 한다(혁구습일도결단근주革舊習一刀決斷根株)"고 했다. 부정부패도 마찬가지다. 비온 후 우후죽순처럼 솟아나는 부정부패의 싹을 그 밑바닥부터 근절해야 하는 것이다. 단 하나의 뿌리도 남기지 않아야 재발을 막을 수 있다.

《논어》〈자장〉에는 군자의 모습을 이렇게 표현했다.

"군자는 모습이 세 번 바뀐다. 멀리서 보면 위엄이 있고 가까이 다가가면 온화하고 그 말은 엄정하다."

위엄과 온화함을 함께 갖추되 불의 앞에서는 엄정하고 단호한 말을 할 수 있는 사람이 진정한 지도자의 모습이다. 언제나 엄숙해서도, 항상 부드럽기만 해서도 리더로서는 부족하다. 하지만 불의와 부정 앞에서는 언제나 엄정한 말을 할 수 있어야 한다. 단호한 한마디로 감히 부정부패를 시도할 엄두도 내지 못하게 만드는 것이 리더의 말이다.

> "어린 소나무는 천 척 높이로 뻗지 못하는 것을 한스러워하고 제멋대로 자란 대나무는 만 그루라도 잘라내야 한다."

중국의 시진핑 주석은 부패한 관리의 뿌리를 뽑겠다는 의지를 천명하며 이 명구절을 인용했다. 그는 '권력은 부패를 초래하고, 절대 권력은 반드시 부패하게 되어 있다'고 경계하며, '상한선을 정하지 말고 부패를 척결해야 한다'고 강조했다.

고수만이
고수를 알아본다

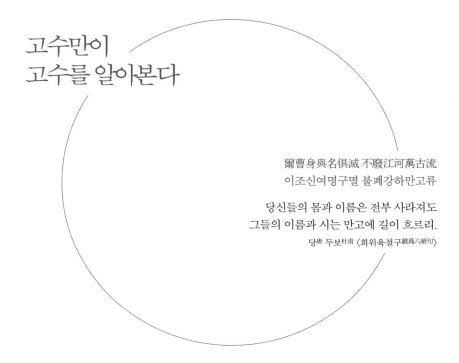

爾曹身與名俱滅 不廢江河萬古流
이조신여명구멸 불폐강하만고류

당신들의 몸과 이름은 전부 사라져도
그들의 이름과 시는 만고에 길이 흐르리.

당唐 두보杜甫 〈희위육절구戱爲六絕句〉

두보가 쓴 '희위육절구戱爲六絕句'의 한 대목이다. '재미삼아 절구 여섯 수를 짓다'로 해석되는데, 그 내용은 결코 가볍지 않다. 이 명구절은 희위육절구의 두 번째로, 자신의 수준과 한계를 알지 못하고 옛 사람들의 능력을 함부로 폄하하는 사람들에게 쓴 경계의 글이다. 그 앞부분을 보면 두보가 절구에서 말하고자 한 뜻을 명확하게 알 수 있다.

"초당사걸이 쓴 시를, 경박하다고 비웃기를 그치지 않네. (왕양노락당시체 경박위문신미휴王楊盧駱當時體 輕薄爲文哂未休)"

시에서 '왕양노락王楊盧駱'이라고 일컬었던 사람들은 당 초기의 시인들로 왕발, 양형, 노조린, 낙빈왕의 네 사람을 말한다. 이들은 당 초기 가장 뛰어난 네 명의 시인으로 꼽히며 '초당사걸初唐四傑'로 불리었다. 시풍詩風은 귀족적 심미주의에 치우친 당시 궁정시인들에 반해 서정적, 서민적이었다. 이들보다 약 70~80년 후에 활동했던 두보 시절에는 이들의 시를 가볍고 경박하다고 폄훼하는 풍조가 만연했다. 두보는 함부로 이들을 평가하던 궁중시인들의 교만함을 꾸짖으며 스스로를 돌이켜보라고 질타하고 있다. 지금 그들의 시를 비웃는 당신들은 역사에 전혀 이름을 남기지 못하고 사라져갈 것이지만, 초당사걸의 이름은 마치 흐르는 강처럼 영원할 것이라는 내용이다.

흔히 탁월한 사람이나 작품은 그 외양부터 남다를 것이라고 생각한다. 그래서 겉으로 평범해 보이면 별 것 아니라고 생각하기 쉽다. 하지만 진정한 위대함은 오히려 어리석어 보이고 평범해 보인다. 《채근담》에서는 "문장이 경지에 이르면 별다른 기발함이 있는 것이 아니라 다만 적절할 뿐이고, 인품이 경지에 이르면 별다른 특이함이 있는 것이 아니라 자연스러울 뿐이다"라고 나와 있다. 평범함과 자연스러움 속에 탁월함이 숨어 있다는 것이다. 그래서 사람들은 위대한 사람들을 보고 어리석다고 비웃고, 위대한 작품을 보고 평범하다고 폄하하기도 한다. 그래서 노자와 같은 대철학자는 "사람들로부터 비웃음을 받지 않으면 진정한 '도道'의 경지에 이르지 못한 것"이라고까지 말하고 있다.

오늘날 위대하다고 평가받는 예술가나 작품들이 당대에는 인정을 받지 못했던 까닭 역시 바로 이런 이유 때문이다. 수많은 예술가들이 자신의 시대에는 재능을 인정받지 못하고 가난 속에 살아야 했다. 이들은 보통사람들이 이해하지 못할 정도로 시대를 앞서 갔고, 세상과 사람들에게 타협하지 않고 자신만의 세계를 구축해나갔다. 그래서 그 당시에는 인정을 받지 못했지만, 시대에 구애받지 않는 걸작을 남길 수 있었다.

두보는 초당사걸의 시를 보고 그 진정한 가치를 알아보았다. 물론 두보

천년의 내공

는 오늘날 이들 초당사걸보다 훨씬 더 위대한 시인으로 인정받고 있다. 이러한 경지에 이르렀기에 그들이 썼던 시의 장점을 알고 그 가치를 인정할 수 있었던 것이다. 흔히 "고수가 고수를 알아본다"고 한다. 고수의 경지를 알기 위해서는 최소한 비슷한 수준에까지 이르러야 한다는 말이다. 그래서 고수들은 함부로 다른 사람을 평가하지 않는다. 반면에 어설픈 실력을 갖추고 스스로 높은 경지에 있다고 자만하는 사람들은 함부로 남을 평가한다. 자신과 다르면 틀리다고 생각하고, 자신을 높일 줄은 알지만 다른 사람의 실력은 인정하지 않는 것이다. 진정한 고수가 아니라 어설픈 실력자가 가진 한계다.

"당신들의 몸과 이름은 전부 사라져도 그들의 이름과 시는 만고에 길이 흐르리."

만약 주위에서 함부로 다른 사람을 평가하거나, 스스로 교만한 사람이 있다면 인용해 꾸짖을 수 있는 말이다. "나는 옳고, 나와 다름은 틀리다"는 풍토는 인화를 해친다.

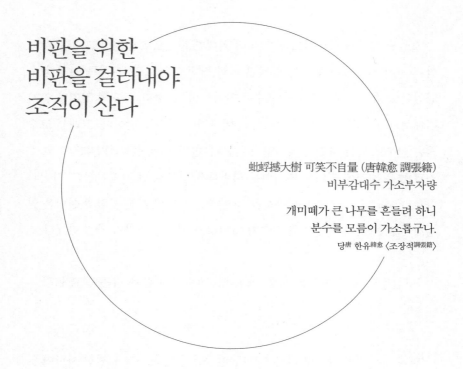

비판을 위한
비판을 걸러내야
조직이 산다

蚍蜉撼大樹 可笑不自量 (唐韓愈 調張籍)
비부감대수 가소부자량

개미떼가 큰 나무를 흔들려 하니
분수를 모름이 가소롭구나.

당唐 한유韓愈 〈조장적調張籍〉

'당랑거철螳螂拒轍'이라는 고사가 있다. '사마귀가 큰 수레를 막아선다'는 뜻으로 '자기 분수를 모르고 강한 상대에게 무모하게 덤비는 것'을 일컫는 말이다. 《회남자》,《한시외전》 등 많은 중국 고전에 실려 있는 고사다.

제나라의 장공이 하루는 수레를 타고 사냥터로 가고 있었다. 그때 벌레한 마리가 앞발을 도끼처럼 치켜들고 수레를 향해 덤벼들었다. 수레를 가로막는 벌레의 모습이 당돌하게 보여 장공이 물었다. "허, 저 맹랑한 벌레는 무엇인가?" 그러자 수레를 모는 어자가 대답했다. "사마귀라는 벌레입니다. 앞으로 나아갈 줄만 알지 뒤로 물러설 줄은 모르는 놈인데, 제 힘은 생각지도 않고 강자에게 덤벼드는 버릇이 있습니다." 그러자 장공이 대답했다.

"저놈이 사람이었으면 분명히 호걸이 되었을 것이다. 그 용기가 가상하

천년의 내공

니 피해서 가도록 하자."

사마귀는 장공의 선처에 힘입어 목숨을 구할 수 있었다. 영웅호걸을 사랑하는 제후의 너그러움이 벌레의 목숨을 살린 것이다. 하지만《장자》에서는 전혀 다른 해석을 보여준다. "사마귀는 앞다리를 벌리고 수레에 대들면서도 감당하지 못한다는 사실을 알지 못한다. 자기 능력을 과신하기 때문이다. 이런 것은 경계하고 삼가야 할 일이다."

회남자보다는 장자의 해석이 훨씬 더 현실적이고 냉철한 판단이다. 우리는 '계란으로 바위치기'와 같은 무모한 도전이 어떤 결과로 끝나는지를 쉽게 짐작할 수 있다. 물론 높은 이상을 가지고 큰 목표에 도전하는 것은 좋다. 하지만 무엇보다도 현실에 기반을 두고 있어야 한다. 현실의 자신과 이상적인 자신의 차이를 분명히 알고 그것을 메우려고 노력하는 자세를 가져야 한다. 만약 자신의 실력과 재능, 그리고 약점은 생각하지 않고 오직 이상만을 추구한다면 신기루를 쫓는 일밖에 되지 않는다.

이 명문장은 당시대 정치인이자 문인이었던 한유의 시 〈조장적調張籍〉의 일부다. 친구인 문인 장적에게 존경하는 시인 이백과 두보를 기리며 함께 풍류를 즐기자고 권하는 내용이다. 이백과 두보가 죽은 후, 그들의 시를 폄하하던 사람들을 비판하고 비웃는 내용을 앞에서와 같이 표현했다. 자신들의 분수를 모르고 대시인을 비판하던 사람들은 큰 나무를 밀어 흔들려고 하는 개미들과 같다는 것이다.

비판정신은 자신의 변화와 발전을 위해 반드시 필요하다. 하지만 반드시 건전하고 공정한 바탕 위에서 이뤄져야 한다. 다른 사람의 재능을 질투하거나, 자신의 분수를 모르는 상태에서 비판하는 것은 결코 바람직하지 않다. 실력이나 인격이 모자란 사람이 다른 사람을 밟고 올라섬으로써 자신을 높이려 한다면 비웃음을 살 뿐이다. 《장자》에는 "대롱을 통해 하늘을 살피고 송곳 하나로 땅을 재려고 하니 이 얼마나 보잘 것 없는 일인가"라는 말이 실려 있다. 자신만의 세계에 갇혀 드넓은 세상과 경지를 모르는 사람을 두고 하는 말이다. 오직 자신만의 시야로 모든 것을 판단한다면 '우물 안 개구리'가 될 수밖에 없다.

"개미떼가 큰 나무를 흔들려 하니 분수를 모름이 가소롭구나."

사사건건 다른 사람의 일을 비판하고 문제를 제기하지만 정작 해결책은 제시하지 못하는 사람들을 꾸짖을 때 좋은 말이다. 자신이 가진 알량한 권력과 능력을 믿고 분수를 모르는 사람에게도 적격이다. 조직이 창의적이고 도전적으로 일을 할 때 가장 방해가 되는 것이 바로 이런 사람들이다. 이들을 적절하게 견제하지 못하면 창의적이고 도전적인 조직 풍토는 조성되기 어렵다. 유명한 경제평론가이자 기업인인 주다밍朱大鳴이 중국정부의 시장 개입을 비판한 기사제목으로 사용했던 구절이다.

비겁함 앞에서는 낮은 목소리로 크게 분노하라

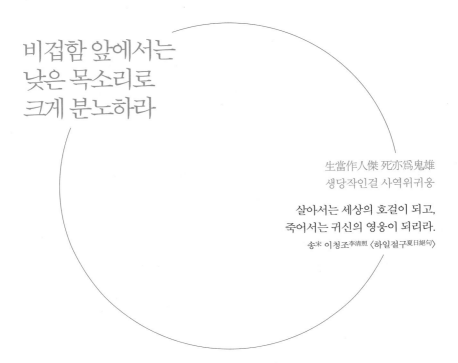

生當作人傑 死亦爲鬼雄
생당작인걸 사역위귀웅

살아서는 세상의 호걸이 되고,
죽어서는 귀신의 영웅이 되리라.
송宋 이청조李淸照 〈하일절구夏日絶句〉

송시대 시인 이청조는 시詩와 사詞, 산문散文에 모두 능통했던 문장가로 '일대 사인一代詞人'으로 불렸다. 그럼에도 일가견이 있었으니 다재다능을 타고난 예술가라고 할 수 있다. 하지만 그의 삶은 순탄치 못했다. 송 말기 금의 침입을 겪으며 어렵고 힘든 삶을 감내해야 했다. 그녀가 살았던 북송은 망했고, 황제의 동생 조구가 항주에서 남송을 세워 나라는 겨우 명맥을 유지했지만 그 와중에 백성들은 큰 고초를 겪어야 했다. 그는 큰 고난 속에서 스스로도 힘들었지만, 나라를 잃고도 일신의 안녕만 꾀하는 남송 군신들의 모습에 더욱 비분강개했다. 그래서 이 명구절이 담겨 있는 〈하일절구〉에서 항우의 고사에 빗대어 국가 지도층의 비겁함을 꾸짖었다. 이 구절의 다음은 이렇게 이어진다.

"이제와 항우를 생각해보니 강동으로 건너가려 하지 않았네. (지금사항우 불긍과강동至今思項羽 不肯過江東)"

항우는 통일 진시대 말기 폭정에 대항해 일어났던 시대의 영웅이었다. 한때 서초패왕의 자리에까지 올라 황제의 자리를 눈앞에 두고 있었으나, 유방과의 쟁패전에서 패배하고 말았다. 해하에서 사면초가에 빠졌던 그가 겨우 포위망을 뚫고 오강에 이르렀을 때, 그곳의 정장이 그에게 배를 내어주며 훗날을 기약할 것을 권했다.

"강동은 비록 좁지만 땅이 사방으로 천리이고 그곳에 사는 백성이 수십만에 달하니 왕 노릇을 하기에 충분합니다. 대왕께서는 얼른 강을 건너십시오."

하지만 항우는 이렇게 말했다.

"내가 옛날 강동의 젊은이 팔천과 함께 강을 건너 서쪽으로 갔으나 단 한 사람도 돌아오지 못했다. 강동의 어르신들이 나를 가련하게 여겨 왕으로 삼는다 해도 내가 무슨 면목으로 그들을 대하겠는가? 설사 그들이 말하지 않아도 이 항우가 부끄럽다."

그리고 최후까지 유방의 군사와 싸우다 스스로 목을 찔러 죽고 만다.

이청조는 송나라 지도층의 무사안일과 비겁함을 보면서 항우의 영웅다움을 부러워했다. 당시 여진족의 금에게 북송의 황제들이 끌려가서 치욕을 당했고, 왕족과 대신들은 모두 노비가 되었다. 남쪽으로 도망쳐 세웠던 남송의 황실은 현실에 안주하고 일신의 안녕만을 도모했다. 이청조는 이들의 비겁함을 보면서 현실에서 호걸이 되는 것에 그치지 않고, 끝까지 싸우다가 죽어 귀신으로서도 영웅으로 칭함을 받는 항우를 그리워했던 것이다.

이청조는 죽음으로 명예를 지킨 항우의 영웅됨을 칭송했지만, 항우의 죽음을 헛되다고 생각하고 안타까워했던 사람도 있었다. '권토중래捲土重來', 직역하면 '흙먼지를 일으키며 다시 돌아온다'는 고사성어가 바로 그것이다. 항우가 죽은 지 천 년이 지난 후 당시대 시인 두목^{杜牧}이 지은 시에 있는 구절로, 항우와 같은 영웅이 왜 훗날을 기약하지 않고 쉽게 목숨을 버렸는지를 안타까워하고 있다. 비록 지금은 어렵고 힘들지만 살아서 '흙먼지를 날리며 다시 돌아와 용맹하게 싸우는 것'이 오히려 더 명예로운 삶이 되지 않았을까 하는 시인의 소회다.

《사기》〈회음후열전〉에는 '음오질타^{喑噁叱咤}'의 고사가 실려 있다. 항우가 화가 나서 큰소리로 한번 꾸짖으면 그 앞에 있는 천 명의 사람들이 쓰러질 정도로 기세가 등등했다는 것이다. 지금은 큰 소리로 상대를 꾸짖는 항우와 같은 사람이 살 만한 시대가 아니다. 그럼에도 살아가면서 엄정한 목소리로 음오질타를 해야 하는 순간과 만나게 된다. 이청조가 하고 싶었던 말이 바로 그것이다. 비겁하게 살지 말 것. 대의를 잊고 소의를 따르는 무리에게 항우의 영웅다움을 들어 질타한 것이다.

나라와 같은 거창한 조직이 아니라도 어른이라면 자신을 믿고 따르는 사람들의 아픔을 함께 안타까워하고, 그들이 다시 일어설 수 있도록 도와야 한다. 무사안일이나 두려움으로 주위를 둘러보지 못한다면 어른이라 불릴 수 없다.

"살아서는 세상의 호걸이 되고, 죽어서는 귀신의 영웅이 되리라."

자신에게 스스로 의욕을 불어넣거나, 조직에 도전적이고 진취적인 자세를 고취시키고자 할 때 떠올릴 수 있는 구절이다. 중국 작가 리쟈전^{李家眞}이 《창바오^{晶報}》의 기사에서 이 글을 인용했다.

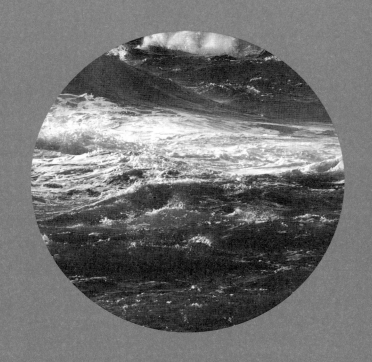

9

천금의
무게를
견뎌보라

일언천금 一言千金

진실과 거짓을
구분할 줄 알아야
방향을 제시할 수 있다

信言不美 美言不信
신언불미 미언불신

진실한 말은 꾸밈이 없고
꾸미는 말은 진실이 없다.
《노자老子》

노자는 《도덕경》에서 말에 대한 많은 깨우침을 전하고 있다. 유교의 대표적 인물인 공자가 말의 신중함과 더불어 꾸밈도 중요하다고 이야기하는 데 반해, 노자는 엄격하게 말의 진실함을 요구한다. 이 명구와 함께 《도덕경》에 실려 있는 '지자불언 언자부지知者不言 言者不知', '아는 자는 말하지 않고 말하는 자는 알지 못한다'는 말은 그 대표적인 표현이라고 할 수 있다.

말은 우리 생각과 사상을 표현해주는 가장 소중한 도구다. 표정이나 몸짓 등 비언어적으로 우리를 표현할 수도 있지만, 내 뜻을 분명하게 전달하기 위해서는 반드시 말을 통해야 한다. 내면의 충실함과 지식의 탄탄함도 말을 통해서 드러나게 된다. 그래서 '말은 곧 그 사람 자신이다'라고 한다. 또한 말은 한 사람의 능력을 판단하는 데도 중요한 지표가 되고 있다. 옛날에도 마찬가지였지만 오늘날도 말 잘하는 사람이 성공하고, 말을 통해 멋지게 의사 표현을 하는 사람이 사람들의 마음을 사로잡을 수 있다.

리더에게는 말을 효과적으로 할 수 있는 능력이 필요하지만 다른 사람의 말을 잘 듣고 판단하는 능력 또한 매우 필요하다. 나의 눈앞에서 하는 말이 과연 진실한 말인지, 아니면 패망으로 이끄는 말인지를 판단할 수 있어야 한다. 《논어》에서 이야기하는 '교언영색 선의인巧言令色 鮮矣仁'이 바로 그것을 경계하는 말이다. 겉으로 보기에 번드르르한 말과 꾸미는 행동거지를 하는 사람 가운데 진실한 경우는 드무니 경계해야 한다.

중국 최고의 역사책으로 꼽히는 《사기》를 보면 다음과 같은 역사적인 장면이 나온다.

환관 조고는 진시황이 죽자 그 조서를 위조해 어리석은 호해를 이세 황제의 자리에 앉혔다. 그리고 권력을 잡아 전횡을 휘두르자 원한을 품고 그를 죽이려는 자가 많아졌다. 조고는 이세 황제에게 이렇게 아뢰었다.

"천자가 존귀한 까닭은 단지 목소리만 들을 뿐 신하 가운데 누구도 천자의 얼굴을 보지 못하기 때문입니다. 폐하께서는 아직 젊으셔서 모든 일에 통달했다고 할 수 없습니다. 지금 조정을 다스리다가 만약 부정한 일이라도 있게 되면 신하들에게 단점을 보이게 되고, 천하에 그 영명함을 떨칠 수 없습니다. 폐하께서는 궁궐에 편히 계시고, 저와 법을 관장하는 신하들이 업무를 관장하도록 윤허해주십시오. 이렇게 하면 신하들이 감히 어렵고 힘든 일을 올리지 못할 것이고, 천하는 폐하를 성군이라고 칭할 것입니다."

이세황제는 그 말을 윤허했고, 궁궐 깊숙이 기거하며 신하들을 만나지 않았다. 황제의 곁에는 늘 조고가 있어 권력을 자기 마음대로 휘둘렀고, 모든 일이 조고에 의해 결정되었다.

그러면 이세황제는 천하의 성군으로 불리며 나라를 잘 다스렸을까? 이세황제는 우리가 잘 아는 '지록위마指鹿爲馬'의 고사에 등장한다. 조고가 사슴을 가리키며 말이라고 해도 아무 반론도 못하는 꼭두각시 노릇을 하다가, 나라에 반란이 심해지자 조고로부터 죽임을 당하고 말았다. 달콤하기만 하고 진실하지 못한 말에 귀를 기울이다가 자신도 죽고 아버지 진시황이 힘들여 창업했던 나라마저 망하게 만들었던 것이다.

인간은 달콤한 말과 행동에 끌리기 마련이다. 듣기 거북한 말을 피하고 싶은 것 또한 본능이다. 하지만 말의 홍수 시대인 오늘을 살기 위해서는 진실한 말과 거짓을 분간할 수 있어야 한다. 듣기 거북한 말이라고 해도 그 말 속에 담긴 진실을 볼 수 있어야 한다. 그래서 《명심보감》에서는 "나에게 좋은 말을 하는 사람은 도둑이요, 나쁘게 말하는 사람은 스승이다"라고 했다.

만약 내 앞에 서 있는 사람을 쉽게 분간하기 어렵다면, 그의 말이 얼마나 내 귀에 달콤한지로 판단하면 된다. 듣기 좋은 말로 미혹시키려는 사람이 있다면 "진실한 말은 꾸밈이 없고 꾸미는 말은 진실이 없다", 이 말을 통해 무겁게 경고해야 한다.

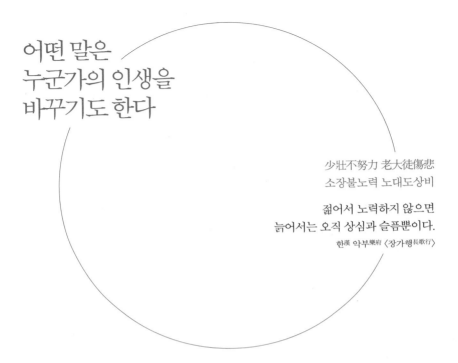

어떤 말은
누군가의 인생을
바꾸기도 한다

少壯不努力 老大徒傷悲
소장불노력 노대도상비

젊어서 노력하지 않으면
늙어서는 오직 상심과 슬픔뿐이다.

한漢 악부樂府 〈장가행長歌行〉

중국 양나라 정치가이자 문인인 심약沈約이 쓴 〈장가행長歌行〉의 마지막 부분이다. 말뜻 그대로 젊은 때를 놓치면 되돌릴 수 없으니, 열심히 노력해 노년에 후회하는 일이 없도록 하라는 당부다. 삶의 이치를 자연에 빗대어 쓴 이 아름다운 시, 〈장가행〉의 전문은 이렇다.

"푸른 정원의 해바라기는 아침햇살로 이슬을 말리네. (청청원중규 조로대일희青靑園中葵 朝露待日晞)

따사로운 봄볕이 온 누리에 퍼지니 만물이 찬란하게 빛을 내누나. (양춘포덕택 만물생광휘陽春布德澤 萬物生光輝)

가을이 오는 것은 항상 두려우니 꽃은 지고 잎은 시듦이라. (상공추절지 혼황화엽쇠常恐秋節至 焜黃華葉衰)

시냇물은 흘러 동쪽 바다로 가나니 언제나 다시 돌아올까. (백천동도해 하
시복서귀百川東到海 何時復西歸)

젊어서 노력하지 않으면 늙어서는 오직 상심과 슬픔뿐이다. (소장불노력
노대도상비少壯不努力 老大徒傷悲)"

공자는 《논어》 〈위정〉에서 "열다섯 살에 학문에 뜻을 두었고(지학志學), 서
른 살에 세상에 자립했으며(이립而立), 마흔에는 미혹되지 않았다(불혹不惑)"
고 말했다. 이 말이 공자 자신의 학문적 성취와 수양의 진전을 이야기한 것
이라면, 《예기》 〈곡례〉에서는 나이에 따라 행해야 할 보편적 기준을 제시하
고 있다.

"어린 10대에는 공부를 해야 하고(유학幼學), 20대에는 비록 약하지만 성
인의 길로 들어서고(약관弱冠), 30대에는 장성해 결혼을 하고(장유실壯有室), 40
대에는 강해져서 비로소 벼슬길에 나설 수 있다(강이사强而仕)."

이처럼 고전의 지혜들은 공부와 자기수양을 통해 철저히 내공을 쌓은 다
음 세상에 나가라고 이야기하고 있다. 공자는 서른 살에 비로소 세상에 우뚝
섰다고 하고, 《예기》에서는 젊은 시절에 공부와 다양한 경험을 쌓은 후 마흔
살이 되어서야 관직에 나서라고 한다.

오늘날은 과거와는 다르게 이십대 중반까지 공부를 하고 그 이후에는 일
을 하며 살아간다. 물론 공부는 평생 해야 하는 것이기에 일을 하면서도 멈
춰서는 안 되지만 오직 공부만을 위해 주어진 시간 또한 게을리 해서는 안
된다. 청춘은 마치 봄볕이 온 누리에 퍼져 만물에 생기를 불어넣듯이, 많은
것들을 받아들이기에 가장 좋은 시간이다. 가을이 되어 쇠락한 시기가 되면
무언가를 새롭게 배워 시작하기에는 힘들고 벅차다. 젊은 시절에 미리 잘 준
비해두지 않으면 고난을 겪게 될 수밖에 없다.

천년의 내공

"젊어서 고생은 사서도 한다." 너무 많이 들어 식상하기도 한 금언이다. 지겹게 느껴진다는 건 그만큼 많이 회자되었음을 의미하며, 많이 이야기되는 까닭은 바로 이 속에 새겨야 할 인생의 진리가 들어 있기 때문이다. 분명한 것은 고난은 시한부라는 사실이다. 어떠한 고난도 반드시 끝이 있으며, 단지 그 시기를 모르고 있을 따름이다. 어떤 어려움도 반드시 끝나는 순간이 온다는 '희망', 나는 반드시 성공한다는 '자기긍정', 그리고 그때를 위해 조용히 기다릴 줄 아는 '용기'로 삶에 맞부딪칠 수 있다면 반드시 극적인 반전을 이룰 수 있다. 그 기반이 되는 것이 바로 공부다. 젊었을 때 이런 과정이 생략되면 노년에 어려움을 겪게 된다.

"젊어서 노력하지 않으면 늙어서는 오직 상심과 슬픔뿐이다."

중국의 유명한 서화가 하오옌린郝彦林이 어린 시절 일기장에 아버지가 적어준 글이라고 하며 이 구절을 인용했다. 사람들은 누군가가 주었던 말을 이처럼 평생 간직하기도 한다. 사람에게 주는 한마디 말이 무겁고 소중한 이유다. 어렵고 힘들 때, 상사로부터 들은 한마디 말에 힘을 얻고 평생 간직하는 사람도 분명히 있다. 말은 그 자체가 가치 있는 것이 아니다. 그 말을 받는 사람과 상황에 어울려 사람의 마음을 움직일 때 진정한 가치를 지닌다.

정성을 다하고 나야
기적도 바랄 수 있다

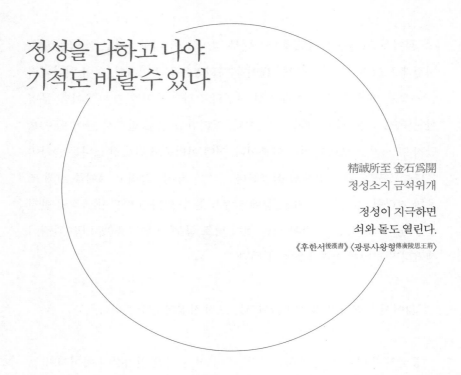

精誠所至 金石爲開
정성소지 금석위개

정성이 지극하면
쇠와 돌도 열린다.

《후한서後漢書》 〈광릉사왕형전廣陵思王荊〉

《사기》 〈이광열전〉을 보면 말타기와 활쏘기에 능통했던 이광李廣이라는 유명한 장수의 일화가 나온다.

이광이 어느 날 어두운 밤길을 가다가, 무성한 수풀 가운데 늙은 호랑이 한 마리가 졸고 있는 것을 발견했다. 순간 황급히 활을 당겨 호랑이를 명중시켰는데, 가까이 가서 보니 뜻밖에도 바위덩어리였다. 놀랍게도 화살은 꽁무니만 가까스로 보일 정도로 바위에 깊이 박혀 있었다. 이광은 물론 모든 사람들이 깜짝 놀랐고, 이광은 의심스러운 마음에 같은 자리에서 다시 화살을 쏘아보았다. 몇 번을 쏘아도 화살은 바위에 꽂히지 않아, 이광은 결국 포기하고 자리를 떠났다. 훗날 어떤 사람이 학자 양웅揚雄에게 가서 이에 관해 가르침을 청했다. 이때 양웅이 대답했던 말이 바로 이 명구다.

'지극한 정성으로 어떤 일을 하면 이루지 못할 일이 없다'는 이 이야기는 많은 고전에서 소개하고 있다. 《후한서》를 비롯해 《신서》 등의 고전에도 비슷한 고사가 실려 있다. 그만큼 고전에서는 일을 이루는 데 '지극한 정성'이 반드시 필요하다고 강조하고 있다. 특히 공자의 손자인 자사子思가 쓴 《중용》은 '성誠'을 핵심가치로 삼고 있다.

《중용》 25장에는 '성'은 세상의 근원과 같다는 천하 이치를 내포한 말이 다음과 같이 실려 있다.

"정성이라는 것은 만물의 처음이요 끝이니, 정성이 없으면 만물이 없는 것이다(성자물지시종 불성무물誠者物之始終 不誠無物). 그러므로 군자는 정성을 소중히 여긴다. 스스로를 완성할 뿐 아니라 세상 만물을 이루게 하기 때문이다."

그리고 《중용》 23장에는 정성을 실천하는 마음의 자세, 실천방법이 실려 있다.

"작은 일도 지극하게 해야 한다. 그러면 작은 일에도 정성이 있게 되고, 정성이 있으면 겉으로 드러나고, 겉으로 드러나면 명확해진다. 명확해지면 다른 사람을 감동시킬 수 있고, 감동시키면 변하게 되고, 변하게 되면 새롭게 된다. 오직 지극한 정성이 있어야 나와 세상을 새롭게 할 수 있다."

영화 〈역린〉에도 나와서 유명해진 글귀다. 정조가 사서삼경을 입에 달고 있으면서도 정작 자신은 변화할 줄 모르는 신하들을 질타하면서 내렸던 말인데, 우리가 어떻게 우리 일과 삶을 정성스럽게 할 것인가에 대한 답을 얻을 수 있다. 바로 '작은 일에도 기본을 지켜 정성스럽게 해야 한다'는 것이다. 그래야 나 자신이 변화할 수 있고, 세상이 변하게 된다. 당연히 일도 잘되기 마련이다. "사람을 움직일 수 없는 것은 정성이 없기 때문이고, 일에 싫증을 내는 것도 모두 정성이 없기 때문이다." 《근사록》에 실린 글이 이 이치를 잘 말해주고 있다.

이 고사에서는 아무런 욕심 없이 무심코 활을 쏘았을 때 바위가 뚫리는 믿지 못할 일이 일어났다. 이러한 이광의 상태가 곧 무아의 경지이고 몰입의 상태다. 하지만 바위를 뚫어 이름을 높이려는 욕심이 들어가자 어떤 일도 일어나지 않았다. 우리가 평소에 하는 일에서도 마찬가지다. 어떤 대단한 일을 하겠다는 욕심보다 사심 없이 맡겨진 일에 최선을 다할 때 놀라운 일이 일어나게 된다.

"정성이 지극하면 쇠와 돌도 열린다."

일의 중요도나 크기보다, 그 일에 정성껏 임하는 자세가 더 중요하다고 강조하면서 인용하면 좋을 말이다. 특히 빠른 결과에 집착해 조급해하는 사람에게 정성과 꾸준함의 가치를 알려줄 때 적합하다. 시진핑 주석이 2014년 중국과 대만과의 우호적인 관계를 언급하면서 이 구절을 언급했다.

천년의 내공

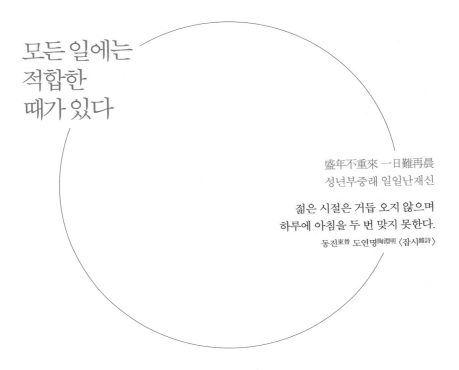

모든 일에는
적합한
때가 있다

盛年不重來 一日難再晨
성년부중래 일일난재신

젊은 시절은 거듭 오지 않으며
하루에 아침을 두 번 맞지 못한다.
동진東晉 도연명陶淵明 〈잡시雜詩〉

도연명이 쓴 〈잡시雜詩〉의 한 구절로 그 뒤는 이렇게 이어진다.

"때에 이르러 열심히 힘쓰라. (급시당면려及時當勉勵)

세월은 사람을 기다리지 않는다. (세월부대인歲月不待人)"

도연명은 동진시대 송의 대표적인 은거 시인이다. 관직에 있던 41세의 나이에 소인들에게 굽실거려야 하는 생활이 싫어서 〈귀거래사歸去來辭〉를 남기고 고향으로 떠나버렸다. 그리고 죽을 때까지 약 20여 년간 은둔생활을 했다.

이 시에는 '시간이 유한하니 시간을 아껴 노력하라'는 뜻이 담겨 있다. 시간의 소중함을 말해주기에 독자들은 의구심을 가질 수도 있을 것이다. 자신은 초연히 세상을 버렸으면서 시의 내용은 그렇지 않다고 생각할 수 있기 때문이다. 하지만 도연명은 이 시에서 인생의 무상함을 노래하면서도 '현실에 충실하라'는 뜻을 전하고 있다. 성공과 출세를 위한 삶이 아니라 그때그때 소중한 삶의 가치를 지켜나가라는 권유다.

도연명은 자신의 몸에 맞지 않는 벼슬을 던져버리고 고향에 돌아와 농사를 지으며 생활했다. 〈귀거래사〉를 보면 그는 애초부터 출세나 벼슬에는 뜻이 없는 사람이었다. 단지 생계를 위해 벼슬을 했으나 80일을 채 견디지 못하고 자신이 원하던 은둔생활로 돌아갔다. 피치 못해 선택했던 벼슬자리를 그만두고 돌아오면서, 나라의 녹을 먹었던 시간을 '길을 헤맸다'고 표현할 정도였다. 도연명은 농사를 지으며 틈틈이 거문고를 타고 책을 읽고 시름을 잊는 생활을 원했고, 실제로 그렇게 살았다. 자신의 바람에 충실했던 것이다. 물론 가난과 핍박에 어려움을 겪었지만 그 또한 자신에게 주어진 운명이라고 생각하고 웃으며 받아들일 수 있었다.

사람들은 저마다 자신의 삶을 대하는 태도와 가치관을 다르게 가지며, 어느 것이 옳다고 단정할 수도 없다. 도연명과 같은 삶을 바라는 사람이 있는가 하면, 뜻을 펼치고 자신의 분야에서 이름을 떨치고 싶은 사람도 있다. 오늘날의 세태를 보면 출세와 성공을 위해 의지를 불태우는 사람이 훨씬 더 많을 것이다. 분명한 점은 어떤 꿈을 꾸고 어떤 삶을 원하더라도 사람의 삶은 그 시기에 따라 해야 할 일들이 있고, 때를 놓쳐서는 안 된다는 것이다.

도연명과 같은 자유롭고 분방한 삶을 원한다고 해도 마찬가지다. 스스로 내면을 충실하게 하고 인격을 성장시키는 일을 게을리 해서는 안 된다. 도연명 역시 어린 시절 홀어머니 밑에서 고난을 겪으면서도 공부와 수양을 게을리 하지 않았다. 나이가 들어서 자신이 원하는 자유로운 삶을 살 수 있었던 것도 젊은 시절의 노력이 있었기에 가능했다. 그런 노력이 뒷받침되지 않으면 자유로운 삶이 방탕한 삶, 허망한 삶이 될 수도 있다. 어떤 시절도 중요하지 않은 때는 없지만 특히 젊은 시절에 때를 놓치면 다시 되돌리기는 불가능하다.

《서경》에는 "제때에 건너지 않으면 배에 실린 물건은 썩고 말 것이다(불제, 취궐재弗濟 臭厥載)"라고 실려 있다. 《명심보감》에는 "한 자 크기의 구슬이 보배가 아니니 한 치의 시간이야말로 아낄 일이다(척벽비보 촌음시경尺璧非寶 寸陰是競)"라고 했다. 중요한 것은 지금 무엇을 가지고 있느냐가 아니라 지금 가지고 있는 시간을 어떻게 활용할 수 있느냐에 달려 있다. 만약 세상이 공평하지 않다고 느낀다면 누구에게나 공평한 시간을 자신 또한 가지고 있음을 알아야 한다.

"젊은 시절은 거듭 오지 않으며 하루에 아침을 두 번 맞지 못한다."

일을 하면서 지나치게 신중한 사람이 있다면, 기회를 놓치지 않는 과감한 도전을 촉구하며 쓸 수 있는 말이다. 협상에서 좋은 기회를 놓치지 말고 신속한 결정을 하자고 요구할 때도 좋다. 청년들에게 '지금 누리고 있는 시기를 소중히 하라'고 권하기에도 적합한 말이다.

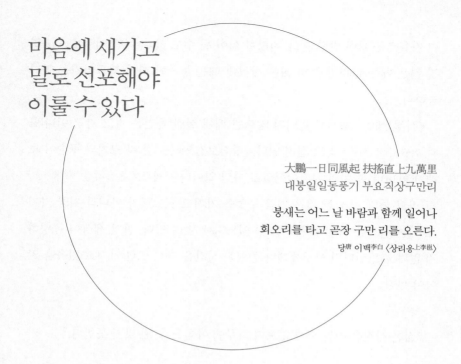

마음에 새기고
말로 선포해야
이룰 수 있다

大鵬一日同風起 扶搖直上九萬里
대붕일일동풍기 부요직상구만리

붕새는 어느 날 바람과 함께 일어나
회오리를 타고 곧장 구만 리를 오른다.

당唐 이백李白 〈상리옹上李邕〉

이 글은 〈상리옹上李邕〉 즉 '이옹에게 바치는 글'이라는 이태백의 시에 실려 있는 구절이다.

이옹은 당 현종 재위기에 활동했던 서예가 겸 문장가로 젊은 시절부터 이름을 떨쳤던 인물이다. 북해태수北海太守를 지내 이북해李北海라는 별칭으로도 불렸는데, 재상 이임보에 의해 죽임을 당했다. 이임보는 환관과 후궁의 환심을 사서 재상의 자리에 오른 인물로, 그 지위에 비해 능력과 재능은 찾아보기 힘든 사람이었다. 이런 인물들은 대부분 처세에 뛰어나고 출세를 위해서는 수단방법을 가리지 않는데 이임보 역시 마찬가지였다. 자신의 권력에 누가 될 사람은 앞에서는 달콤한 말솜씨로 현혹시키고, 뒤에서는 흉계를 꾸며 죽여 버림으로써 애초에 화근을 제거했다. 우리가 잘 아는 '구밀복검口蜜腹劍',

천년의 내공

'입으로는 달콤한 꿀과 같은 말을 하면서 뱃속에는 검을 감추고 있다'는 고사성어의 장본인이 되는 인물이다. 이옹 역시 이임보의 미움을 받아 죽임을 당했는데 이백은 이 시로 이옹의 죽음을 안타까워했다.

이 시에서 이백은 이옹을 대붕에 비유한다. 대붕은 《장자》〈소요유〉에 나오는 큰 새인데 북해北海의 곤鯤이라는 큰 물고기가 변한 것이다. 아마 이옹의 별칭이 이북해인 점과 연관이 있을 것이다. 대붕은 그 등의 너비가 수천 리에 달하기에 스스로 날아오르지 못한다. 하지만 큰 바람이 불어오면 그 바람에 힘입어 높은 하늘로 날아오르게 되는데, 한 번의 날갯짓으로 무려 구만 리를 날아올라 남쪽 바다(남명南冥)로 간다. 여기서 남쪽 바다는 대의大義, 큰 도道를 이루는 것을 가리킨다.

대붕이 이처럼 큰 뜻을 품고 때를 기다리게 되면, 주위에 있던 메추라기들은 대붕을 비웃는다. 인간 세상과 똑같다.

'저놈은 도대체 어디를 가려고 저러고 있는가? 나는 자유롭게 숲속을 날며 가고 싶은 곳을 마음대로 오고가는데, 도대체 어디를 가려고 하는가?'

메추라기들은 대붕이 지닌 큰 포부를 이해하지도, 가늠하지도 못한다. 바로 이임보가 품었던 생각이다. 이옹 역시 탁월한 능력과 포부를 지니고 있었지만 이임보라는 소인배에게 희생당하고 말았다. 이백은 그 사실을 안타까워했고, 그래서 시의 마지막 부분에서 이렇게 이야기했다.

"공자도 오히려 후생을 두려워하라 하였으니, 대장부라면 젊은이를 가볍게 보아서는 안 된다."

《논어》에 실려 있는 '후생가외後生可畏'의 사자성어를 인용해, 이임보처럼 질투와 견제로 후진들의 앞날을 가로막아서는 안 된다는 가르침을 주고 있는 것이다.

오늘날 우리는 끊임없이 경쟁을 하면서 살아야 한다. 경쟁자들은 조직 외부뿐만 아니라 조직 내부에도 많다. 바로 수많은 선후배 동료들이다. 후배들은 비록 겉으로는 서툴고 부족해 보이지만 속에는 큰 잠재력을 품고 있다. 그 가운데에는 조직의 미래를 책임질 인재도 반드시 있다. 이들을 잘 가르치고 키워 함께 성장해가야 조직은 물론 스스로도 발전할 수 있다.

작은 경쟁에 집착할 것이 아니라 더 큰 포부를 갖고 더 멀리 도약하자는 뜻으로 인용하면 좋겠다. 말은 나의 의지와 신념을 세상에 선포하는 것이다. 말로 선포하고 그것을 이루기 위해 최선을 다한다면 반드시 이루어진다. 후진타오 전 중국 국가 주석이 2010년 심천경제특구 30주년 경축대회 연설에서 이 구절을 인용했다.

성공은 성공할 때까지 반복한 실패의 결과다

天生我材必有用 千金散盡還復來
천생아재필유용 천금산진환복래

하늘이 내게 재능을 주었으니
필시 쓸모가 있음이오,
천금을 다 써버리면
다시 돌아오기도 하는 법이니.

당唐 이백李白 〈장진주將進酒〉

'한 번 마시면 삼백 잔(일음삼백배一飲三百杯)', '다만 원하는 것은 길이 취해 깨지 않는 것(단원장취불용성但願長醉不用醒)' 등의 구절로 유명한 이백의 〈장진주將進酒〉에 나오는 한 구절이다. 이백은 두보와 함께 당 현종 시기에 활동했던 중국 역사상 가장 뛰어난 두 시인 가운데 한 사람이다. 인생에 충실한 하루하루를 최고의 시로 빚어내어 '시성詩聖'이라고 불렸던 두보와는 달리, 이백은 인간사를 초월한 진정한 자유를 낭만적으로 노래함으로써 '시선詩仙'이라고 불렸다. 시선이라는 이름답게 술을 즐겨 '주선酒仙'이라고도 불렸다. 시 역시 마치 '입에서 빚어 나오는 말 그 자체가 시'라는 평가를 들을 정도로, 술과 풍류를 즐기면서 손쉽게 풀어내었던 것으로 유명했다.

이 명구절이 실려 있는 〈장진주〉 역시 인생의 유한함과 헛됨을 노래하며,

조급해하지 말고 오늘을 즐기자는 뜻을 품고 있다. 그러나 무조건 인생의 공허함을 이야기한 것만은 아니다. 만약 재능이 있다면 꼭 지금이 아니더라도 반드시 쓸 기회가 있을 것이고, 지금 가난하더라도 반드시 회복될 날이 있을 것이라는 희망을 그 바닥에 깔고 있다.《주역》에 있는 '물극필반'의 원리처럼 비록 천금을 다 잃었다고 해도 다시 회복될 수 있다는 것이다.

이백은 현실을 초월한 자유로운 삶을 노래했던 시인이지만, 그의 공부에 관한 고사를 보면 그의 재능이 오직 하늘에서 부여받은 것만은 아님을 잘 알 수 있다. 공자가 말했던 '생이지지生而知之', '나면서부터 타고난 성인의 경지'는 아닌 것이다. 보통사람보다 탁월한 능력을 타고났을 수도 있지만, 그가 빚어내는 시는 엄청난 노력과 수련의 결과다.《당서》에 실려 있는 '마부작침磨斧作針', '도끼를 갈아서 바늘을 만든다'의 고사를 보자.

이백이 상의산에서 수업을 하던 중에 계속되는 공부에 염증을 느껴 산에서 내려왔다. 한참 산을 내려오는데 한 노파가 냇가에서 도끼를 열심히 갈고 있는 모습을 보았다. 이백이 궁금증이 생겨 물었다. "할머니, 도대체 무엇을 하고 계신 건가요?" 그러자 노파가 "도끼를 갈아서 바늘을 만들고 있지"라고 대답했다. 기가 막힌 이백이 "도대체 그 도끼를 갈아서 언제 바늘을 만들려 하십니까?"라고 책망하듯 묻자, 노파는 "아무렴, 당연히 되고말고. 하다가 그만 두지만 않으면 당연히 되고도 남지" 하고 대답했다. 노파의 이 말에 부끄러움을 느낀 이백은 다시 산으로 돌아갔다.

진정한 경지에 이르기 위해서는 반드시 뼈를 깎는 노력이 뒷받침되어야 한다. 그리고 모든 실패의 원인은 단순히 능력의 문제가 아니라 중도에 포기하는 나약함 때문이다. 이백은 젊은 시절 '마부작침'의 각오로 공부를 했기에 최고의 경지에 이를 수 있었고, 이러한 경지에 다다를 수 있었기에 '진정한 자유의 추구'라는 자신의 인생관을 확립할 수 있었다. 그리고 '술'과 '낭만'이라는 매개체를 통해 자신의 철학과 아름다운 예술을 완성할 수 있었다.

재능이 뛰어난 사람이라도 기회를 얻지 못하고 좌절할 수 있다. 요즘으로 치면 열심히 '스펙'을 쌓은 청년이라고 해도 직장을 구하지 못할 수도 있고, 직장에서 인재로 꼽히던 사람 또한 실패를 경험하기도 한다. 이럴 때 그들은 능력과 자부심이 있었던 만큼 더 크게 실망하고 급기야 포기하게 된다. 어른이라면 이런 사람들에게 진정한 고난의 의미를 짚어주고, 때를 기다리는 지혜를 심어줄 수 있어야 한다. 어떠한 실패 앞에서도 자신의 능력과 잠재력을 믿는 확신, 객관적으로 상황을 읽는 여유, 희망을 잃지 않는 긍정의 마음가짐이 필요하다는 것을 알려줘야 한다.

어려울 때 건네받은 한 마디 지혜의 조언이 천금의 무게로 마음을 두드리기도 한다. 재능은 있으나 아직 빛을 보지 못한 사람들에게 선물할 수 있는 말이다. 중국 허난성 당서기 궈겅마오郭庚茂가 허난대학교 학생들을 격려하며 이 구절을 인용했다.

두드려지고
달궈져야
강철이 된다

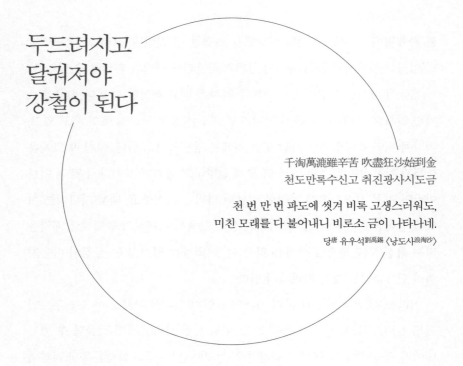

千淘萬漉雖辛苦 吹盡狂沙始到金
천도만록수신고 취진광사시도금

천 번 만 번 파도에 씻겨 비록 고생스러워도,
미친 모래를 다 불어내니 비로소 금이 나타나네.

당唐 유우석劉禹錫 〈낭도사浪淘沙〉

당시대에 활동했던 문장가인 유우석의 시 〈낭도사浪淘沙〉의 한 구절이다. 〈낭도사〉는 '모래를 씻는 물결'이다. 유우석은 개혁파에 속하는 사람으로 환관의 세력에 반대하다가 좌천되는 등 순탄치 않은 삶을 살았지만 끝까지 희망과 포부를 잃지 않았다. 비록 현실은 어렵고 녹록지 않아도 포기하지 않고 계속 노력한다면 소중한 결실을 거둘 수 있다는 의지와 소신을 시에 담았다. 위의 명구절은 〈낭도사〉 아홉 수 가운데 제8수에 실려 있는 구절이다. 앞의 문장은 이렇다.

"참언이 파도처럼 심하다고 하지 마라. 귀양살이 모래처럼 파묻혔다고 말하지 마라. (막도참언여랑심 막언천객사사침莫道讒言如浪深 莫言遷客似沙沈)"

참언에 의해 좌천당한 신세이지만 어려운 현실에 굴복하지 않고 미래의 희망을 굳건히 잡고 있는 당당한 모습이다. 비록 정치적인 어려움은 겪고 있지만 스스로 당당하다면 얼마든지 이겨낼 수 있다는 확신을 보여주고 있다.

맹자는 이렇게 말했다.

"하늘이 장차 그 사람에게 큰 사명을 내리려 할 때는, 먼저 그의 심지를 괴롭게 하고, 뼈와 힘줄을 힘들게 하며, 육체를 굶주리게 하고, 그에게 아무것도 없게 하여 그가 행하고자 하는 바와 어긋나게 한다. 마음을 격동시켜 성질을 참게 함으로써 그가 할 수 없었던 일을 더 많이 할 수 있게 하기 위함이다."

고난을 통해 단련된 사람이 더 큰 일을 할 수 있고, 결실을 맺는 삶을 살수 있다. 물론 고난을 겪은 사람이 무조건 성공한다는 당위성은 없다. 하지만 고난을 통해 단련된 인내와 의지, 도전정신이 큰일을 이루는 데 필요한 내공으로 승화하는 것은 분명하다.

삶에서 고난과 맞닥뜨렸을 때 그 고난이 영원히 계속될지도 모른다는 절망에 빠지곤 한다. 그럴 때엔 대개 미래를 알 수 없는 두려움에 좌절하게 되고 최악의 경우를 생각하면서 포기하게 된다. 하지만 영원히 계속되는 고난이란 존재하지 않는다. 끝까지 포기하지 않는다면 분명히 그 고난을 이겨내고 귀한 결실을 맺게 된다. 그래서 '고난은 포장된 축복이다'라고 한다. 겉으로 보이지는 않지만 고난이라고 불리는 포장을 걷어내고 나면 축복이 드러나게 된다.

어른이라면 이런 고난의 의미를 알려주며 흔들리지 않도록 붙잡을 수 있어야 한다. 모두가 흔들리더라도 반드시 흔들려서는 안 되는 존재가 바로 어른이다. 비록 지금은 어려움을 겪지만 당당하게 바른 길을 간다면 반드시 이겨낼 수 있다는 확신을 보여줘야 한다. 조직이 어려움을 겪을 때 사람들은 모두 리더를 쳐다보게 된다. 이때 리더가 휘청대지 않는 당당한 모습과, 고난을 함께하는 모습을 보인다면 사람들은 큰 힘을 얻게 된다.《삼략》에는 "우물이 아직 완성되지 않았다면 장수는 목이 마르다고 하지 않는다"고 실려 있다. 상사로서의 특권을 과감히 포기하고, 조직과 운명을 같이 하는 리더를 사람들은 의지하고 따른다.

조조는 갈증에 지쳐 쓰러지는 부하들에게 '산을 넘어가면 매실밭이 있으니 마음껏 목을 축이자'고 외쳐 부하들의 갈증을 해결해줬다. 비록 매실밭은 없었지만 부하들의 상상력을 자극함으로써 물을 찾을 때까지 갈증을 이겨내게 했던 것이다. '망매해갈望梅解渴'의 고사다. 리더에게는 이처럼 한마디만으로 상황을 반전시키는 극적인 힘이 있어야 한다. 그것이 어른의 힘이고, 내공이다.

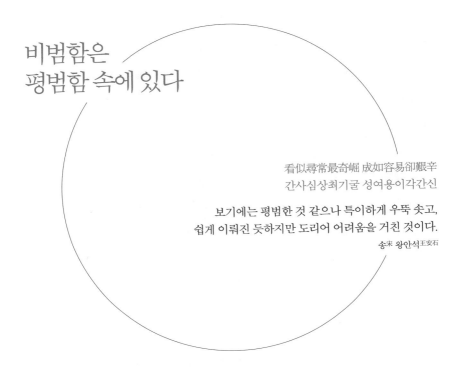

비범함은
평범함 속에 있다

看似尋常最奇崛 成如容易卻艱辛
간사심상최기굴 성여용이각간신

보기에는 평범한 것 같으나 특이하게 우뚝 솟고,
쉽게 이뤄진 듯하지만 도리어 어려움을 거친 것이다.

송宋 왕안석王安石

《사기》에는 '심장약허深藏若虛'라는 고사성어가 실려 있다.

공자가 노자를 찾아 가르침을 구하자 노자는 다음과 같이 말했다.

"내가 듣기에, '장사를 잘 하는 사람이 물건을 깊숙하게 감추어 두고 남에게 보여주지 않듯이, 군자는 고상한 덕성과 학식을 갖추고 있지만 겉으로는 어리석은 듯 재능을 보이지 않는다(양고심장약허 군자성덕 용모약우良賈深藏若虛 君子盛德 容貌若愚)'고 하였소. 그대의 교만과 욕심, 그리고 일부러 꾸미는 듯한 그 태도와 부질없는 야망을 버리도록 하시오."

노자는 바른 세상을 만든다며 천하를 다니는 공자에게 따끔한 충고의 말을 했다. 공자는 당대의 스승으로서, 유교의 시조로서 보통 사람은 가늠하기 어려울 정도의 성인이다. 하지만 무위의 철학자인 노자에게는 천하를 구하겠다고 다니는 공자의 모습이 한심하게 보였을 수도 있다. 물론 차원을 가늠할 수 없는 두 현인의 대화에 담긴 뜻을 우리가 쉽게 헤아리기는 어렵다. 단지 우리는 노자의 말 속에 담겨 있는 '심장약허'의 진리에서 배움을 얻으면 된다.

노자는 겉으로 드러나는 재능은 진정한 탁월함이 아니라고 말한다. 뛰어난 사람들은 겉보기에는 오히려 어리석은 듯 보인다는 것이다. 위대한 문학 작품 역시 마찬가지다. 고전이라 불리는 작품들은 겉보기에 당장 좋아 보이는 것이 아니라 음미하면 할수록 더 깊은 의미와 감동을 준다. 이 명구는 당시대 문인 겸 관리였던 장적張籍이 썼던 〈추사秋思〉라는 시를 왕안석이 평가했던 글이다. 도대체 어떤 글이기에 왕안석이 그토록 극찬을 했는지 궁금할 텐데, 그 시의 전문은 이렇다.

"낙양성 안에 가을바람 불어오는데 (낙양성리견추풍洛陽城裏見秋風)

집에 편지를 쓰려니 만 가지 생각이 떠오른다. (욕작가서의만중欲作家書意萬重)

바삐 쓰다 혹 빠진 말이 있나 하여 (부공총총설부진復恐忽忽說不盡)

전할 사람 떠나기 전에 한 번 더 열어 본다. (행인임발우개봉行人臨發又開封)"

고향에 편지를 보내는 설레는 마음을 솔직하고 간절하게 담았다. 화려함은 없으나 진심이 담겨 있다. 위대한 작품에는 흔히 보통사람들이 찾지 못하는 심오한 의미가 숨어 있을 거라고 생각한다. 마찬가지로 위대한 일을 이룬 사람들에게는 평범한 사람들에 비해 남다른 것이 있을 거라고 생각한다. 심지어 겉모습에서도 '후광'이 날 거라고 생각하고, 실제로 그렇게 느끼기도 한다. 하지만 뛰어난 인물도, 위대한 작품도 의외로 평이함 속에 그 가치가 숨어 있는 경우가 많다. 그 평범함 속에 위대한 작품을 만들기 위한 그들의 땀과 인내가 담기는 것이다.

　　　　　　　　　　　　　　　　　　　　천년의 내공

남다른 것, 특이한 것을 추구하는 세상이다. 다른 사람과 차별화하기 위해 노력하고 남이 갖지 못한 것을 갖기 위해 노력한다. 하지만 지나치게 남다른 것을 추구하다보면 오히려 보편성을 잃고 복잡해진다. 모든 사람, 모든 사물은 극치에 다다르면 단순해지고 본질에 충실해진다. 단순함과 자연스러운 아름다움이 최상인 것이다. 르네상스 시대의 위대한 예술가 미켈란젤로는 "아름다움이란 모든 과잉을 제거한 것"이라고 말했다. 모든 겉치레와 군더더기를 제거하고 단순화할 수 있어야 진정 아름다운 것이다.

《채근담》에는 "지극히 고상함은 지극히 평범함에 있다"고 실려 있다. 탁월한 사람이 되고 싶다면 지금 하고 있는 일에, 평범한 일상에 최선을 다해야 한다. 그릇이 미치지 못하면서 겉모습만 꾸미려 하면 우스꽝스러운 사람이 되고 만다. 자칫 괴이한 결과를 만들기도 한다.

> "보기에는 평범한 것 같으나 특이하게 우뚝 솟고, 쉽게 이뤄진 듯하지만 도리어 어려움을 거친 것이다."

겉으로 보이는 남다름만 추구하는 사람들에게 내면의 충실함과 본질의 가치를 전해주기에 좋은 말이다.

어른이라면
좌우명 한마디를
줄 수 있어야 한다

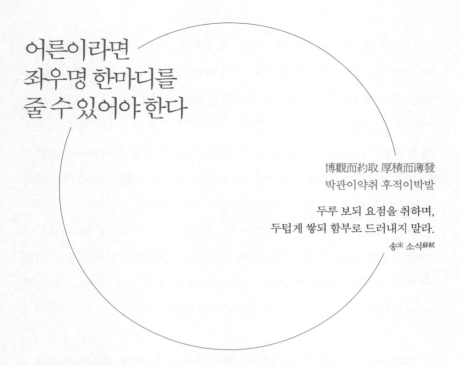

博觀而約取 厚積而薄發
박관이약취 후적이박발

두루 보되 요점을 취하며,
두텁게 쌓되 함부로 드러내지 말라.

송宋 소식蘇軾

춘추시대 명재상 안자는 공자의 제자 증자를 떠나보내며 '습속이성習俗異性, 습관과 환경이 본성을 바꾸니 머물 곳에 유의하라'는 충고의 말을 주었다.

옛날 군자들에게는 귀한 교제를 한 후 헤어질 때 좋은 말 한마디를 해주는 풍습이 있었다. 부자들은 재물을 선물로 주었지만 군자들은 인생을 바꿀수도 있는 귀한 교훈의 말을 건넸다. 한 시대를 풍미했던 탁월한 인물이었던만큼 주고받는 한마디는 아마 평생의 좌우명이 될 소중한 말이었을 것이다.

위의 명구절 역시 소동파가 자신과 같은 해에 과거에 급제했던 장호張琥를 전송하면서 선물로 지어주었던 글에 들어 있다. 〈가설송동년장호稼說送同年張琥〉라는 글인데, '학문을 하는 사람은 농사를 짓는 것처럼 인내를 가지고 능력을 발휘하기를 기다려야 한다'는 요지를 담고 있다.

천년의 내공

소동파는 위의 글에서 '옛 사람이 지금 사람보다 뛰어난 것은 특별히 재능이 훌륭한 것이 아니라, 함부로 재능을 쓰지 않고 완성되기를 기다렸기 때문'이라고 하며 끊임없는 증진을 권했다. 또한 '서른이 되어서야 관직에 나서고, 쉰이 되어서야 높은 벼슬인 작위를 받아야 한다'고 하며 섣부른 출세에 대해 경계하고 있다. 공자가 《논어》〈리인〉에서 말했던 "지위가 없음을 걱정하지 말고 그 자리에 설 수 있는 능력을 갖추기를 걱정해야 하며, 자기를 알아주지 않는 것을 걱정하지 말고 남이 알아줄 수 있도록 노력해야 한다"와 일맥상통한다.

위의 명문장은 소동파가 알려주는 공부와 수양의 요체다. 먼저 '두루 보되 요점을 취하라(박관이약취博觀而約取)'는 말은 폭넓은 공부를 하되 핵심을 취해야 한다는 권유다. 지식이 머릿속에 많다 해도 그것을 하나로 정리하지 못한다면 얕은 정보의 파편일 뿐이다. 장황하게 지식을 나열하지만 정곡을 찌르지는 못한다. 공부는 폭넓은 지식과 깊은 전문성이 어우러져야 한다. 한 분야의 전문가에만 그쳐서는 안 되고 폭넓은 분야의 지식에 기반을 둔 전문성이 요구되는 것이다.

그 다음으로 나오는 '후적이박발厚積而薄發'은 '두텁게 쌓되 드러냄에 있어서는 경솔하지 말고 신중하라'는 뜻이다. 두텁게 쌓는다는 것은 앞선 문장의 '박관博觀', 넓게 보는 것에 대한 보완이다. 넓게만 보고 두텁게 쌓지 못하면 가벼운 학문에 그치기 때문에 반드시 두텁게 쌓는 것으로 보완해야 한다. '박발薄發'은 '심장약허'와 일맥상통하는 가르침으로, 작은 학식을 섣불리 자랑하지 말고 완성된 후까지 기다려 발휘하라는 것이다.

오늘날은 자신을 알리지 않으면 드러나지 못하고, 자신의 실력을 홍보하지 않으면 아무도 알아주지 않는 시대다. 그만큼 자신을 드러내고 표현할 수 있는 능력이 반드시 필요하다. 직장생활뿐 아니라 일상적인 모든 분야에 해당하는 말이다. 따라서 우리는 소동파의 글에서 그 핵심을 취할 수 있어야 한다. 단순히 옛말 그대로를 받아들일 것이 아니라 그 지혜를 오늘의 관점에서 새길 수 있어야 한다. 소동파의 가르침을 오늘날의 관점으로 풀어쓰면 다음과 같은 글이 될 것이다.

"폭넓고 두터운 지식을 쌓되 핵심을 찌를 수 있는 전문성도 있어야 하고, 분명하고 자신감 있게 스스로를 드러내되 겸손함을 바탕으로 두어야 한다."

옛날의 군자들이 다른 이에게 말을 선물로 줬듯이 오늘날 어른 역시 마찬가지다. 따라오던 이를 떠나보내거나 그에게 가르침을 줄 때, 평생의 좌우명이 될 한 마디를 건넬 수 있다면 그 말이 그 사람의 인생을 바꿀 수도 있다. 이 명구절이 그런 말이 될 수도 있을 것이다.

"제대로 된 용서는
단지 참는 것이 아닙니다.
그래서 용서는 어른의 것입니다."

지셴린, 《다 지나간다》 중에서.

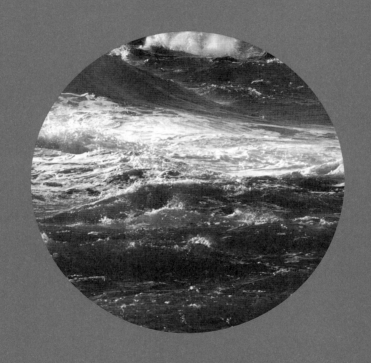

10

단숨에
핵심을 꿰뚫는
내공

촌철살인 寸鐵殺人

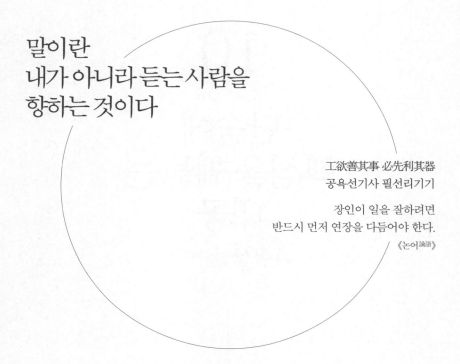

말이란
내가 아니라 듣는 사람을
향하는 것이다

工欲善其事 必先利其器
공욕선기사 필선리기기

장인이 일을 잘하려면
반드시 먼저 연장을 다듬어야 한다.
《논어論語》

"내가 나무를 여덟 시간 베어야 한다면 여섯 시간은 도끼를 가는 데 쓰겠다."

미국의 링컨 대통령이 말했던 '8시간의 법칙'이다. 링컨의 이 법칙은 일을 하는 데 있어서 크게 도움이 될 수 있는 소중한 지혜를 알려준다. 일에서 최대한의 효율을 만들려면 반드시 철저한 준비가 필요하다. 조급한 마음에 무턱대고 날이 무딘 도끼로 도끼질부터 시작한다면 백 번을 찍어도 나무는 넘어가지 않을 것이다.

링컨의 이 말은《논어》에 실려 있는 이 명구절과 일견 통하는데, 공자는 좀 더 깊은 철학적인 의미를 담았다.

공자는 제자 자공이 '인仁을 실천하는 방법이 무엇이냐'고 묻자 이렇게 대답했다.

천년의 내공

"장인이 그의 일을 잘하려면 반드시 먼저 연장을 손질해야 한다. 어떤 나라에 살든지 그 나라의 대부들 가운데 현명한 사람을 섬기고, 선비 가운데 인(仁)한 사람으로 벗을 삼아야 한다."

'인'은 사람이 지켜야 할 도리로 공자가 추구했던 핵심적인 가치다. 그래서 공자의 철학을 '인의 철학'이라고도 한다. 공자는 '인'을 통해 스스로를 바로 세우고, 그것을 기반으로 좋은 나라를 만들어가려는 포부를 가지고 있었다. 그리고 인을 실천하는 방법으로 어렵고 심오한 철학을 말하는 것이 아니라, 비유를 들어 알기 쉽게 가르침을 주고 있다.

그 첫째가 바로 공부를 통해 내면을 채우고, 도덕적으로 스스로를 바로잡는 일이다. '학문'과 '도덕성'은 한 사람이 세상에서 가치 있는 일을 하고, 자신의 삶을 의미 있게 만들기 위한 가장 기본적인 조건이다. 따라서 의미 있는 삶을 살기 원한다면 일 잘하는 장인이 자신의 도구부터 손질하는 것처럼, 먼저 자기 자신을 바로잡아야 한다. 뜻을 펼치는 데 필요한 지적 기반도, 확고한 도덕성도 없이 무조건 성공하려는 욕심만 앞세운다면 진정한 성공은 얻을 수 없다.

두 번째는 현명한 사람과 함께 일하고, 벗으로 삼아야 한다는 것이다.《순자》에는 "학문을 하는 방법으로는 스승이 될 만한 사람을 가까이 하는 것보다 더 좋은 것은 없다"고 실려 있다. 현명한 사람과 자주 접하게 되면 의식하지 않아도 자연히 많은 것들을 배울 수 있다. 이것은 배움에 해당하는 말이지만 우리 삶의 모든 측면에서도 통한다. 단지 지식을 채우는 데 그치는 것이 아니라 그의 행동거지와 습관을 접하면서 자연스럽게 물들게 되면 공부보다 더 큰 것을 배우게 된다. 그리고 어떤 일에서든 반드시 성공적인 결과를 거둘 수 있게 된다.

공자는 '인의 실천'이라는 철학적인 물음에 '장인의 일'이라는 가장 실용적인 비유로 대답했다. 여기서 우리는 다른 사람의 물음에 어떻게 대답해야 하는지에 관한 답을 얻을 수 있다. 사람을 이끄는 리더에게 많은 사람들이 일과 삶의 길잡이가 될 말을 구하고 있다. 그때는 반드시 그 사람의 눈높이에 맞춰서 대답을 해줄 수 있어야 한다. 어려운 전문지식과 알 수 없는 용어로 답한다면 나의 지식을 뽐낼 수 있을지는 몰라도 그 사람에게 맞는 가르침을 줄 수 없다. 알아듣기 쉬운 말로, 비유를 통해 확실하게 대답해줘야 한다. 길을 구하는 사람에게는 반드시 길을 보여줄 수 있어야 한다. 답을 구하는 사람에게는 반드시 답을 쥐어줄 수 있어야 한다. 아직 젊고 경력이 부족한 사람에게 주는 답이 너무 높은 경지라면 고승과 주고받는 선문답이 되고 만다. 말은 멋있지만 듣는 사람이 마땅히 쓸 데는 없는 것이다.

"장인이 일을 잘하려면 반드시 먼저 연장을 다듬어야 한다."

새로운 일을 막 시작하는 젊은이들에게 준다면 좋은 지침이 될 수 있는 명구절이다. 만약 열정이 지나쳐 무모함을 보이는 사람이 있다면, 더욱 절실한 교훈으로 삼을 만하다. 중국 공산당 상임위원 장젠핑張建平이 새롭게 법을 개정하면서 이 구절을 언급했다. 좋은 법을 미리 정하는 것이 좋은 사회를 만드는 첩경이라는 것이다.

천년의 내공

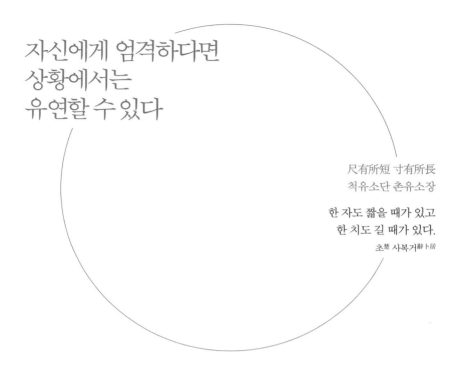

자신에게 엄격하다면
상황에서는
유연할 수 있다

尺有所短 寸有所長
척유소단 촌유소장

한 자도 짧을 때가 있고
한 치도 길 때가 있다.

초楚 사복거辭卜居

우리는 공자를 확고한 소신과 어떤 상황에서도 변치 않는 의지를 지닌 엄격한 원칙주의자로 알고 있다. 하지만 《논어》를 비롯해 공자의 행적을 다룬 책들을 보면 공자는 상황에 따라 유연하게 원칙을 적용할 줄 알았던 융통성 있는 인물이었다.

공자는 자신의 생각을 먼저 '군자불기君子不器'라는 말로 표현했다. '군자불기'란 직역을 하면 '군자는 그릇이 아니다'가 되는데, '군자란 그릇처럼 한 가지 용도로만 쓰이는 사람이 아니라 다양한 식견을 갖춘 폭넓은 사람'이라는 뜻이다. 또한 군자라면 스스로를 한 가지 틀에 제한시키지 말고 상황에 따라 적절히 변화할 수 있어야 한다는 뜻으로도 새길 수 있다. 공자가 포 지역에서 겪었던 일을 보면 그 뜻을 쉽게 이해할 수 있다.

공자가 천하를 주유하던 시절에 포 지역을 지나 위나라로 들어가려고 했다. 마침 공숙씨가 그곳에서 반란을 일으켰는데, 그 지역 사람들이 공자가 위나라로 들어가려는 것을 막았다. 그러자 공자의 용감한 제자 공량유가 그들과 맞서 싸우려고 했고, 그 위세에 눌린 포 지역 사람들이 한 가지 절충안을 내었다. 위나라로 들어가지만 않으면 공자 일행을 풀어주겠다는 것이었다. 공자는 흔쾌히 수락을 해 풀려날 수 있었다. 그리고 포를 벗어나 걸음을 재촉했는데, 갑자기 공자가 말했다.

"자, 이제 위나라로 들어가자꾸나!"

제자들은 당황해서 물었다.

"스승님, 그들과의 약조를 어찌 그리 쉽게 어길 수 있는지요?"

공자가 대답했다.

"불의한 방법에 의해 강압적으로 맺은 서약은 지킬 필요가 없다."

제자들은 한 번 했던 약속은 어떤 상황에도 결코 어기지 않는 신의를 생각했다면, 공자는 상황에 따라 유연하게 원칙을 적용하는 더 큰 대의大義를 추구했던 것이다.

'한 자도 짧을 때가 있고 한 치도 길 때가 있다'는 이러한 공자의 철학을 잘 나타내주는 말이다. 우리는 흔히 '한 자는 길고, 한 치는 짧다'는 생각에 사로잡혀 있다. 물론 맞는 말이지만 그것이 고정관념이 되면 생각은 지극히 편협해질 수밖에 없다. 고지식하고 융통성이 없는 사람이라고 취급받게 될 수도 있다. 상황에 따라 적절하고 유연하게 처신을 할 수 있어야 한다.

이 원칙은 누군가를 가늠할 때에도 그대로 적용된다. 사람은 누구나 장단점을 갖추고 있다. 그런데 장점과 단점이라는 평가 또한 상대적일 수밖에 없다. 한 가지 관점에서만 사람을 평가한다면 그 사람의 가치와 장점을 제대로 파악하지 못하게 되고, 평가받은 사람 역시 능력을 제대로 발휘할 수 없게 된다. 사람들이 보기에 하찮은 재주라고 해도 상황에 따라서는 얼마든지 긴요하게 쓰일 수 있기에 결코 그 능력을 폄하해서는 안 된다. '계명구도鷄鳴狗盜'라는 고사가 있다. '닭울음소리를 잘 내는 재주와 개 도둑의 재주'는 아무리 생각해도 보잘 것 없다. 하지만 제나라의 재상 맹상군은 진나라에서 위기에 처했을 때, 이 초라해 보이는 재주를 가진 두 사람의 도움을 받아 목숨을 구할 수 있었다.

사람을 이끌다보면 지나치게 원칙에 집착하는 동료들을 종종 보게 된다. 그들은 사람 자체는 확실하고 도덕적이지만 상황에 따라 융통성 있게 일을 처리하는 능력은 떨어진다. 물론 쉽게 원칙을 저버리고 시세에 영합하는 풍토에서 자신의 일에 확고한 소신을 지닌 사람도 반드시 필요하다. 하지만 지나치게 원칙에만 집착하면 그 완고함으로 동료와의 소통이 단절되고, 급변하는 상황에 제대로 대처하지 못할 수도 있다. 이런 사람에게 넌지시 줄 수 있는 말이다. 다만 확고한 신념과 소신을 먼저 칭찬한 다음 보완해야 할 점을 말해주는 것이 좋다. 원칙에 확고한 것도 분명 좋은 장점이므로 조직에서 귀하게 쓰는 인재의 조건이 될 수 있기 때문이다. 까다로운 상대와 협상하기 위한 테이블에서 상황에 따라 유연하게 결정하자고 넌지시 권유할 때도 유용하게 쓸 수 있는 말이다.

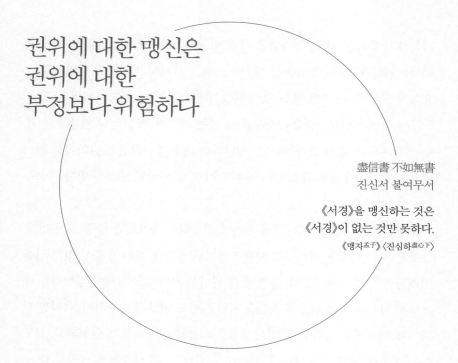

권위에 대한 맹신은
권위에 대한
부정보다 위험하다

盡信書 不如無書
진신서 불여무서

《서경》을 맹신하는 것은
《서경》이 없는 것만 못하다.

《맹자孟子》〈진심하盡心下〉

《서경》은 사서삼경에 속하는 유교의 경전 가운데 하나로 중국에서 가장 오
랜 역사서에 속한다. 아름다운 문장에 깊은 철학이 함께 담겨 있어 중국 인
문학의 결정판이라고 해도 과언이 아니다. 지금도 중요한 고전의 하나지만
공자와 맹자의 시대에도 가장 권위 있다고 인정받았던 책이다. 공자와 맹
자를 비롯한 당대 최고의 학자들도 《시경》과 《역경》과 더불어 《서경》에 실
려 있는 많은 글들을 인용했다. 누구도 부인하지 못하는 권위 있는 책에 실
린 글을 인용함으로써, 자신의 글을 빛내고 그 주장에 타당성을 부여했던
것이다.

　하지만 맹자는 위의 명구를 통해 《서경》에 대한 무조건적인 맹종을 경계
하고 있다. 맹자는 《서경》 〈무성〉에서 "주 무왕과 상 주왕의 전쟁이 치열해

피가 강처럼 흘렀다"는 말은 너무 과장된 묘사이므로 그 내용들 가운데 일부만 믿을 수 있다고 했다. 아무리 좋은 책에 실린 좋은 문장이라고 해도, 그 것을 무비판적으로 받아들여서는 안 된다는 것이다. 비판적 검증이라는 과정 없이 책의 내용을 무조건 받아들이는 것은 차라리 그 책을 읽지 않느니만 못하다. 이 구절을 보면 옛날에도 단지 좋은 책에서 좋은 글들을 찾아 암기하는 것이 '공부'라고 생각하는 사람들이 많았던 것 같다. 아무리 권위 있는 책에 실려 있는 글이나, 어떤 전문가가 했던 말이라고 해도 그냥 머릿속에 받아들이기만 해서는 진정한 자신의 것이 될 수 없는 법이다.

우리는 흔히 머릿속에 지식을 축적하는 것이 공부라고 생각한다. 학창시절부터 좋은 성적을 받기 위해 익혀온 이른바 '공부의 기술', 즉 암기 위주의 공부에 익숙해져 있기 때문이다. 교과서나 참고서에 실린 지식을 외우는 데 몰두하지 않는다면 당면한 시험에서 좋은 성적을 받기가 어렵기 때문에 어쩔 수 없는 선택이었다. 하지만 다양한 상황에서의 문제해결능력을 요구하는 사회에서 이런 공부는 통하지 않는다. 그렇게 쌓은 지식은 내공이 될 수 없다. 고전에서도 이런 공부는 진정한 공부가 아니라고 질책한다. 그리고 진정한 공부를 하는 방법으로 제시하는 것이 어떤 지식을 접하더라도 반드시 의문을 갖는 자세다.

《근사록》에는 '배운다는 것은 의문을 풀어가는 것이 중요하다. 먼저 자신이 가진 의문을 해소하고, 그 다음 의문이 없던 것에서 의문을 갖는 것이 배움의 진전이다'라고 말하고 있다. 학문學問이 배움學과 물음問의 단어로 이뤄진 것처럼, 공부의 핵심은 배움과 함께 의문을 풀어나가는 것이다. 오늘날은 명성과 실제가 심각한 불균형을 이루고 있는 시대다. 지식과 지위를 자랑하며 권위를 내세우는 사람들 가운데에는 '속빈 강정'과 같은 사람이 많이 있다. 심지어 어려운 용어와 외국어를 남발하며 한 분야의 전문가를 자처하면서도 상식적인 판단조차 내리지 못하는 '우물 안 개구리'도 많다. 이러한 시대에 반드시 필요한 것이 바로 비판적인 사고와 객관적 판단력이다.

창의적인 인물이 조직에서 어려움을 겪는 까닭은 예전의 것을 바꾸자는 주장을 하기 때문이다. 만약 그의 말을 그대로 받아들이면 기존의 원칙들을 모두 바꿔야 하는 귀찮은 일이 생긴다. 뿐만 아니라 그 일에 노하우를 가지고 기득권을 행사하던 사람들이 자신의 것을 모두 내려놓아야 하는 위기에 처하게 된다. 바로 이런 기득권 때문에 악착 같이 새로운 변화를 반대하는 것이다. 리더라면 이런 풍토를 다스리고 창의적인 인재들이 마음껏 활동하는 기반을 만들어줄 수 있어야 한다. 이 명구절을 통해 변화와 개혁에 대한 확고한 의지를 표할 수 있다.

"《서경》을 맹신하는 것은 《서경》이 없는 것만 못하다."

공허한 지식이 범람하는 이 시대에 청년들에게 꼭 주고 싶은 말이다. 헛된 기대만을 심어주거나, 값싼 위로를 남발하거나, 아무런 대책도 제시하지 않으면서 무모한 행동을 부추기는 사람들은 자기 이익만을 취하려는 사람일 수도 있다.

고수가 되는
지름길은 없다

鍥而不捨 金石可鏤
계이부사 금석가루

멈추지 않고 새기면
쇠와 바위도 조각할 수 있다.

《순자荀子》〈권학勸學〉

《순자》에 실려 있는 이 명구절은 '자르다 멈추면 썩은 나무조차 끊을 수 없다'는 문장으로 이어진다. 인내를 가지고 포기하지 않는다면 어떤 어려운 일도 이룰 수 있지만, 만약 중간에 포기한다면 아무리 쉬운 일이라도 이룰 수 없음을 비유한 말이다.

순자는 전국시대의 대학자이자 탁월한 교육전문가로 꼽히는 인물이다. 제나라 직하학궁이라는 최고 교육기관의 학장(좨주祭酒)를 세 번이나 역임했을 정도로 그 당시 최고의 명성을 자랑했다. 그의 저서 《순자》를 보면 우리가 익히 알고 있는 교육에 관한 명언들이 많이 실려 있다. 열심히 노력하면 스승보다 더 나은 제자가 될 수 있다는 '청출어람青出於藍', 구부러진 쑥도 삼밭에서 자라면 곧게 자랄 수 있다는 '마중지봉麻中之蓬' 등의 명언과 함께 이 명문장 역시 교육에 관한 빛나는 조언으로 익히 알려져 있다.

순자는 사람의 본성은 악하다는 '성악설'을 주창했지만, 그랬기에 더욱 인간의 후천적인 노력을 촉구했고 사람들을 바른 길로 이끄는 교육의 필요성을 강조했다. 비록 후세의 유학자들로부터 비난을 받기는 했으나 이러한 철학을 기반으로 혼란의 시대인 전국시대 말엽 수많은 인재들을 키워낼 수 있었다. 그의 제자로서 우리에게 잘 알려진 인물로는 진의 천하통일에 중요한 역할을 했던 한비자韓非子와 이사李斯가 있다.

한비자는 법가의 대표적인 인물로 동문인 이사의 흉계로 진시황으로부터 죽임을 당했다. 비극적인 최후를 맞았지만 그의 책《한비자》는 진시황의 천하통일을 위한 핵심 통치원리를 제공했고, 오늘날에도 동아시아 최고의 제왕학으로 큰 영향을 미치고 있다. 이사는 '분서갱유' 등 역사적인 오점을 남기기는 했으나 진시황을 도와 직접 진의 천하통일을 이뤘던 인물이다. 이러한 인물들을 제자로 배출할 수 있었던 기반이 바로 순자의 확고한 교육철학이었다.

순자는 이 명문장에서 공부는 물론 삶을 살아가는 데 필요한 올바른 자세와 확실한 지침을 제시하고 있다. 뜻을 이루지 못하는 것은 중간에 포기하기 때문이지, 끝까지 포기하지 않고 노력한다면 얼마든지 뜻을 이룰 수 있다는 말이다. 공자는 "산을 쌓다가 한 삼태기의 흙이 모자라는 상태에서 그만두어도 그것은 내가 그만둔 것이다. 또한 땅을 고르다가 한 삼태기의 흙을 갖다 부었어도 일이 진전되었다면 그것은 내가 진보한 것이다"라고 말했다. 공부든 일이든 세상사가 모두 자신의 노력에 달려 있다는 것이다. 그것은 산을 쌓는 엄청난 일도, 땅을 고르는 작은 일도 마찬가지다. 단 한 번의 마무리 부족으로 세상의 큰일은 성사되지 않을 수도 있고, 비록 작은 일이라도 첫걸음을 뗄 수 있다면 의미 있는 일이 될 수도 있다.

공자는 제자 염유가 "선생님의 도를 좋아하기는 하지만 제 능력이 부족합니다"라고 말하자, "능력이 부족한 자는 도중에 가서 그만두는 것인데, 지금 너는 미리 선을 긋고 물러나 있구나"라고 꾸짖었다. 스스로 도전하지도 않고 포기하는 제자를 안타까워한 것이다. 훗날 염유는 그 당시 노나라를 혼란에 빠뜨렸던 가문 가운데 하나인 계씨를 위해 백성들을 착취하다가 공자로부터 파문을 당하기도 했다. 일을 시작해보지도 않고 지레 포기해버리는 사람은 쉽게 일을 이룰 수 있는 편법을 찾기 마련이고, 노력과 땀이 필요한 큰일은 이룰 수 없다.

염유와 같은 모습은 오늘날에도 종종 볼 수 있다. 참신성과 독창적인 능력은 뛰어나지만 안타깝게도 끝을 보는 끈기는 부족하다. 의욕적으로 일은 시작하지만 제대로 마무리를 짓지 못해 결과를 만들지 못한다. 이런 사람은 스스로도 성장의 한계가 있지만 조직에도 시간과 자원의 낭비로 큰 피해를 끼친다. 바로 이들에게 줄 수 있는 한마디다. "반걸음, 반걸음 쉬지 않고 걸어가면 절름발이도 천리를 갈 수 있고, 한 줌 흙이라도 끊임없이 쌓으면 언덕을 만들 수 있다." 순자가 했던 이 말을 덧붙인다면 더 설득력이 있을 것이다.

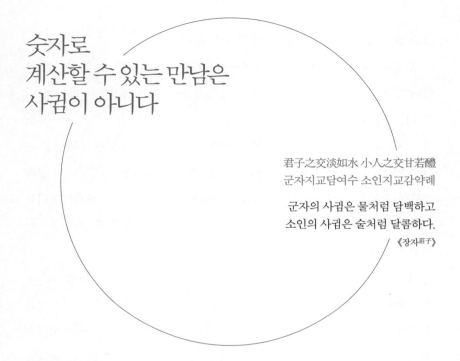

숫자로
계산할 수 있는 만남은
사귐이 아니다

君子之交淡如水 小人之交甘若醴
군자지교담여수 소인지교감약례

군자의 사귐은 물처럼 담백하고
소인의 사귐은 술처럼 달콤하다.

《장자莊子》

공자는 《논어》〈계씨〉에서 유익한 벗 셋과 해로운 벗 세 부류를 소개하고 있다. 유익한 세 사람은 정직한 사람(우직友直), 신의가 있는 사람(우량友諒), 그리고 견문이 넓은 사람(우다문友多聞)이다. 반면 사귀어서 해로운 벗은 아첨하는 사람(우편벽友便辟), 줏대 없는 사람(우선유友善柔), 실천은 없이 말만 잘하는 사람(우편녕友便佞)이다.

물론 사람을 단순히 한두 가지 특징만으로 미루어 판단할 수는 없다. 공자 역시 사람은 누구나 장단점을 가지고 있기에, '어떤 사람을 사귀더라도 장점은 취하고 단점은 나 자신의 모습을 바로잡는 거울로 삼을 수 있다'고 이야기했다. 하지만 공자는 위에서 지적했던 세 가지만큼은 분명히 선을 긋고 있다. 이 세 가지 특성으로 미루어 그 사람의 옳고 그름을 판단할 수 있으

천년의 내공

니 사람을 사귈 때 반드시 유념해야 한다는 것이다.

공자가 말했던 세 사람의 유익한 벗은 군자를 말한다. 따라서 이들이 사귐을 갖는 모습은 군자의 사귐과 같다. 상대의 인품과 학식에 이끌리기 때문에 그 사람과의 만남 자체가 좋고, 특별한 목적이나 이해타산을 가지고 사람을 사귀지 않기에 그 사귐은 담백하고 은은하다. 공자는 이렇게 말했다.

"난초가 있는 방에 오래 있으면 그 향기를 맡지 못하는데, 그 향기와 서로 동화되기 때문이다."

좋은 벗과 사귀면 굳이 노력하지 않아도 서로 좋은 점은 닮아가게 된다. 그리고 당연히 그 만남은 쉽게 끝나지 않고 오래간다. 비록 남 보기에 화려하지도 않고, 평범해 보이지만 아름답게 만남을 이어갈 수 있다.

위선적이고 아첨을 잘하며 말만 앞세우는 소인들의 사귐은 이해타산, 권세와 명예, 부를 좇기 때문에 이들의 사귐에는 진실함이 없다. 이익을 줄 수 있는 상대라면 이들은 수단과 방법을 가리지 않고 그의 마음에 들기 위해 노력한다. '교언영색巧言令色', '교묘한 말솜씨와 꾸미는 얼굴빛'으로 비위를 맞추려 들기 때문에 겉보기에 화려하다. 하지만 이런 사람들의 만남은 이해관계가 끝나는 순간 함께 사라지고 만다. 어차피 만남 자체가 이익을 얻는 목적이었기에, 그 목적이 달성되거나 무산되면 다시 만날 이유가 없기 때문이다. 결국 이들의 만남은 단술과 같다. 마실 때는 달콤하지만, 마시고 나서 물로 입을 헹궈내지 않으면 텁텁한 뒷맛을 남기게 된다.

우리 시대의 만남은 안타깝지만 소인의 만남에 가까운 것 같다. 나에게 이익을 줄 수 있는 사람, 권세가 있고 내 성공에 도움을 줄 수 있는 사람을 만나기 위해 모두가 노력한다. 성공과 출세를 위한 도구로 삼기 위해 지연과 학연, 그리고 혈연 등 모든 관계를 동원한다. 심지어 진정한 사랑으로 결합

되어야 할 순수한 결혼까지도 이런 관점에서 결정되기도 한다. 이러한 세태는 직장 내에서는 물론이고, 비즈니스 측면에서도 마찬가지다. 권력을 가진 사람은 부를 가진 사람과 줄을 대고, 부를 가진 사람은 사업에 도움을 얻기 위해 권력자를 찾는다. 하지만 우리가 익히 보듯이 그 끝이 좋은 경우는 별로 없다. 막다른 길에 도달하게 되면 어떻게든 나만 살기 위해 서로 비난하고 고발하는 사이가 된다. 어차피 이익을 위해 만난 사이였기 때문에 그 관계에 신의나 정의는 없는 것이다.

"군자의 사귐은 물처럼 담백하고 소인의 사귐은 술처럼 달콤하다."

시진핑 주석이 2014년 관료들에게 기업인과의 사귐에 주의를 당부하며 이 명구를 인용했는데, 우리 공직자들에게도 필요한 말인 것 같다. 사교적인 관계나 사업적인 측면에서 파트너를 만날 때, 이해타산에 의한 만남이 아니라 군자의 사귐처럼 돈독하고 동지적인 교류를 청하며 할 수 있는 말이다. '이 자리는 군자의 만남처럼 매우 담백하게 느껴진다'는 뜻으로 인용한다면 상대를 기쁘게 할 수 있을 것이다. 만약 이끌고 있는 조직이 공평무사하지 않고 사적인 이해관계에 의해 모든 일이 좌우된다면 더욱 절실하게 이 말이 필요하다.

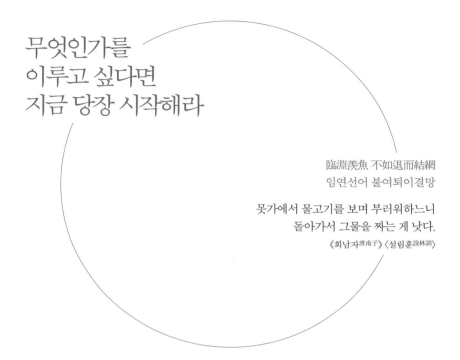

무엇인가를
이루고 싶다면
지금 당장 시작해라

臨淵羨魚 不如退而結網
임연선어 불여퇴이결망

못가에서 물고기를 보며 부러워하느니
돌아가서 그물을 짜는 게 낫다.

《회남자淮南子》〈설림훈說林訓〉

한고조 유방의 손자 유안劉安이 당대의 학자들과 함께 저술했던 《회남자淮南子》에 실려 있는 글이다. 같은 글이 《한서漢書》, 《문자文子》에도 실려 있는 것으로 미루어보면 중국인들의 실천적인 정서에 잘 들어맞는 구절이다. 유교의 시조인 공자의 철학에서도 잘 알 수 있듯이, 대부분의 중국 철학은 서양과는 달리 형이상학적인 추구가 아니라 현실에 기반을 둔 실천철학이다.

이 명구절을 우리의 삶에 적용하면서 두 가지 의미를 생각해볼 수 있다. 첫째는 인생에서 원하는 바가 있다면 그것을 얻기 위한 노력이 뒤따라야 한다는 것이다. 정당한 노력과 절차도 없이 바라기만 한다면 아무것도 이룰 수 없고 간절하게 원한다고 해서 주어지는 것은 아무것도 없다. 감나무 밑에서 입만 벌리고 있다고 익지도 않은 감이 떨어질 리가 없다. 감을 얻고 싶다면 그것을 얻기 위해 흘리는 땀을 마다해서는 안 된다. 먼저 감나무를 심고 그 것을 힘써 길러야 한다. 그 다음 수확의 시기가 오면 감을 수확할 수 있는데, 이 모든 과정을 즐겁게 행하는 것이 바로 '행복한 삶'을 살아가는 조건이다. 원하는 것을 얻기 위한 노력과 과정이 주는 행복을 깨닫지 못하고, 오직 얻 는 데에만 목적을 둔다면 그것은 탐욕이 되고 만다.

두 번째 의미는 원하는 것을 얻기 위해서는 지혜로운 준비가 필요하다는 것이다. 간절히 원하는 마음만 앞서서 '우물에서 숭늉을 구하는 식'으로는 좋은 결과를 얻지 못한다. 《맹자》를 보면 '칠년지병구삼년지애七年之病求三年之 艾'라는 말이 있다. '삼년을 묵힌 쑥을 먹으면 낫는 병을 치료하기 위해 칠 년 간 전국을 헤맨다'는 뜻이다. 구하기 힘든 '삼년 쑥'을 구하려고 전국을 유랑 하기 전에, 애초에 쑥을 잘 묵혀두었다면 삼 년 후 그 약으로 병이 나았을 것 이다. 하지만 성급한 마음만 앞서서 짐을 꾸려서 떠나면 칠 년이 아니라 십 년이 지나도 그 약을 구할 수 없다.

오늘날 우리가 가장 빠지기 쉬운 함정 가운데 하나가 바로 이러한 조급증 이다. 차근차근 절차를 밟아 일을 추진하기보다는 원하는 결과를 만들기 위 해 수단과 방법을 가리지 않는 것도 조급증에서 비롯된 현상이다. 약 10년 쯤 전에 비밀스런 이름의 책이 나와서 우리나라에서 대단한 베스트셀러가 되었다. 오프라 윈프리 쇼에 소개되어서 세계적으로 유명해진 책인데, '긍 정적인 생각이 모든 성공의 비밀이다'라는 '우주의 비밀'을 밝혔다는 이 책 을 읽고 마음 설레지 않은 사람은 드물었을 것이다. 하지만 과연 그 책을 읽 었던 사람들이 생각만으로 백만장자가 되었을까?

좋은 삶, 행복한 인생은 누구나 꿈꾸는 인생의 목적이다. 하지만 이 꿈을 이루어가는 방법은 제각각 다르다. 로또와 같은 일확천금을 꿈꿀 수도 있고,

천년의 내공

하루하루의 노력을 쌓아나감으로써 꿈을 이루어가는 사람도 있다. 어떤 방법을 택하느냐는 스스로에게 달려 있다. 한 가지 분명한 점은 반드시 실천해야 한다는 것이다. 조금 늦더라도 대기만성의 성공을 원한다면 하루하루에 충실해야 한다. 복권 당첨과 같은 일확천금을 원한다면 최소한 로또를 사는 노력을 해야 한다.

"못가에서 물고기를 보며 부러워하느니 돌아가서 그물을 짜는 게 낫다."

중국의 유명한 투자자 쉬샤오핑徐小平이 '생각만 하지 말고 즉각 행동으로 옮기라'고 강조하면서 이 말을 인용했다. 말은 많으나 실천을 하지 않는 사람, 이리저리 재기만 하며 일을 시작하지 못하는 우유부단한 사람을 가르칠 때 쓸 수 있는 말이다. 혹은 지루한 회의에서 결론을 내리지 못하고 탁상공론이 거듭될 때, 조속한 결론을 촉구하며 인용할 수 있는 글이다.

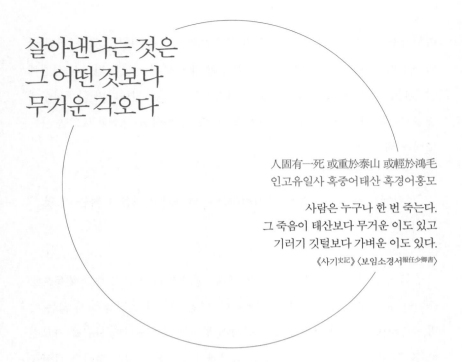

살아낸다는 것은 그 어떤 것보다 무거운 각오다

人固有一死 或重於泰山 或輕於鴻毛
인고유일사 혹중어태산 혹경어홍모

사람은 누구나 한 번 죽는다.
그 죽음이 태산보다 무거운 이도 있고
기러기 깃털보다 가벼운 이도 있다.

《사기史記》〈보임소경서報任少卿書〉

고전 가운데 첫손에 꼽히는 역사책으로 사마천의 《사기》가 있다. 고대부터 저자 자신이 살던 한 무제 시대까지 다루고 있는 방대한 중국의 역사서다. 특히 역사적인 사건을 연대순으로 기록했던 편년체가 아니라, 인물 중심으로 편찬된 최초의 기전체 역사서라는 점에서도 그 가치가 높다. 이 책은 역사서로 분류되지만 시대를 이끄는 위인들의 인생철학을 담은 철학서, 그들의 삶과 죽음을 아름다운 문장으로 서술하는 문학서로서도 손색이 없다. 중국의 유명한 사학자인 전목錢穆은 "가히 다시 있을 수 없는 최고의 사서로 공자의 《춘추春秋》와 더불어 중국 고대 인물이 저술한 가장 위대한 책이다"라고 말하기도 했다. 우리나라 역사 전문 저술가인 김영수도 "삼국지를 열 번 읽기보다 사기 한 번을 읽어라"고 하며 《사기》를 현존하는 최고의 역사서로 꼽는다.

《사기》의 저자 사마천은 48세의 나이에 생식기를 뿌리째 절단하는 '궁형
宮刑'을 받는다. 이릉 장군이 흉노와의 전쟁에서 병력의 열세로 항복했던 일
을 변호했다가 한 무제의 노여움을 사게 되어 억울하게 벌을 받은 것이다.
그 당시로는 목숨을 잃는 것보다 더한 참형을 받았지만 그는 《사기》를 완성
하기까지는 쉽게 목숨을 버릴 수 없었다. 당시 억울한 심경을 역시 억울한
죄로 투옥된 친구 임안에게 보내는 편지 〈보임소경서報任少卿書〉에 담았다. 〈보
임소경서〉에는 현실의 작은 치욕을 이기지 못해 아무도 알아주지 않는 가
벼운 죽음을 택하기보다 삶의 의미이자 목표인 진실한 역사저술을 위해 천
금과 같은 삶을 살겠다는 사마천의 의지가 담겨 있다. 결국 《사기》는 오늘날
중국 최고의 역사서로 꼽히며 그의 무거운 삶의 가치를 증명하고 있다.

사마천뿐만 아니라 인류 문화사에 남을 명작은 예외 없이 인생의 고난을
이겨낸 사람들의 고뇌에서 탄생했다. 그래서 사마천은 이렇게 이야기했다.

"옛날 주 문왕은 감옥에 갇혀 있는 동안 《주역》을 만들었다. 공자는 진에
서 어려움에 처했을 때 《춘추》를 만들었다. 굴원은 초에서 추방되자 〈이소
경〉을 지었다. 좌구명은 장님이 되어 《국어》를 만들었고 손자는 다리가 끊
기고서 《병법》을 만들었다. (…) 시 300편도 거의가 현인, 성인들의 발분으
로 만들어진 것이다. 이렇듯 모두가 한스러운 마음의 소치이며, 그 한을 풀
길이 없어 과거를 돌이켜보고 미래를 굽어보게 된 것이다."

역사를 바꾼 영웅들 역시 마찬가지다. 차라리 죽음을 택하는 것이 더 쉬
울 수도 있는 고난에서 그들은 삶을 선택함으로써 자신의 꿈을 이루었고, 인
류 역사를 바꿀 수 있었다. 물론 역사적인 인물과 비견할 수는 없지만 이 시
대를 살아가는 평범한 우리들도 마찬가지다. 삶을 살아가면서 고난에 처하

지 않는 인간이란 존재하지 않는다. '인생은 고해苦海'라고 누군가가 말했듯이 크고 작은 어려움을 맞고, 그것을 이겨나가는 과정이 바로 우리의 삶일지도 모른다. 누군가는 어려움에 처했을 때 당당히 맞서 자신의 삶을 꿋꿋하게 살아나갔고, 누군가는 절망에 사로잡혀 쉽게 무너지기도 했다.

오늘날은 죽음이 가벼운 시대다. 유명인들의 죽음을 따라 쉽게 목숨을 끊고, 사회 고위직에 있는 사람이 막다른 길에 몰렸을 때 억울함을 호소하며 죽음을 선택하기도 한다. 무엇보다도 가슴이 아픈 것은 사회 소외계층이 가난과 외로움 때문에 스스로 죽음을 맞는 것이다. 자신의 명을 끊을 만큼 절박한 사람들에게 건네는 어설픈 충고의 말은 무례이기 쉽다. 그럼에도 이 명구절을 위로처럼 건넬 수는 있다. 사마천이 차라리 수백 번 죽음을 선택하는 것이 더 쉬웠을 고난과 치욕 속에서, 자기 삶의 의미와 가치를 찾았던 말이기 때문이다.

고난에 흔들리는 사람들에게 무겁게 던질 수 있는 사회적 메시지로 활용되며, 중국의 유명한 평론가 챠오즈펑喬志峰이 사망사고를 다루는 대중매체의 부적절한 표현을 지적하며 인용했다.

　　　　　　　　　　　　　천년의 내공

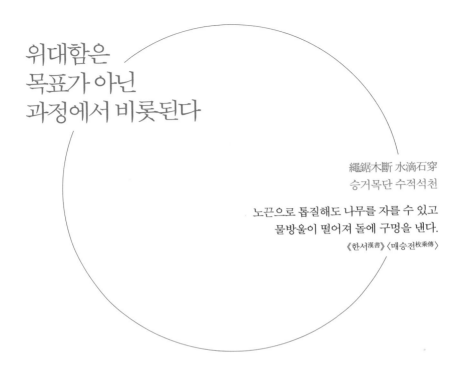

위대함은
목표가 아닌
과정에서 비롯된다

繩鋸木斷 水滴石穿
승거목단 수적석천

노끈으로 톱질해도 나무를 자를 수 있고
물방울이 떨어져 돌에 구멍을 낸다.
《한서漢書》〈매승전枚乘傳〉

《한서》,《채근담》 등의 고전에 실려 있는 말로 '작은 일을 소중히 하라'는 가르침을 주고 있다.

장괴애張乖崖가 숭양현의 현령을 지낼 때 관아의 창고지기가 돈 한 푼을 훔치는 현장을 잡았다. 장괴애가 장형杖刑에 처하자, 창고지기는 "이까짓 동전 한 닢으로 어찌 매질을 할 수 있다는 말이오?"라며 항변했다. 장괴애는 "비록 하루에 돈 한 푼이라 할지라도 천 날이면 천 푼이 된다. 이는 노끈으로 나무를 자를 수 있고, 낙숫물이 댓돌을 뚫을 수 있는 것과 같다"라고 하며 그를 처벌했다. '작은 잘못을 저지를 때 바로잡지 않으면 도덕적 불감증이 생겨 더 큰 잘못을 저지르게 된다'는 뜻으로, 우리 속담 '바늘 도둑이 소도둑이 된다'와 비슷한 의미다.

우리는 긍정적인 의미에서 이 고사를 다르게 생각해보자. 작은 잘못이 쌓이면 큰 범죄가 될 수도 있지만, 작은 노력을 하루하루 꾸준히 하게 되면 놀라운 결과를 만들 수 있다.

《채근담》에도 실려 있는 이 구절은 '승거목단 수적석천 학도자 수가력 색繩鋸木斷 水滴石穿 學道者 須加力索'으로 완성된다. '노끈으로 톱질해도 나무를 자를 수 있고 물방울이 떨어져 돌에 구멍을 낼 수 있으니 도를 구하는 자는 모름지기 힘써 구하라'는 뜻이다. '노끈과 낙숫물이 비록 미약한 힘이지만 계속하면 큰일을 이룰 수 있다'는 데 비유해, 공부하는 자는 반드시 꾸준히 힘을 다해야 한다는 것이다. 비록 하루하루 노력의 결과는 크지 않을지 모르지만 그 노력이 오랜 시간 쌓이게 되면 엄청난 결과를 만들 수도 있는 내공이 되는 법이다.

영어 문화권에는 '슬라이트 에지Slight Edge'라는 말이 있다. 위대한 일을 이룬 사람과 평범한 사람을 나란히 놓고 보았을 때 그 시작 단계에서는 '눈에 보이지도 않을 정도의 미세한 차이'만 있을 뿐이라는 말이다. 이 차이가 처음 시작할 때는 미미하지만 시간이 지나면서 쌓이고 쌓이면 나중에는 까마득하게 벌어지고 만다. 이것을 보면 위대한 일을 이루는 것은 어렵지 않다. 처음 시작할 때부터 남들보다 조금만 더 잘하기 위해 노력하면 된다. 우리 평범한 사람들에게 큰 힘이 되는 말이다. 날마다의 작은 노력을 지속적으로 할 수 있다면, 평범한 사람들도 얼마든지 위대한 일을 이룰 수 있다는 격려를 주기 때문이다.

《회남자》에는 "부드러움을 쌓아나가면 견고해지고, 약함을 쌓아나가면 강해진다"라고 실려 있다. 위대한 일은 얼마나 큰일을 하느냐에 달려 있는 것이 아니라 어떤 정신으로 얼마나 정성스럽게 최선을 다하느냐에 달려 있다. 조직도 마찬가지다. 위대한 조직은 처음부터 위대했던 것이 아니라, 평범한 사람들이 모여 평범하지 않은 노력을 날마다 쌓아나갔기에 이룰 수 있었다. 직원들이 보이는 평소의 생활태도, 맡은 일의 대소를 구분하지 않고 최선을 다하는 자세, 밝고 활기찬 분위기가 바로 그 조직의 미래를 보여준다. '작은 일을 소중히 하라'고 항상 강조해야 하는 이유다.

> "노끈으로 톱질해도 나무를 자를 수 있고 물방울이 떨어져 돌에 구멍을 낸다."

어떠한 작은 부정도 용납될 수 없다는 단호한 척결의지를 나타낼 때 되새기면 좋다. 우리나라의 감사원이라고 할 수 있는 중국 심계서의 서장 류자이劉家義가 '재정금융 감사 양성훈련반'에서 바로 이런 사실을 경계하며 이 구절을 인용했다. 긍정적인 의미로 사용할 때는 새롭게 일을 시작하는 젊은이, 새로운 사업을 시작하는 조직에게 귀감이 되는 명언이다. 또한 비즈니스 상대와 새로운 사업을 시작하는 자리라면, '비록 시작은 미약하지만 이 일을 통해 엄청난 발전과 이익을 상호간에 누릴 수 있을 것을 기대한다'며 인용할 수 있는 말이다.

법칙에 지배당하지 말고
법칙을 만들어라

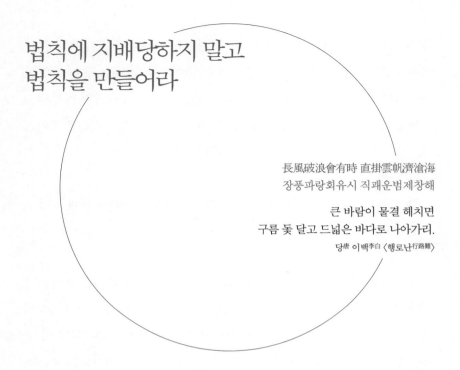

長風破浪會有時 直掛雲帆濟滄海
장풍파랑회유시 직괘운범제창해

큰 바람이 물결 헤치면
구름 돛 달고 드넓은 바다로 나아가리.

당唐 이백李白 〈행로난行路難〉

이백의 유명한 시 〈행로난行路難〉의 마지막 구절이다. 행로난은 '어렵구나, 인생길!'이라는 뜻인데, 이백의 삶을 잘 표현해주는 시다. 이백은 세 편의 〈행로난〉을 지었는데, 그만큼 험난한 인생을 살았다는 증표일 것이다. 이 구절은 첫 번째 시에 실려 있다. 시에서 이백은 황하를 건너려고 하자 얼음이 강을 가로막고 있거나, 산을 오르려고 하자 눈이 길을 막고 있는 것처럼 마음대로 되지 않는 인생을 한탄하고 있다. 그래서 그토록 술을 좋아하는 이백이지만, 친구가 차려놓은 산해진미와 값비싼 술조차 먹지 못하고 젓가락을 던져버릴 수밖에 없었다고 하소연한다.

하지만 〈행로난〉이 단순히 신세한탄에 그쳤다면 지금까지 많은 중국인들의 사랑을 받는 명시로 남지는 못했을 것이다. 이백은 비록 인생길이 어렵

천년의 내공

고 힘들지만 그 고난을 헤치고 나가면 반드시 큰 꿈을 이루는 날이 올 것이라고 생각했다. 강태공이 여든이 넘는 나이에 낚시로 소일하다가 주 문왕에게 발탁된 것이나, 명재상 이윤이 배를 타고 해에게 가는 꿈을 꾼 다음 탕왕에게 발탁된 것처럼 자신 역시 때를 기다리면 반드시 기회가 올 것으로 확신했다. 그때 큰 바람을 타고 드넓은 바다를 건너겠다는 것이다.

이백은 현실에서의 성공이라는 관점에서 보면 자신의 꿈을 이루지는 못했다. 당 현종과 양귀비로 상징되는 패악한 정치 속에서 귀양과 방랑이라는 거친 삶을 살 수밖에 없었다. 그러나 험한 삶을 살면서도 결코 주눅이 들거나 인생을 한탄만 하지 않고 자신의 삶을 즐겼다. 그리고 그 삶 속에서 주옥과 같이 아름다운 시를 남겼다. 비록 현실의 삶은 어려웠지만 그의 삶은 충분히 위대했다고 할 수 있다.

큰 뜻을 이룬 사람들에게는 자신이 처한 환경에 지배당하지 않고 그 환경을 이겨내었던 공통점이 있다. 역사에 남을 명작을 만든 사람들 역시 마찬가지다. 명작은 평탄한 삶에서는 나오지 않았다. 물론 시련이 크고 실패의 아픔을 겪을수록 더 크게 성장한다는 말에 명확한 인과관계는 없다. 큰 성공을 거두기 위해 일부러 고난을 겪는 사람도 없을 것이다. 하지만 도전적이고 진취적인 사람이 현실에 안주하는 사람에 비해 더 많은 실패와 시련을 겪는다는 것은 분명한 사실이다.

꿈을 이루기 위해서는 두 가지가 필요하다. 먼저 때를 기다릴 수 있는 지혜가 있어야 한다. '큰 바람이 물결 헤치면'이 바로 그것을 말한다. 아무리 큰 바다로 나가고 싶은 꿈이 있다고 해도 무턱대고 나가서는 결코 뜻을 이룰 수 없다. 먼저 큰 바람이 불 때를 기다려야 한다. 열정이 넘치는 사람들이 많이 실수하는 부분이 바로 여기다. 열정과 패기에만 사로잡혀 일을 서두르면 반드시 예상치 못한 돌발상황을 맞아 어려움을 겪게 된다.

또 한 가지는 '구름 돛을 달고'다. 큰 꿈을 이루기 위해서는 반드시 그에 합당한 준비가 있어야 한다는 의미다. 가까운 바다로 가려면 특별한 준비가 필요치 않을 것이다. 하지만 먼 바다로 나가기 위해서는 그 먼 거리만큼 오랜 준비를 해야 한다. 큰 돛을 달아서 바람을 잘 맞도록 해야 하고, 의도치 않은 기상악화에도 대비해야 하고, 오랜 시간 바다에 머물 충분한 식량과 식수도 확보해야 한다.

시대의 어른이라면 한마디 말을 통해 큰 미래비전을 제시할 수 있어야 한다. 흔히 위기에 닥치거나 큰 도전을 앞두고는 단호하고 절박한 말로 각오를 표현한다. 하지만 말의 진정한 힘은 오히려 부드러움 속에 담겨 있다. 《울료자》에는 "사랑은 부하를 따르게 하고 위엄은 상관의 체통을 세워준다"라고 실려 있다. 엄정한 말을 하되 그 말 속에 사랑을 담을 수 있다면 사람들의 사랑과 존경을 함께 받을 수 있다. 그리고 공감의 힘으로 큰 꿈을 이룰 수 있다.

"큰 바람이 물결 헤치면 구름 돛 달고 드넓은 바다로 나아가리."

이 명구절은 2006년 후진타오 전 중국 주석이 미국을 방문했을 때 인용했고, 2014년 우리나라를 방문했던 시진핑 중국 주석 역시 서울대 강연에서 인용했다. 우호적이고 희망찬 미래를 위해 함께 노력하자는 말로 적격이다.

국학대사 지셴린이 선정한 고전 148구절

1 知我者 謂我心憂 不知我者 謂我何求 _《시경詩經》
   지아자 위아심우 부지아자 위아하구

   나를 아는 이는 내 마음이 우울하다 하고 나를 모르는 이는 내가 무엇을 찾느냐고
   한다.

2 人而無儀 不死何爲 _《시경詩經》
   인이무의 불사하위

   위엄과 예의가 없는 사람은 쥐만도 못하다.

3 言者無罪 聞者足戒 _《시경詩經》
   언자무죄 문자족계

   말의 책임은 화자가 아닌 청자에게 있다.

4 他山之石 可以攻玉 _《시경詩經》
   타산지석 가이공옥

   다른 산의 돌로도 자기의 옥을 갈 수 있다.

5 投我以桃 報之以李 _《시경詩經》
   투아이도 보지이리

   나에게 복숭아를 던져주자 오얏으로 보답했다.

6 天作孽 猶可違 自作孽 不可活 _《상서尙書》
천작얼 유가위 자작얼 불가활

하늘이 만든 허물은 피할 수 있지만 스스로 만든 허물에는 살아갈 수 없다.

7 滿招損 謙受益 _《상서尙書》
만초손 겸수익

교만은 손해를 부르고 겸손은 이익을 받는다.

8 從善如登 從惡如崩 _《국어國語》
종선여등 종악여붕

선을 따르기는 산을 오르듯 어렵고 악을 따르기는 담이 무너지듯 순간이다.

9 多行不義必自斃 _《좌전左傳》
다행불의필자폐

의롭지 못한 일을 많이 하면 반드시 자멸한다.

10 居安思危 思則有備 有備無患 _《좌전左傳》
거안사위 사즉유비 유비무환

편안할 때 위태로움을 대비하면 화를 피할 수 있다.

11 人非聖賢 孰能無過 過而能改 善莫大焉 _《좌전左傳》
인비성현 숙능무과 과이능개 선막대언

사람은 성인이 아닌데 누가 잘못을 저지르지 않겠는가. 잘못을 저질렀어도 고칠 수
있다면 그보다 더 나을 수 없다.

12 知人者智 自知者明 _《노자老子》
지인자지 자지자명

타인을 아는 자는 지혜롭다 하고 자신을 아는 사람은 명철하다 한다.

13 信言不美 美言不信 _《노자老子》
신언불미 미언불신

믿음직한 말은 아름답지 않고 아름다운 말은 믿음이 가지 않는다.

14   禍兮福之所倚 福兮禍之所伏 _《노자老子》

화혜복지소의 복혜화지소복

화는 복이 의지하는 바이고 복은 화가 잠복하는 곳이니 일의일비하지 말자.

15   合抱之木 生於毫末, 九層之臺起於累土, 千里之行 始於足下 _《노자老子》

합포지목 생어호말, 구층지대기어루토, 천리지행 시어족하

아름드리 나무도 털끝 같은 씨앗에서 나오고, 높은 누대도 한 무더기를 쌓는 데에서 시작되고, 천리길도 한 걸음에서 시작된다.

16   敏而好學 不恥下問 _《논어論語》

민이호학 불치하문

영민하고 배우기를 좋아하며 아랫사람에 묻기를 부끄러워하지 않는다.

17   己所不欲 勿施於人 _《논어論語》

기소불욕 물시어인

내가 하고자 하지 않는 바를 남에게 시키지 말라.

18   工欲善其事 必先利其器 _《논어論語》

공욕선기사 필선리기기

장인이 일을 잘하려면 반드시 먼저 도구를 다듬어야 한다.

19   君子坦蕩蕩 小人長戚戚 _《논어論語》

군자탄탕탕 소인장척척

군자는 마음이 평탄하고 넓으나 소인은 늘 근심 걱정뿐이다.

20   歲寒 然後知松柏之後凋也 _《논어論語》

세한 연후지송백지후조야

날이 추워진 후에야 소나무와 잣나무의 잎이 더디 시듦을 안다.

21   學而不思則罔 思而不學則殆 _《논어論語》

학이불사즉망 사이불학즉태

배우고 생각지 않으면 어리석어지고 생각만 하고 배우지 않으면 위태롭다.

22 知者不惑 仁者不憂 勇者不懼 _《논어論語》
지자불혹 인자불우 용자불구

지혜로운 사람은 미혹당하지 않고 어진 이는 근심하지 않고 용감한 자는 두려워하지 않는다.

23 人誰無過 過而能改 善莫大焉 _《논어論語》
인수무과 과이능개 선막대언

사람은 누구나 잘못을 할 수 있다. 다만 고칠 수 있다면 그보다 잘하는 일이 있겠는가.

24 知之爲知之 不知爲不知 是知也 _《논어論語》
지지위지지 부지위부지 시지야

아는 것을 안다 하고 모르는 것을 모른다 하는 것. 이것이 아는 것이다.

25 知之者不如好之者 好之者不如樂之者 _《논어論語》
지지자불여호지자 호지자불여락지자

아는 사람은 좋아하는 사람만 못하고 좋아하는 사람보다는 즐기는 사람이 낫다.

26 其身正 不令而行 其身不正 雖令不從 _《논어論語》
기신정 불령이행 기신부정 수령부종

자신의 몸이 바르면 명령하지 않아도 행해지고, 자신이 바르지 못하면 비록 명령해도 따르지 않는다.

27 三人行 必有我師焉 擇其善而從之 其不善者而改之 _《논어論語》
삼인행 필유아사언 택기선이종지 기불선자이개지

세 사람이 길을 가면 반드시 나의 스승이 있으니, 선한 것을 골라 따르고 선하지 못한 것은 가려서 고친다.

28 大道之行 天下爲公 _《예기禮記》〈예운禮運〉
대도지행 천하위공

대도가 행해지면 천하가 공평무사해진다. 쑨원孫文의 좌우명이다.

29 凡事五則立 不五則廢 _《예기禮記》〈중용中庸〉

범사예칙립 불예즉폐

무릇 모든 일은 준비하면 이뤄지고 준비하지 않으면 실패한다.

30 學然後知不足 教然後知困 _《예기禮記》〈학기學記〉

학연후지부족 교연후지곤

배우고 난 뒤에 자신의 부족함을 알게 되고 가르치고 나서야 고달픔을 알게 된다.

31 玉不琢 不成器 人不學 不知道 _《예기禮記》〈학기學記〉

옥불탁 불성기 인불학 부지도

옥은 다듬지 않으면 그릇이 될 수 없고 사람이 배우지 않으면 도를 알지 못한다.

32 路漫漫其修遠兮 吳將上下而求索 _ 굴원屈原〈이소離騷〉

로만만기수원혜 오장상하이구색

길은 아득히 멀기만 하네 나는 위아래로 탐구해 보겠노라.

33 尺有所短 寸有所長 _《초사楚辭》〈복거卜居〉

척유소단 촌유소장

한 자도 짧을 때가 있고 한 지도 길 때가 있다.

34 盡信書 不如無書 _《맹자孟子》〈진심하盡心下〉

진신서 불여무서

'서경'을 맹신하는 것은 '서경'이 없는 것만 못하다.

35 生於憂患 死於安樂 _《맹자孟子》〈고자하告子下〉

생어우환 사어안락

걱정과 어려움이 나를 살게 하고 안락함이 나를 죽음으로 이끈다.

36 得道多助 失道寡助 _《맹자孟子》〈공손위公孫醜〉

득도다조 실도과조

도에 맞으면 도우는 이가 많고 도에 어긋나면 도움을 얻기 힘들다.

37 民爲貴 社稷次之 君爲輕 _《맹자孟子》〈진심상盡心上〉
민위귀 사직차지 군위경

백성이 가장 귀하고 종묘사직이 다음이며 군주가 가장 가볍다.

38 窮則獨善其身 達則兼濟天下 _《맹자孟子》〈진심하盡心上〉
궁즉독선기신 달칙겸제천하

궁할 때는 자신을 돌보는 것이 최선이고 얻었을 때 비로소 천하를 다스린다.

39 天時不如地利 地利不如人和 _《맹자孟子》〈공손위公孫醜〉
천시불여지리 지리불여인화

하늘의 때는 땅의 이로움만 못하고 땅의 이득은 사람의 화합만 못하다.

40 富貴不能淫 貧賤不能移 威武不能屈 _《맹자孟子》〈등문공滕文公〉
부귀불능음 빈천불능이 위무불능굴

**돈과 지위를 가졌어도 부패하지 않고 가난하고 힘들어도 포부를 버리지 않고 권위
와 무력에도 굴복하지 않는다.**

41 鍥而不捨 金石可鏤 _《순자荀子》〈권학勸學〉
계이불사 금석가루

멈추지 않고 새기면 쇠와 바위도 조각할 수 있다.

42 吳生也有涯 而知也無涯 _《장자莊子》〈양생주養生主〉
오생야유애 이지야무애

우리의 삶에는 끝이 있지만 배움에는 끝이 없다.

43 君子之交淡如水 小人之交甘若醴 _《장자莊子》
군자지교담여수 소인지교감약례

군자의 사귐은 물처럼 담백하고 소인의 교제는 술처럼 달콤하다.

44 博學之 審問之 慎思之 明辨之 篤行之 _《중용中庸》
박학지 심문지 신사지 명변지 독행지

널리 배우고 자세히 물으며 신중히 생각하고 밝게 판단하고 독실히 행동한다.

천년의 내공

45 臨淵羨魚 不如退而結網 _《회남자淮南子》〈설림훈說林訓〉
임연선어 불여퇴이결망

못가에서 물고기를 보며 부러워하느니 돌아가서 그물을 짜는 게 낫다.

46 風蕭蕭兮易水寒 壯士一去兮不復還 _《전국책戰國策》〈형가자진왕荊軻刺秦王〉
풍소소혜역수한 장사일거혜불부환

쓸쓸이 부는 바람아 역수가 차갑구나 장사가 한번 떠나니 다시 돌아오지 않으리라.

47 桃李不言 下自成蹊 _《사기史記》〈이장군전李將軍傳〉
도리불언 하자성혜

복숭아와 오얏은 말을 하지 않아도 나무 밑에 저절로 길이 생긴다.

48 燕雀安知鴻鵠之志哉 _《사기史記》〈진섭세가陳涉世家〉
연작안지홍곡지지재

참새가 어찌 홍곡의 뜻을 알리오. 진秦제국을 무너뜨리는 농민 반란을 주도한 진승의 말이다.

49 運籌帷幄之中 決勝千里之外 _《사기史記》〈고조본기高祖本紀〉
운주유악지중 결승천리지외

산가지를 천막 안에서 움직여 천리 밖의 승리를 거두다.

50 忠言逆耳利於行 良藥苦口利於病 _《사기史記》〈류후세가留侯世家〉
충언역이리어행 양약고구리어병

충고는 귀에 거슬리나 행동에 이롭고 좋은 약은 입에 쓰나 병에 이롭다.

51 人固有一死 或重於泰山 或輕於鴻毛 _《사기史記》〈보임소경서報任少卿書〉
인고유일사 혹중어태산 혹경어홍모

사람은 누구나 한 번 죽는다. 그 죽음이 태산보다 무거운 이도 있고 기러기 깃털보다 가벼운 이도 있다.

52 智者千慮 必有一失 愚者千慮 必有一得 _《사기史記》〈회음후렬전淮陰侯列傳〉
지자천려 필유일실 우자천려 필유일득

지혜로운 사람도 천 번을 생각해도 한 번의 실수가 있을 수 있고, 어리석은 사람도 천 번을 생각하면 한 번은 얻음이 있을 수 있다.

53 繩鋸木斷 水滴石穿 _《한서漢書》〈매승전枚乘傳〉
승거목단 수적석천

노끈으로 톱질해도 나무를 자를 수 있고 물방울이 떨어져도 돌에 구멍을 낸다.

54 若要人不知 除非己莫爲 _ 한漢 매승枚乘〈상서간오왕上書諫吳王〉
약요인불지 제비기막위

남이 알아서는 안 되는 일이라면 자신이 하지 않으면 된다.

55 少壯不努力 老大徒傷悲 _ 한漢 악부樂府〈장가행長歌行〉
소장불노력 노대도상비

젊어서 노력하지 않으면 늙어서는 오직 상심과 슬픔뿐이다.

56 疾風知勁草 歲寒見後凋 _《후한서後漢書》〈왕패전王霸傳〉
질풍지경초 세한견후조

세찬 바람이 불어야 억센 풀인지 알 수 있고, 추워진 뒤에야 잎이 늦게 떨어짐을 볼 수 있다.

57 失之東隅 收之桑楡 _《후한서後漢書》〈풍이전馮異傳〉
실지동우 수지상유

동쪽에서 잃어버리고 서쪽에서 거두어들인다.

58 精誠所至 金石爲開 _《후한서後漢書》〈광릉사왕형전廣陵思王荊傳〉
정성소지 금석위개

정성이 지극하면 쇠와 돌도 열린다.

59 貧賤之知不可忘, 糟糠之妻不下堂 _ 《후한서後漢書》〈송홍전宋弘傳〉
빈천지지불가망 조강지처불하당

가난할 때 사귄 친구는 잊어선 안 되고 변변치 않은 음식을 함께 먹었던 아내는 버려선 안 된다.

60 志士不飮盜泉之水 廉者不受嗟來之食 _《후한서後漢書》〈열녀전列女傳〉
지사불음도천지수 염자불수차래지식

뜻 있는 선비는 도천盜泉이란 이름의 샘물을 마시지 않고, 청렴한 사람은 '와서 먹게' 하고 주는 음식을 먹지 않는다.

61 老驥伏櫪 志在千里 烈士暮年 壯心不已 _ 삼국三國 조조曹操 〈구수수龜雖壽〉
노기복력 지재천리 열사모년 장심불이

준마는 늙어 마구간에 있어도 뜻은 천리를 달린다. 열사는 늙었어도 마음까지 끝난 것은 아니다.

62 山不厭高 海不厭深, 周公吐哺天下歸心 _ 삼국三國 조조曹操 〈단가행短歌行〉
산불염고 해불염심, 주공토포천하귀심

산은 높아지기를 마다 않고 바다는 깊어지기를 꺼리지 않는다. 주공이 입안의 음식을 뱉으며 인재를 환영하자 천하가 마음을 열었다.

63 非學無以廣才 非志無以成學 _ 삼국三國 제갈량諸葛亮 〈계자서誡子書〉
비학무이광재 비지무이성학

배우지 않으면 재능을 펼칠 수 없고 뜻이 없으면 학문을 성취할 수 없다.

64 非淡泊無以明志 非寧靜無以致遠 _ 삼국三國 제갈량諸葛亮 〈계자서誡子書〉
비담박무이명지 비영정무이치원

담박하지 않으면 뜻을 밝힐 수 없고 고요하지 않으면 먼 곳에 이를 수 없다.

65 勿以惡小而爲之 勿以善小而不爲 _ 삼국三國 유비劉備
물이악소이위지 물이선소이불위

악이 작더라도 행하지 말 것이며 선이 작더라도 행하지 않아선 안 된다.

66 國以民爲本 民以食爲天 _ 서진西晋 진수陳壽 《삼국지三國志》
국이민위본 민이식위천

나라는 백성을 근본으로 삼고 백성은 먹는 것을 하늘처럼 여긴다.

67 盛年不重來 一日難再晨 _ 동진東晋 도연명陶淵明 《잡시雜詩》
성년부중래 일일난재신

젊은 시절은 거듭 오지 않으며 하루에 아침을 두 번 맞지 못한다.

68 不戚戚於貧賤 不汲汲於富貴 _ 동진東晋 도연명陶淵明 〈오류선생전五柳先生傳〉
불척척어빈천 불급급어부귀

가난하고 천하게 살아도 걱정하지 않는다. 부귀를 얻지 못해 조바심내지도 않는다.

69 一年之計在於春 一日之計在於晨 _ 남조南朝 소탁蕭鐸
일년지계재어춘 일일지계재어신

한 해의 계획은 봄에 세우고 하루의 계획은 새벽에 세운다.

70 寧爲玉碎 不爲瓦全 _《북제서北齊書》〈원경안전元景安傳〉
영위옥쇄 불위와전

옥이 되어 부서질지언정 하찮게 완전한 기와가 되지 않겠다.

71 當局者迷 旁觀者清 _《신당서新唐書》〈원행충전元行沖傳〉
당국자미 방관자청

바둑을 두는 사람은 잘 모르지만 옆에서 보는 사람이 수를 더 잘 본다.

72 疾風知勁草 板蕩識誠臣 _ 당唐 태종太宗 〈증소우贈蕭瑀〉
질풍지경초 판탕식성신

세찬 바람이 불어야 억센 풀인지 알 수 있고 출렁이는 파도 속에서 진실한 신하를 알아본다.

73 海內存知己 天涯若比鄰 _ 당唐 왕발王勃 〈송두소부지임촉주送杜少府之任蜀川〉
해내존지기 천애약비린

이 세상에 나를 알아주는 벗이 있다면 하늘 끝도 이웃처럼 가까우리라.

천년의 내공

74 欲窮千里目 更上一層樓 _ 당唐 왕지환王之渙 〈등관작루登鸛雀樓〉
    욕궁천리목 갱상일층루

    천 리 밖까지 바라보려면 누대 한 계단 더 올라가야지.

75 黃沙百戰穿金甲 不破樓蘭終不還 _ 당唐 왕창령王昌齡 〈종군행從軍行〉
    황사백전천금갑 불파누란종불환

    사막에서의 온갖 싸움에 황금옷 다 헤어져도 누란을 격파하지 않으면 끝내 돌아갈
    수 없다.

76 清水出芙蓉 天然去雕飾 _ 당唐 이백李白 〈시론論詩〉
    청수출부용 천연거조식

    맑은 물에서 연꽃이 솟으니 천연스레 꾸밈이 없구나.

77 大鵬一日同風起 扶搖直上九萬里 _ 당唐 이백李白 〈상리옹上李邕〉
    대붕일일동풍기 부요직상구만리

    붕새는 어느 날 바람과 함께 일어나 회오리를 타고 곧장 구만 리를 오른다.

78 俱懷逸興壯思飛 欲上青天攬明月 _ 당唐 이백李白 〈선주사조루전별교서숙운宣州謝朓
    樓餞別校書叔雲〉
    구회일흥장사비 욕상청천람명월

    함께 뛰어난 감흥을 품어 장대한 시상이 날아오르니, 푸른 하늘에 올라 밝은 달을
    잡으려 하네.

79 仰天大笑出門去 我輩豈是蓬蒿人 _ 당唐 이백李白 〈남릉별아동입경南陵別兒童入京〉
    앙천대소출문거 아배기시봉호인

    하늘 향해 크게 웃고 문을 나서니 우리들이 어찌 초야에 묻힐 사람이랴.

80 天生我材必有用 千金散盡還復來 _ 당唐 이백李白 〈장진주將進酒〉
    천생아재필유용 천금산진환복래

    하늘이 내게 재능을 주었으니 필시 쓸모가 있음이오, 천금을 다 써버리면 다시 돌
    아오기도 하는 법.

81 長風破浪會有時 直掛雲帆濟滄海 _ 당唐 이백李白 〈행로난行路難〉

장풍파랑회유시 직괘운범제창해

거친 바람이 물결 헤치는 때가 오면 구름 돛 달고 거친 바다를 헤쳐가리.

82 興酣落筆搖伍嶽 詩成笑午凌滄海 _ 당唐 이백李白 〈강상음江上吟〉

흥감락필요오악 시성소오릉창해

흥에 겨워 붓을 들면 오악을 뒤흔들고 시 짓고 우쭐대기는 신선이 사는 창주를 비웃네.

83 安能摧眉折腰事權貴 使我不得開心顏 _ 당唐 이백李白 〈몽유천모음류별夢遊天姥吟留別〉

안능최미절요사권귀 사아부득개심안

눈썹 찌푸리며 허리 굽혀 그깟 권세 섬겨 무엇하리, 내 마음과 얼굴을 펴게 하지는 못하리라.

84 讀書破萬卷 下筆如有神 _ 당唐 두보杜甫 〈봉증위좌승이십이운奉贈韋左丞二十二韻〉

독서파만권 하필여유신

책 만 권을 독파하면 글 쓰기가 신의 경지에 오른다.

85 會當凌絶頂 一覽衆山小 _ 당唐 두보杜甫 〈망악望岳〉

회당릉절정 일람중산소

반드시 산 정상에 올라 뭇 산들의 작음을 보리라.

86 筆落驚風雨 詩成泣鬼神 _ 당唐 두보杜甫 〈기본십이백이십寄本十二白二十〉

필락경풍우 시성읍귀신

붓을 대면 비바람을 놀라게 하고 시가 완성되면 귀신을 흐느끼게 한다.

87 新松恨不高千尺 惡竹應須斬萬竿 _ 당唐 두보杜甫

신송한불고천척 악죽응수참만간

어린 소나무는 천척 높이로 뻗지 못하는 것을 한스러워하고, 제멋대로 자란 대나무는 만 그루라도 잘라내야 한다.

천년의 내공

88 爾曹身與名俱滅 不廢江河萬古流 _ 당唐 두보杜甫 〈희위륙절구戲爲六絶句〉
이조신여명구멸 불폐강하만고류

당신들의 몸과 이름 역사 속에 사라져도 그들의 이름과 시는 만고에 길이 흐르리.

89 今夜月明人盡望 不知愁思落誰家 _ 당唐 왕건王建 〈십오야망월十五夜望月〉
금야월명인진망 부지수사락수가

이 밤 밝은 달을 세상 사람 모두가 바라볼 텐데 시름겨워하는 이 그 누구일까.

90 誰言寸草心 報得三春暉 _ 당唐 맹교孟郊 〈유자음遊子吟〉
수언촌초심 보득삼춘휘

누가 말하는가 한 치 풀의 마음이 봄날의 햇볕에 보답할 수 있다고.

91 大凡物不得其平則鳴 _ 당唐 한유韓愈 〈송맹동야서送孟東野序〉
대범물부득기평칙명

모든 사물은 평안함을 얻지 못할 때 울게 된다.

92 蚍蜉撼大樹 可笑不自量 _ 당唐 한유韓愈 〈조장적調張籍〉
비부감대수 가소불자량

개미떼가 큰 나무를 흔들려 하니 분수를 모름이 가소롭구나.

93 業精於勤荒於嬉 行成於思而毀於隨 _ 당唐 한유韓愈 〈진학해進學解〉
업정어근황어희 행성어사이훼어수

학문은 부지런함으로 조예가 깊어지고 게으름으로 뒤떨어진다. 성공은 생각을 많이 하기 때문이며 실패는 생각없이 일을 하기 때문이다.

94 晴空一鶴排雲上 便引詩情到碧霄 _ 당唐 유우석劉禹錫 〈추사秋詞〉
청공일학배운상 편인시정도벽소

맑은 하늘에 학 한 마리가 구름을 헤치면서 내 마음 시정 끌고 하늘 끝까지 오르네.

95 沉舟側畔千帆進 病樹前頭萬木春 _ 당唐 유우석劉禹錫 〈수악천양주초봉酬樂天揚州初逢〉
침주측반천범진 병수전두만목춘

침몰한 배 옆으로 뭇 돛단배 지나가고, 병든 나무 앞에는 온갖 나무가 꽃 피웠네.

96 千淘萬漉雖辛苦 吹盡狂沙始到金 _ 당唐 유우석劉禹錫 〈낭도사浪淘沙〉
천도만록수신고 취진광사시도금

천 번 만 번 파도에 씻겨 비록 고생스러워도, 모래를 다 불어내니 비로소 금이 나타나네.

97 山不在高 有仙則名, 水不在深有龍則靈 _ 당唐 유우석劉禹錫 〈누실명陋室銘〉
산불재고 유선즉명, 수불재심유룡칙령

산은 높지 않아도 신선이 살면 이름이 나고, 물은 깊지 않아도 용이 살면 영험하다.

98 談笑有鴻儒 往來無白丁 _ 당唐 유우석劉禹錫 〈누실명陋室銘〉
담소유홍유 왕래무백정

훌륭한 선비들과 담소를 나누고 비천한 자들은 왕래하지 않는다.

99 同是天涯淪落人 相逢何必曾相識 _ 당唐 백거이白居易 〈비파행琵琶行〉
동시천애륜락인 상봉하필증상식

하늘 끝에서 유랑하는 다 같은 신세니, 만나면 그만이지 옛사람 아니면 어떠랴.

100 在天願作比翼鳥 在地願爲連理枝 _ 당唐 백거이白居易 〈장한가長恨歌〉
재천원작비익조 재지원위연리지

하늘에선 암수가 각각 하나의 눈과 하나의 날개를 가진 비익조가 되고, 지상에선 밑동은 두 그루인데 가지는 서로 붙은 연리지가 되리라.

101 天長地久有時盡 此恨綿綿無絶期 _ 당唐 백거이白居易 〈장한가長恨歌〉
천장지구유시진 차한면면무절기

장구한 천지는 다할 날 있겠지만 이루지 못한 사랑의 한 그칠 날이 없으리라.

102 試玉要燒三日滿 辨材須待七年期 _ 당唐 백거이白居易 〈방언放言〉
시옥요소삼일만 변재수대칠년기

옥돌을 시험하려면 꼬박 사흘은 태워 보아야 하고, 인재를 가리려면 7년은 기다려야 한다.

103 曾經滄海難爲水 除却巫山不是雲 _ 당唐 원진元稹 〈이사離思〉
증경창해난위수 제각무산불시운

푸른 바다 보고 나면 모든 강물이 시원찮고 무산의 구름만이 정녕 아름다워라.

104 年年歲歲花相似 歲歲年年人不同 _ 당唐 유희劉希 〈이夷〉
년년세세화상사 세세년년인부동

해마다 피는 꽃은 서로 비슷하건만 해마다 사람 얼굴은 같지 않다네.

105 醉臥沙場君莫笑 古來征戰幾人回 _ 당唐 왕한王翰 〈양주사涼州詞〉
취와사장군막소 고래정전기인회

술 취해 사막에 눕는데도 웃지 말게나, 예로부터 전쟁에서 돌아온 자 몇몇이던가.

106 黑髮不知勤學早 白首方悔讀書遲 _ 당唐 안진경顏眞卿
흑발부지근학조 백수방회독서지

젊어서 일찍부터 열심히 배울 줄 모른다면, 늙어서 비로소 공부가 늦은 것을 후회
하게 된다.

107 採得百花成蜜後 爲誰辛苦爲誰甜 _ 당唐 나은羅隱 〈봉蜂〉
채득백화성밀후 위수신고위수첨

꽃마다 찾아다녀 애써 꿀을 모았지만 누굴 위해 고생했는지 알 수 없구나.

108 十年磨一劍 霜刃未曾試 _ 당唐 가도賈島 〈검객劍客〉
십년마일검 상인미증시

십 년간 칼을 갈았으나 서리 같은 칼날을 아직 시험해 보지 못했다.

109 誰知盤中餐 粒粒皆辛苦 _ 당唐 이신李紳 〈민농憫農〉
수지반중찬 립립개신고

누가 알리오. 상 위의 밥 한 톨 한 톨 모두가 농부의 땀방울임을.

110 男兒何不帶鳴鉤 收取關山伍十州 _ 당唐 이가李賀 〈남국南國〉
남아하불대오구 수취관산오십주

사내라면 어찌 오나라 굽은 검을 차고 황하 남북 오십 개 주를 되찾지 않으리오.

111 春蠶到死絲方盡 蠟炬成灰淚始乾 _ 당唐 이상은李商隱
춘잠도사사방진 납거성회루시건
봄 누에는 죽어서야 실뽑기를 그치고 촛불은 재가 되어야 눈물이 마른다.

112 身無彩鳳雙飛翼 心有靈犀一點通 _ 당唐 이상은李商隱
신무채봉쌍비익 심유령서일점통
몸에는 아름다운 봉황의 두 날개가 없지만, 마음에는 신령스런 무소의 뿔 있어 한 점으로 통한다.

113 相見時難別亦難 東風無力百花殘 _ 당唐 이상은李商隱
상견시난별역난 동풍무력백화잔
서로 만나기도 어렵더니 이별도 어렵구나, 봄바람 힘을 잃자 온갖 꽃이 다 시든다.

114 莊生曉夢迷蝴蝶 望帝春心托杜鵑 _ 당唐 이상은李商隱〈금슬錦瑟〉
장생효몽미호접 망제춘심탁두견
장자는 아침 꿈에 나비를 미혹하고 초나라 망제는 춘심을 두견새에 의탁했다.

115 歷鑑前朝國與家 成由勤儉敗由奢 _ 당唐 이상은李商隱
역감전조국여가 성유근검패유사
앞선 나라와 집안을 두루 살피건대 성공은 근검에서 비롯됐고 패망은 사치에서 시작된다.

116 桐花萬里丹山路 雛鳳淸於老鳳聲 _ 당唐 이상은李商隱
동화만리단산로 추봉청어로봉성
단산의 만 리 길엔 오동나무 꽃이 한창인데, 어린 봉황이 늙은 봉황보다 청아한 소리를 내는구나.

117 海闊憑魚躍 天高任鳥飛 _ 당唐 현각玄覺
해활빙어약 천고임조비
바다는 광활해 물고기 뛰어놀고 하늘은 높아 새들이 날아오른다.

118 剪不斷 理還亂 是離愁 別是一番滋味在心頭 _ 오대五代 이욱李煜 〈오야제烏夜啼〉
전불단 리환란 시리수 별시일번자미재심두

자르려 해도 끊을 수 없고 정리해도 엉클어지는 것이 이별의 수심이구나. 또 다른
쓴 맛이 마음속에 젖어드네.

119 昨夜西風凋碧樹 獨上高樓 望盡天涯路 _ 오대五代 안수晏殊 〈접련화蝶戀花〉
작야서풍조벽수 독상고루 망진천애로

어젯밤 가을 바람에 푸른 나무 시들었네. 홀로 높은 누대에 올라 하늘 끝닿은 길을
빠짐없이 바라보네.

120 先天下之憂而憂 後天下之樂而樂 _ 송宋 범중엄范仲淹 〈악양루기岳陽樓記〉
선천하지우이우 후천하지락이락

천하 사람들이 근심하기에 앞서 근심하고, 천하 사람들이 즐긴 후에 즐긴다.

121 殘雪壓枝猶有橘 凍雷驚笋欲抽芽 _ 송宋 구양수歐陽修 〈희답원진戲答元珍〉
잔설압지유유귤 동뢰경순욕추아

잔설의 무게에 귤 매달린 가지 내려앉고, 찬 천둥소리에 죽순이 놀라 움트네.

122 憂勞可以興國 逸豫可以亡身 _ 송宋 구양수歐陽修 〈영관전서伶官傳序〉
우로가이흥국 일예가이망신

근심하고 애쓰면 나라를 일으킬 수 있지만, 안일하고 향락에 빠지면 몸조차 망치게
된다.

123 禍患常積於忽微 而智勇多困於所溺 _ 송宋 구양수歐陽修 〈영관전서伶官傳序〉
화환상적어홀이 이지용다곤어소닉

근심과 우환은 아주 작은 것으로부터 쌓이며, 슬기와 용기는 흔히 무엇에 빠졌을 때
곤경에 처한다.

124 月上柳梢頭 人約黃昏後 _ 송宋 주숙진朱淑真 〈생사자生査子〉
월상류초두 인약황혼후

달이 버들가지 끝에 떠오르니, 해 진 뒤에 만나기로 약속하자.

125 　衣帶漸寬終不悔 爲伊消得人憔悴 _ 송宋 유영柳永 〈접련화蝶戀花〉
의대점관종불회 위이소득인초췌

임 생각에 몸이 말라 옷띠가 점점 느슨해지더라도 결코 후회하지 않으리.

126 　兼聽則明 偏信則暗 _ 송宋 사마광司馬光 〈자치통감資治通鑑〉
겸청즉명 편신즉암

겸허히 여러 의견을 들으면 현명해지고, 편벽되게 한쪽의 말만 믿으면 아둔해진다.

127 　由儉入奢易 由奢入儉難 _ 송宋 사마광司馬光 〈훈검시강訓儉示康〉
유검입사역 유사입검난

검소에서 사치로 들어가기는 쉽고 사치에서 검소해지기는 어렵다.

128 　鑑前世之興衰 考當今之得失 _ 송宋 사마광司馬光 〈자치통감資治通鑑〉
감전세지흥쇠 고당금지득실

이전 세대의 흥함과 쇠함을 살펴 현재의 득실을 고려한다.

129 　循序而漸進 熟讀而精思 _ 송宋 주희朱熹 〈독서지요讀書之要〉
순서이점진 숙독이정사

순서를 밟아 점차적으로 나아한다. 깊이 읽고 자세히 생각한다.

130 　問渠哪得清如許 爲有源頭活水來 _ 송宋 주희朱熹 〈관서유감觀書有感〉
문거나득청여허 위유원두활수래

연못에게 '어찌 이리 맑은가'라 물으니 아득한 샘에서 싱싱한 물이 솟아오기 때문
이라 답했다.

131 　不畏浮雲遮望眼 只緣身在最高層 _ 송宋 왕안석王安石 〈등비래봉登飛來峰〉
불외부운차망안 지연신재최고층

뜬구름이 시야를 가려도 두렵지 않은 것은 내 몸이 가장 높은 곳에 있어서라네.

132 　看似尋常最奇崛 成如容易卻艱辛 _ 송宋 왕안석王安石
간사심상최기굴 성여용역각간신

보기에는 평범한 것 같으나 특이하게 우뚝 솟고, 쉽게 이뤄진 듯 도리어 어려움을
거친 것이다.

천년의 내공

133　荷盡已無擎雨蓋 菊殘猶有午霜枝 _ 송宋 소식蘇軾 〈동경冬景〉
하진이무경우개 국잔유유오상지

연꽃은 지고 나면 비를 피할 덮개가 없지만, 국화는 시들어도 서리를 이기는 가지
가 있다.

134　不識廬山眞面目 只緣身在此山中 _ 송宋 소식蘇軾 〈제서림벽題西林壁〉
불식여산진면목 지연신재차산중

여산의 진면목을 알 수 있는 건 내 몸이 이 산중에 있기 때문이겠지.

135　舊書不厭百回讀 熟讀深思子自知 _ 송宋 소식蘇軾
구서불염백회독 숙독심사자자지

묵은 글을 싫증내지 않고 일백 번을 읽은 후, 숙독하고 깊이 생각하면 그대 스스로
알게 되리.

136　博觀而約取 厚積而薄發 _ 송宋 소식蘇軾
박관이약취 후적이박발

두루 보되 요점을 취하며, 두텁게 쌓되 함부로 드러내지 말라.

137　但願人長久 千里共嬋娟 _ 송宋 소식蘇軾 〈수조가두水調歌頭〉
단원인장구 천리공선연

다만 바라기는 우리 오래 살아서, 천리 밖에서나마 저 아름다운 달 함께 볼 수 있
기를.

138　人有悲歡離合 月有陰晴圓缺 _ 송宋 소식蘇軾 〈수조가두水調歌頭〉
인유비환리합 월유음청원결

인생이란 슬프다가도 기쁘고 헤어졌다가도 또 만나는 것. 달이란 흐렸다가도 맑고
찼다가 또 기우는 것.

139　生當作人傑 死亦爲鬼雄 _ 송宋 이청조李淸照 〈하일절구夏日絶句〉
생당작인걸 사역위귀웅

살아서는 세상의 호걸이 되고, 죽어서는 귀신의 영웅이 되어야지.

140 物是人非事事休 欲語淚先流 _ 송宋 이청조李淸照 〈오릉춘五陵春〉
물시인비사사휴 욕어루선류

주위의 풍경이나 사물들은 그대로인데 사람은 그 때 그 사람이 아니다. 말하기도 전
에 눈물이 먼저 흐른다.

141 莫道不銷魂 簾捲西風 人比黃花瘦 _ 송宋 이청조李淸照 〈취화음醉花陰〉
막도불소혼 염권서풍 인비황화수

영혼을 상하게 않는다고 말하지 마시길, 주렴 걷고 서풍 맞으니, 사람이 국화보다
더 야위었네.

142 花自飄零水自流 一種相思 兩處閒愁 _ 송宋 이청조李淸照 〈일전매一剪梅〉
화자표령수자류 일종상사 양처한수

꽃은 스스로 떨어져 물 따라 흘러가는데, 하나의 그리움으로, 두 곳에서 슬퍼하는
우리.

143 兩情若是久長時 又豈在朝朝暮暮 _ 송宋 진관秦觀 〈작교선鵲橋仙〉
양정약시구장시 우기재조조모모

서로의 정이 영원하기만 하다면 어찌 밤낮으로 같이 있을 필요 있겠나.

144 山重水復疑無路 柳暗花明又一村 _ 송宋 육유陸游 〈유산서촌遊山西村〉
산중수부의무로 유암화명우일촌

산에 또 산이고 물에 또 물이라 길이 없나 했더니, 버드나무 그늘 이루고 꽃이 눈부
신 한 마을이 보이네.

145 僵臥孤村不自哀 尚思爲國戍輪臺 _ 송宋 육유陸游 〈십일월사일풍우대작十一月四日風雨
大作〉
강와고촌불자애 상사위국수윤대

외로운 고을에 꼿꼿이 누웠어도 슬프지 않아, 여전히 나라 위해 망루를 지킬 일을
생각한다.

천년의 내공

146 位卑未敢忘憂國 事定猶須待闔棺 _ 송宋 육유陸游 〈병기서회病起書懷〉
위비미감망우국 사정유수대합관

처한 자리 미천할지언정 언제 나라 근심 잊었을까, 관 뚜껑 덮이고야 시비와 공과
를 논할 수 있으리.

147 紙上得來終覺淺 絕知此事要躬行 _ 송宋 육유陸游 〈동야독서시자율冬夜讀書示子聿〉
지상득래종각천 절지차사요궁행

책에서 얻은 지식은 끝내 부족하게 여겨질 뿐이고, 이 일을 진정 이해하려면 몸소
실천해야 한다.

148 古人學問無遺力 少壯功夫老始成 _ 송宋 육유陸游
고인학문무유력 소장공부로시성

옛 사람은 학문함에 온 힘을 다했고, 젊어서는 공부하고 늙어서야 성과를 거두었다.

※부록에 소개된 명구절은 널리 쓰인 해석을 정리한 결과로, 본문의 해석과는 차이가 있을 수 있습니다.

내가 단단해지는 새벽 공부
천년의 내공

1판 32쇄 발행 2022년 6월 2일
2판 1쇄 발행 2023년 8월 16일

지은이 조윤제
펴낸이 고병욱

기획편집실장 윤현주 **기획편집** 김경수 한희진
마케팅 이일권 함석영 김재욱 복다은 임지현
디자인 공희 진미나 백은주
제작 김기창 **관리** 주동은 **총무** 노재경 송민진

펴낸곳 청림출판(주)
등록 제1989-000026호

본사 06048 서울시 강남구 도산대로 38길 11 청림출판(주)
제2사옥 10881 경기도 파주시 회동길 173 청림아트스페이스
전화 02-546-4341 **팩스** 02-546-8053

홈페이지 www.chungrim.com
이메일 cr2@chungrim.com

ⓒ 조윤제, 2023
ISBN 978-89-352-1431-0 03100